Rick Joyner

Auf dem Weg zum Gelobten Land

Wie Gott sein Volk auf die anbrechende Zukunft vorbereitet

Projektion J Buch- und Musikverlag GmbH, Wiesbaden

Titel der Originalausgabe:
The Journey Begins

© 1992 by Rick Joyner
Published by Morning Star Publications,
16000 Lancaster Highway, Charlotte, N. C. 28277, USA

© 1995 der deutschen Ausgabe
by Projektion J Buch- und Musikverlag GmbH,
Rheingaustraße 132, D-65203 Wiesbaden

ISBN 3-89490-068-7

Die Bibelstellen wurden, soweit nicht anders angegeben,
der Einheitsübersetzung entnommen.

Übersetzung: Ulrike Becker
Umschlaggestaltung: Kortüm & Georg,
Agentur für Kommunikation und Gestaltung, 48155 Münster
Satz: Projektion J Buch- und Musikverlag GmbH
Druck: Schönbach Druck GmbH, Postfach 1201, 64387 Erzhausen

Nachdruck, auch auszugsweise, nur mit Genehmigung des Verlages.
1 2 3 4   98 97 96 95

DANK

Mein Dank gilt meiner Frau Julie und Pat McLaughlin, Daryl Coad, Steve und Angie Thompson für ihre bemerkenswerten Fähigkeiten beim Lektorieren dieses Werkes. Außerdem möchte ich Roger Hedgspeth, Stephen Demet, Mark Gaw, Donald Hawkins und meinem Vater, Harold Joyner, danken. Eure Mühe, Treue und Euer Einsatz für *Morning Star Publications* haben vieles erst möglich gemacht. Möge Euer Lohn unvergleichlich größer sein als Eure Mühe.

INHALT

Einleitung 9

Teil I DAS FUNDAMENT DER GEISTLICHEN REIFE 11

Kapitel 1 Die Taufe im Schilfmeer 13

    Die wirkliche Taufe
    Ritual und Wirklichkeit
    Der Tod ist der Weg zum Leben
    Die Vernichtung unseres Feindes

Kapitel 2 Das Auferstehungsleben 23

    Der Glaube an die Auferstehung
    Das Wesen echten Glaubens
    Der wahre Tempel
    Der Auftrag der Apostel
    Wie die Augen des Herzens geöffnet werden
    Was ist Leben?
    Die erste Prüfung des Reiches Gottes

Teil II DIE WANDERSCHAFT 39

Kapitel 3 Die Wüste 41

    Das Gegenteil dessen, was ihnen verheißen war
    Wie man bitteres Wasser in Trinkwasser verwandelt
    Die Sprache des Unglaubens
    Glaube und Vertrauen
    Der Berg Sinai

Kapitel 4 Der Glaube Abrahams 55

    Die Versuchung
    Die Verheißung erfüllt sich

Kapitel 5 Das Wesen unserer Knechtschaft Teil I 65

    Die Tyrannei des Gewohnten
    Der eigentliche Konflikt
    Das Joch der Anpassung
    Wiederherstellung und Erneuerung

Kapitel 6 Das Wesen unser Knechtschaft Teil II 77

    Geistliche Scheinheiligkeit
    Gottes Gnade suchen
    Echte geistliche Autorität
    Die Liebe zu den Fremden
    Der Test
    Pseudo-Toleranz

Kapitel 7 Das Wesen echter geistlicher Einheit 87

    Jesus und seine Braut
    Wie die Welt zum Glauben finden wird
    Das Vorbild für echte Dienerschaft
    Das Gelobte Land
    Demut kommt vor der Erhöhung
    Die Mauern werden fallen
    Er weint noch immer über die Städte

Kapitel 8 Das himmlische Manna und die Sabbatruhe 99

    Das Manna
    Die Sabbatruhe
    Wiederherstellung und Erlösung
    Das Ziel ist Gemeinschaft
    Gottes Wege erkennen
    Der Ort, an dem wir Ruhe finden

Kapitel 9 Wasser aus dem Fels 115

    Auf den Fels einschlagen

Teil III GOTT GIBT SEIN GESCHRIEBENES WORT 123

Kapitel 10 Das Wort muß Fleisch werden 125

    Jesus ist das Wort
    Die revolutionäre Macht des Wortes
    Die Gnostiker
    Intoleranz und Pharisäertum
    Das Wesen des Gehorsams
    Jeder muß sein eigenes Manna sammeln
    Hermeneutische Probleme

Kapitel 11 Die Hermeneutik des Herzens 137

Kapitel 12 Das Wort ist ein Samen 153

    Das Saatgut muß geprüft werden

Kapitel 13 Grundlagen der Schriftauslegung 161

    Was sagt die Bibel?
    Die Methode, die Bibel wörtlich auszulegen
    Das generelle Problem mit »geistlichen Prinzipien«
    Gefahr von Seiten reaktionärer Vertreter
    Die allegorische Methode der Schriftauslegung
    Wir brauchen ein Fundament
    Eine große Schwäche der modernen Kirche

Kapitel 14 Wenn das Neue Testament zum zweiten Gesetz wird 177

    Wir müssen das ganze Ding herunterschlucken

Kapitel 15 Wie geht es weiter? 187

EINLEITUNG

Auf dem Weg ins Gelobte Land« ist das zweite Buch aus einer siebenbändigen Reihe (*The Divine Destiny*). Das erste Buch trägt den Titel »Die zwei Bäume im Paradies«. Diese Reihe wird nach ihrer Fertigstellung einen Überblick über Gottes Ziele mit diesem gegenwärtigen und dem kommenden Zeitalter vermitteln. Wenn wir den Gesamtplan Gottes zu erfassen versuchen, können wir auch die einzelnen Entwicklungsphasen besser verstehen, das heißt auch unsere Zeit, in der wir leben. Und nur so können wir unsere Rolle in diesem Heilsplan besser einschätzen. Je größer unser Verständnis, um so größer unser Vertrauen und unser Mut, unseren Part auszufüllen. Dies ist der Hauptzweck dieser Buchreihe. Sie soll helfen, daß wir den Glauben und das Vertrauen finden, um an den mutigen und kühnen Entwicklungen teilzuhaben, die für die Kirche am Ende dieses Zeitalters vorgesehen sind.

Obwohl jeder Band dieser Reihe ein eigenes Thema behandelt und für sich gelesen und verstanden werden kann, empfiehlt es sich, die Bände in der vorgesehenen Reihenfolge zu lesen, um den größten Nutzen daraus ziehen zu können.

Das Buch »Die zwei Bäume im Paradies« endet mit der Befreiung des Volkes Gottes aus der Knechtschaft und dem gemeinsamen Weg der Israeliten mit Gott nach dem ersten Pascha. Dieser zweite Band beginnt mit dem Aufbruch in die Wüste und führt durch die Wüstenerfahrungen, die das Volk Israel für die Gegenwart Gottes vorbereiten sollten. Wir wollen unseren Gott tiefer verstehen und all das, was die Gemeinde Gottes erreichen muß, um die Kirche auf die Eroberung ihres »Gelobten Landes« vorzubereiten.

TEIL I

Das Fundament der geistlichen Reife

Kapitel 1

Die Taufe im Schilfmeer

Nach über vierhundert Jahren Sklaverei verließen die Israeliten Ägypten als ein freies Volk. Völlig ohne Waffen hatte diese einfache Gruppe von Sklaven die mächtigste Nation der Welt geschlagen und die Reichtümer dieser Weltmacht an sich genommen. Abgesehen von den dramatischen Veränderungen am Ende des zwanzigsten Jahrhunderts gab es in der Menschheitsgeschichte keine politische Umwälzung, die sich mit der Befreiung Israels von der Herrschaft der Ägypter messen kann. Nur wenige Tage zuvor waren diese Sklaven völlig ohne Hoffnung gewesen und plötzlich waren sie nicht nur frei, sie waren sogar noch reicher, als die größten Optimisten es sich je hätten träumen lassen. Ein wahrhaft wunderbarer Gott hatte ihr Leid angesehen und den mächtigen Pharao vernichtet, um sie zu befreien. Natürlich war die Freude groß. Der Samen Kains und der Samen, der erwählt worden war, den Messias hervorzubringen, waren in einer äußerst dramatischen Konfrontation aufeinandergetroffen, und der Sieg war überwältigend. Aber der Sieg war noch nicht endgültig. Noch hatte der Pharao seine Armee und er sollte sie einsetzen, um eine letzte gewaltige Attacke gegen das Volk Israel zu führen.

Der Pharao steht als eines der bedeutenden biblischen Urbilder oder Sinnbilder für Satan. Auch heute noch besteht die erste Priorität des Satans darin, das Volk Gottes unter seiner Knechtschaft zu halten. Und wenn er uns nicht mehr versklaven kann, versucht er, uns zu zerstören. Unser Sieg über ihn wird, wie der Sieg des Volkes Israel über den Pharao, erst dann vollendet sein, wenn wir durch das Schilfmeer gezogen sind. Das Schilfmeer stellt das biblische Sinnbild für die Taufe dar. Durch die Taufe wird der Feind vernichtend geschlagen. Durch die Taufe werden wir auf ewig von dem Herrschaftsanspruch getrennt, der uns zu Sklaven macht. Paulus erklärt diesen Zusammenhang im ersten Korintherbrief und im Römerbrief:

»Ihr sollt wissen, Brüder, daß unsere Väter alle unter der Wolke waren, alle durch das Meer zogen und alle auf Mose getauft wurden in der Wolke und im Meer« (1 Kor 10,1-2).

»Wißt ihr denn nicht, daß wir alle, die wir auf Christus Jesus getauft wurden, auf seinen Tod getauft worden sind?« (Röm 6,3).

So wie der Pharao ein biblisches Sinnbild für den Satan darstellt, der versucht, uns in der Knechtschaft zu halten, so dient Mose als Sinnbild für Christus, der gekommen ist, um uns zu befreien. Wie es im Korintherbrief heißt, wurden die Israeliten durch das am Schilfmeer Erlebte symbolisch auf Mose getauft. Diese Taufe ist eine Vorankündigung unserer Taufe auf Jesus Christus.

Die wirkliche Taufe

Was bedeutet es, auf Christus getauft zu sein? Das Wort »taufen« bedeutet wörtlich »eintauchen«. Paulus sagte also, daß Israel in der Wolke und im Meer in Mose hineingetauft wurde, ebenso wie wir in Jesus hineingetauft werden. In etwas hineinversetzt zu werden, bedeutet einen Ortswechsel von einer Position außerhalb zu einer Position im Innern. Dadurch verändert sich nicht die Substanz, sondern die örtliche Lage. Durch die Taufe bewegen wir uns von einer Position außerhalb Christi zu einer Position in ihm. Durch die Taufe können wir in ihm bleiben. Die Bibel erzählt, wie Israel durch das Pascha von den Ägyptern befreit wurde. Doch erst durch das Schilfmeer und durch die Wolke in der Wüste wurden sie wirklich mit Mose verbunden. Ebenso werden wir durch das Kreuz von der Knechtschaft der Welt befreit, aber erst durch die Taufe und dadurch, daß wir der Wolke der Gegenwart Gottes folgen, werden wir wirklich mit Christus vereint. Durch die Taufe erlangen wir eine Position in ihm. Paulus erläutert dies im Römerbrief, Kapitel 6, Verse 4-5 näher:

»Wir wurden mit ihm begraben durch die Taufe auf den Tod; und wie Christus durch die Herrlichkeit des Vaters von den Toten auferweckt wurde, so sollen auch wir als neue Menschen leben. Wenn wir nämlich ihm gleich geworden sind in seinem Tod, dann werden wir *mit ihm* auch in seiner Auferstehung *vereinigt sein.*« (Hervorhebung durch den Autor)

Beachten Sie, daß in diesem Text nicht von Wasser die Rede ist! Der Zug Israels durch das Schilfmeer ist ein Sinnbild und die Taufe mit Wasser ein symbolisches Ritual für die wirkliche Taufe, die darin besteht, Jesus in seinem Tode gleich zu sein, damit wir in der Kraft seiner Auferstehung leben können. Wir können einen Menschen beliebig oft in Wasser eintauchen im Namen des Vaters, des Sohnes und des Heiligen Geistes oder im Namen Jesu, doch dies allein wird niemanden am Tod unseres Herrn teilhaben lassen. Genauso wie die Hochzeitszeremonie die eigentliche Ehe nicht ersetzen kann, sondern nur eine feierliche Verpflichtung zur Ehe darstellt, ist die Wassertaufe eine feierliche Verpflichtung auf das, was zur Realität unseres Lebens werden soll. Die Taufe, die Paulus den Christen in Rom erklärt hat, ist die ernsthafte Verpflichtung, mit dem Herrn in seinem Tod eins zu werden. Es ist diese Verpflichtung, täglich Jesu Kreuz auf uns zu nehmen, unser Leben und unsere eigenen Interessen um des Evangeliums willen loszulassen. Diese Taufe ist eine alles umfassende Realität, nicht nur das intellektuelle Erfassen einer Lehre oder die Unterwerfung unter ein Ritual. Das ist die wirkliche Taufe; die Berührung mit dem Taufwasser ist ein feierliches Ritual, das unsere Bereitschaft symbolisieren soll, uns mit unserem ganzen Leben auf Jesus einzulassen und nicht mehr für uns selbst, sondern für ihn zu leben.

Dies schmälert keineswegs die Bedeutung der Wassertaufe. Die von Gott eingesetzten Zeremonien sind wichtig, wie auch die Hochzeitszeremonie wichtig ist für einen angemessenen Beginn der Ehe. Die Taufe mit Wasser besaß im Neuen Testament eine viel größere Bedeutung, als der heutigen Kirche bewußt ist. Die ersten Christen kannten die moderne Erfindung des Aufrufs zur Bekehrung als einem separaten Ereignis noch nicht. Die neuen Gläubigen wurden in direktem Anschluß an die Bekehrung durch das Untertauchen in Wasser getauft. Sie warteten nicht bis zum nächsten Taufsonntag. Sie vollzogen die Taufe, sobald sie das nächstgelegene Wasser erreichen konnten. Der separate Aufruf zur Bekehrung ist keine biblische Praxis; er wurde zum Ersatz dessen, was Gott als das einzige öffentliche Bekenntnis des Glaubens eingesetzt hatte, nämlich die Taufe.

Die Neubekehrten sofort zum nächsten Gewässer zu bringen, ist häufig unbequem, doch genau das ist auch einer der Gründe für diese Praxis. Wir müssen unser Leben mit Christus mit der Entschlossenheit beginnen, uns nicht von dem beherrschen zu lassen, was am bequemsten ist, sondern vom Willen Christi. Die Unterwerfung unter die Bequemlichkeit ist vermutlich einer unserer größten Feinde, wenn wir in die wirkliche Taufe hineintauchen wollen, das heißt, wenn wir unser Leben um seinetwillen hingeben wollen.

Wieviel größer könnte die Bedeutung des Bekehrungserlebnisses für uns sein, wenn wir unsere modernen Ersatzrituale für die Wassertaufe aufgeben und wieder dem folgen würden, was uns von der Bibel aufgetragen wurde. Würden nicht viel mehr Menschen ihren geistlichen Weg mit einem tiefen Verständnis darüber beginnen, wie grundlegend die Verpflichtung ist, das eigene Leben hinzugeben, wenn am Anfang dieses Weges die Notwendigkeit stünde, ihre Bequemlichkeit zu opfern? Wenn wir die Bekehrung damit verbinden würden zu zeigen, wie wichtig es der Kirche ist, daß wir Gottes Geboten in seinem Wort gehorchen, würde dies nicht sehr dazu beitragen, im Leben des Betroffenen ein solides Fundament zu legen? Die Qualität der Bekehrung bestimmt in der Regel die Qualität des gesamten geistlichen Lebens eines Menschen. Unsere Verherrlichung der Bequemlichkeit ist ein schrecklicher Feind echten Glaubens. Sie ist einer der Götzen, die wir als erstes in unserem Leben zerstören müssen, wenn wir in Christus bleiben wollen.

Ritual und Wirklichkeit

Wie wichtig die Wassertaufe auch sein mag, wir dürfen nicht vergessen, daß die Ausführung des Rituals noch nicht die Erfüllung der Bundesverpflichtung ist; es ist nicht mehr als die Unterschrift unter dem Vertrag. Wer die Bundesverpflichtungen erfüllt, obwohl er nie dem Ritual unterzogen wurde, ist besser als einer, der das Ritual mit religiösem Anstrich absolviert, aber niemals sein Leben hingibt. Die Taufe mit Wasser errettet uns nicht; sie reinigt uns nicht; sie führt nicht dazu, daß wir am Tod des Herrn, der wirklichen Taufe, teilhaben. Diese wirkliche Taufe kann all das erreichen, wofür die Taufe mit Wasser symbolisch steht. Petrus erklärt dies so:

»Es ist besser, für gute Taten zu leiden, wenn es Gottes Wille ist, als für böse. Denn auch Christus ist der Sünden wegen ein einziges Mal gestorben, er, der Gerechte, für die Ungerechten, um euch zu Gott hinzuführen; dem Fleisch nach wurde er getötet, dem Geist nach lebendig gemacht. So ist er auch zu den Geistern gegangen, die im Gefängnis waren, und hat ihnen gepredigt. Diese waren einst ungehorsam, als Gott in den Tagen Noachs geduldig wartete, während die Arche gebaut wurde; in ihr wurden nur wenige, nämlich acht Menschen, durch das Wasser gerettet. Dem entspricht *die Taufe, die jetzt euch rettet*. Sie dient nicht dazu, den Körper von Schmutz zu reinigen, sondern sie ist eine Bitte an Gott um ein reines Gewissen *aufgrund der Auferstehung Jesu Christi*« (1 Petr 3,17-21; Hervorhebung durch den Autor).

Die Taufe rettet uns tatsächlich. Doch es ist nicht die rituelle Taufe, bei der wir mit Wasser in Berührung kommen, die uns rettet, sondern die Taufe, bei der wir hineingetauft werden in den Tod des Herrn, damit wir auch an seiner Auferstehung teilhaben.

»Wenn wir nämlich ihm gleich geworden sind in seinem Tod, dann werden wir mit ihm auch in seiner Auferstehung vereinigt sein« (Röm 6,5).

Was meinte der Herr damit, als er sagte: »Ich bin gekommen, um Feuer auf die Erde zu werfen. Wie froh wäre ich, es würde schon brennen! Ich muß mit einer Taufe getauft werden, und ich bin sehr bedrückt, solange sie noch nicht vollzogen ist« (Lk 12,49-50)? Bedeutete diese Taufe, die ihn so sehr bedrückte, einfach nur, ins Wasser hineingetaucht zu werden? Natürlich nicht. Er sprach von der Kreuzigung, die vor ihm lag. Um diese Kreuzigung geht es auch bei unserer Taufe.

Der Tod ist der Weg zum Leben

Jesus bezog sich auf das Hineingetauftwerden in seinen Kreuzestod, als Johannes und Jakobus ihn baten, in seinem Reich rechts und links neben ihm sitzen zu dürfen. Er antwortete: »Ihr wißt nicht, um was ihr bittet. Könnt ihr den Kelch trinken, den ich trinke, oder die Taufe auf euch nehmen, mit der ich getauft werde?« (Mk 10,38). Mit seiner Taufe getauft zu werden, bedeutet, dem Sinn und Zweck seines Todes gleich zu werden. Es bedeutet, um anderer willen unser eigenes Leben hinzugeben. Wenn wir dies auf ein bloßes Ritual reduzieren, rauben wir dem Herrn uns selbst; wir rauben der Kirche die Erlösung und nehmen der Welt die Kraft des Evangeliums. In vielen Schriftstellen wird diese Bedeutung ausgedrückt. Es sollen hier nur einige genannt werden:

»Wenn wir mit Christus gestorben sind, werden wir auch mit ihm leben, wenn wir standhaft bleiben, werden wir auch mit ihm herrschen« (2 Tim 2,11-12).

»So bezeugt der Geist selber unserem Geist, daß wir Kinder Gottes sind. Sind wir aber Kinder, dann auch Erben; wir sind Erben Gottes und sind Miterben Christi, *wenn wir mit ihm leiden, um mit ihm auch verherrlicht zu werden*« (Röm 8,16-17; Hervorhebung durch den Autor).

»Christus will ich erkennen und die Macht seiner Auferstehung und *die Gemeinschaft mit seinen Leiden*; sein Tod soll mich prägen. So hoffe ich, auch zur Auferstehung von den Toten zu gelangen« (Phil 3,10-11; Hervorhebung durch den Autor).

»Denn euch wurde die Gnade zuteil, für Christus dazusein, also nicht nur an ihn zu glauben, sondern auch seinetwegen zu leiden« (Phil 1,29).

»Wir müssen Gott euretwegen immer danken, Brüder, wie es recht ist, denn euer Glaube wächst, und die gegenseitige Liebe nimmt bei euch allen zu. Wir können in den Gemeinden Gottes mit Stolz auf euch hinweisen, weil ihr im Glauben standhaft bleibt bei aller Verfolgung und Bedrängnis, die ihr zu ertragen habt. Dies ist ein Anzeichen des gerechten Gerichtes Gottes; ihr sollt ja des Reiches Gottes teilhaftig werden, für das ihr leidet« (2 Thess 1,3-5).

»Von allen Seiten werden wir in die Enge getrieben und finden doch noch Raum; wir wissen weder aus noch ein und verzweifeln dennoch nicht; wir werden gehetzt und sind doch nicht verlassen; wir werden niedergestreckt und doch nicht vernichtet. Wohin wir auch kommen, immer tragen wir das Todesleiden Jesu an unserem Leib, damit auch das Leben Jesu an unserem Leib sichtbar wird. Denn immer werden wir, obgleich wir leben, um Jesu willen dem Tod ausgeliefert, damit auch das Leben Jesu an unserem sterblichen Fleisch offenbar wird« (2 Kor 4,8-11).

Das Wort des Herrn ist eindeutig: Wenn wir an seinem Leben teilhaben wollen, müssen wir auch an seinem Tod teilhaben. Jede andere Lehre ist falsch und ein Feind des Kreuzes. Der Tod trennt die natürlichen Dinge von den geistlichen. Um die Auferstehung zu erlangen, müssen wir erst den Tod erleiden. Wenn wir im Auferstehungsleben Jesu wandeln wollen, müssen wir bereit sein, unser Leben für ihn hinzugeben.

Im ersten Jahrhundert gab es einige, die dachten, die Beschneidung des Fleisches würde ihnen das richtige Verhältnis zu Gott verschaffen. Aber Gott verlangt die Beschneidung der Herzen. Heute verweisen manche auf den Tag ihrer Taufe als den Tag, an dem sie mit Jesus gestorben und auferstanden sind. Alle Rituale unseres Glaubens sind nicht mehr als eben Rituale, welche die Verpflichtung auf eine geistliche Realität symbolisieren. In Christus müssen wir sterben, um zu leben. Der Herr selbst bezeugt:

»Wer mein Jünger sein will, der verleugne sich selbst, nehme sein Kreuz auf sich und folge mir nach. Denn wer sein Leben retten will, wird es verlieren; wer aber sein Leben um meinetwillen verliert, wird es gewinnen« (Mt 16,24-25).

Interessanterweise gingen die Israeliten nicht bereitwillig zu ihrer Taufe. Der Herr mußte einen Trick anwenden, wie wir im Buch Exodus lesen können:

»Als der Pharao das Volk ziehen ließ, führte sie Gott nicht den Weg ins Philisterland, obwohl er der kürzere war. Denn Gott sagte: Die Leute könnten es sonst, wenn sie Krieg erleben, bereuen und nach Ägypten zurückkehren wollen. So ließ sie Gott einen Umweg machen, der durch die Wüste zum Schilfmeer führte. Geordnet zogen die Israeliten aus Ägypten hinauf. ... Der Herr sprach zu Mose: Sag den Israeliten, sie sollen umkehren und vor Pi-Hahirot zwischen Migdol und dem Meer ihr Lager aufschlagen. Gegenüber von Baal-Zefon sollt ihr am Meer das Lager aufschlagen. Dann denkt der Pharao: Die Israeliten haben sich im Land verlaufen, die Wüste hat sie eingeschlossen. Ich will das Herz des Pharao verhärten, so daß er ihnen nachjagt; dann will ich am Pharao und an seiner ganzen Streitmacht meine Herrlichkeit erweisen, und die Ägypter sollen erkennen, daß ich der Herr bin. Und so taten sie es« (Ex 13,17-18;14,1-4).

Können Sie sich mit dieser Erfahrung der Israeliten identifizieren? Der Herr konnte die Israeliten nur dazu bringen, an der Taufe teilzuhaben, indem er sie in die Enge trieb. Machen wir nicht häufig dieselbe Erfahrung? Der Herr ordnet die Umstände so, daß es keinen Ausweg mehr gibt und wir unser Leben hingeben und seinem Tod gleich werden müssen. Entweder treffen uns die Pfeile des Feindes, oder wir geben mit Jesus unser Leben hin. Es mag sich um unseren Beruf, unsere Familie oder sogar unsere Gemeinde handeln, doch Gott hat seine Prüfungen vorbereitet, und nur wenn wir unser Leben hingeben, können wir sie bestehen.

Als die Israeliten sahen, daß die Armee des Pharao ihnen auf den Fersen war, gerieten sie in Panik. Sehr bald stellten sie sowohl die Intentionen des Mose als auch die Gottes in Frage. Viele von uns überrascht der Unglaube der Israeliten in der Zeit, als sie aus Ägypten und durch die Wüste geführt wurden. Doch wir müssen uns über ihre Lage im klaren sein, bevor wir zu hart über sie urteilen. Alles, was sie erlebten, war eine Parallele oder eine prophetische Vorausschau dessen, was wir erleben, wenn wir mit Christus unterwegs sind. Im Rückblick müssen die meisten von uns zugeben, daß wir in vielem ebenso gescheitert sind wie die Israeliten.

Es stimmt, daß Israel in Ägypten große Wunder erlebt hat, doch damals haben auch Zauberer häufig Wunder vollbracht. Selbst einige der Wunder des Herrn wurden von den Hexenmeistern des Pharao nachgemacht. Die Israeliten besaßen keine Bibel. Vierhundert Jahre lang hatten sie den Herrn nur aus den Legenden und Erzählungen ihrer Vorfahren gekannt. Wer würde nicht anfangen zu zweifeln, wenn er vierhundert Jahre lang nichts von Gott gehört hätte? Selbst als sich Gott ihnen offenbarte, wußten sie nur wenig über sein Wesen. Sie wußten nur, daß er mächtiger war als die Dämonen Ägyptens. Ich bin mir sicher, daß sie nur das Beste von ihm halten wollten, aber es muß eine furchterregende Erfahrung gewesen sein, als dieser mächtige Gott erschien, um sie aus Ägypten wegzuholen. Und stellen Sie sich einmal vor, wie es sein muß, wenn man völlig unbewaffnet, mit Frauen und Kindern, den Rücken zum Meer, dem Aufmarsch der mächtigsten Armee der damaligen Welt gegenübersteht. Da fällt es einem nicht schwer zu verstehen, warum sie Mose zur Rede gestellt und sich gefragt haben, ob dieser Gott, von dem sie so wenig wußten, sie nicht nur deshalb herausgeführt hatte, um sich einen Spaß mit ihnen zu erlauben.

Es ist leicht, Israels Verhalten am Schilfmeer zu verurteilen, aber hätten die Israeliten von damals die Gelegenheit, einen Blick auf die Kirchengeschichte zu werfen, um zu sehen, wie wir bereit sind, fast alles zu glauben oder zu tun, nur um dem Schmerz oder der Unbequemlichkeit zu entfliehen, dann würden sie sich sicher wundern, was eigentlich mit uns los ist! Es war für sie nicht einfach, und es ist für uns nicht einfach. Sie mußten erst an einen Ort geführt werden, wo es keinen anderen Ausweg mehr gab, als ins Schilfmeer zu gehen. Meist muß der Herr bei uns ebenso handeln. Es war für sie eine Herausforderung, und für uns wird es das in den meisten Fällen auch sein, aber es ist der Weg ins Gelobte Land! Darin besteht unsere Erlösung, die Taufe in den Tod des Herrn ist das Tor zum Auferstehungsleben. Gott hat seine Prüfungen vorbereitet, doch Ziel und Zweck dieser Prüfungen ist unsere Erlösung. Unser Glaube nimmt stetig in der Kraft der Erlösung Christi zu, je regelmäßiger wir erleben, wie sich das Schilfmeer in unserem Leben teilt.

Die Vernichtung unseres Feindes

Unsere Taufe hat noch einen weiteren Vorteil. Die Prüfung, die Gott für uns vorbereitet hat, ist jedoch vor allem ein Hinterhalt für unsere Feinde. Am Schilfmeer wurden die Heerscharen der Ägypter, der Peiniger und Unterdrücker Israels, vernichtend geschlagen.

»Darauf sprach der Herr zu Mose: Streck deine Hand über das Meer, damit das Wasser zurückflutet und den Ägypter, seine Wagen und Reiter zudeckt. Mose streckte seine Hand über das Meer, und gegen Morgen flutete das Meer an seinen alten Platz zurück, während die Ägypter auf der Flucht ihm entgegenliefen. So trieb der Herr die Ägypter mitten ins Meer. Das Wasser kehrte zurück und bedeckte Wagen und Reiter, die ganze Streitmacht des Pharao, die den Israeliten ins Meer nachgezogen war. *Nicht ein einziger von ihnen blieb übrig*« (Ex 14,26-28; Hervorhebung durch den Autor).

Als der Herr am Kreuz sein Leben ließ, bedeutete dies für den Feind den Untergang. Wenn wir in den Tod des Herrn hineingetauft werden, gelangen wir an einen Ort, an den uns der Satan und seine Heerscharen nicht folgen können. Was für die Heiligen der Weg zum Auferstehungsleben und zur Kraft ist, ist für den Satan und seine Kohorten der Feuersee. Wenn der Leib Christi in dem Umfang in die Taufe eintritt, wie der Herr dies für das Ende der Tage vorgesehen hat, dann wird sich die Kraft des Kreuzes in einer Weise manifestieren, daß die Heerscharen des Satans völlig verschlungen werden. Was zunächst wie der Untergang Israels aussah, war in Wirklichkeit seine Erlösung. Was für uns wie das Ende aussieht, wird ebenfalls immer zu unserer Erlösung führen. »Dank sei Gott, der uns stets im Siegeszug Christi mitführt ...« (2 Kor 2,14). Wir müssen lernen, uns zu freuen, wenn wir in die Enge geraten und keinen Ausweg mehr sehen. Zur rechten Zeit wird sich eine Tür öffnen, die ins Gelobte Land führt.

Dem eigenen Willen, den eigenen Zielen und Sehnsüchten abzusterben, ist die größte Freiheit und Freisetzung des Heiligen Geistes, die wir jemals erleben können. Wenn wir für diese Welt gestorben sind, was kann sie uns dann noch anhaben? Ein Toter kann Ablehnung, Unsicherheit, Gemeinheiten und Angst nicht mehr empfinden. Wenn wir in die wirkliche Taufe eingetreten sind, sind wir frei von der Sklaverei all dessen, was die Welt über uns kommen lassen kann. Der Satan kann keine Herrschaft mehr über uns ausüben. So besagt eine Lebensweisheit: »Ein Feigling stirbt tausend Tode, ein Mutiger dagegen nur einen.« Wir treten in die wirkliche Taufe ein, damit die Lebenden nicht mehr für sich leben, sondern für den, der für sie starb und auferweckt wurde (vgl. 2 Kor 5,15). Dadurch verlieren wir aber auch unsere Ängste, die in dem Drang nach Selbsterhaltung verwurzelt sind. Wir empfangen einen Mut und einen Frieden, die über alles menschliche Verstehen hinausgehen. »Wohin wir auch kommen, immer tragen wir das Todesleiden Jesu an unserem Leib, damit auch das Leben Jesu an unserem Leib sichtbar wird« (2 Kor 4,10).

Wenn wir verstanden haben, was wir gewinnen, wenn wir unser Leben hingeben, dann werden wir auch die Ermahnung des Jakobus verstehen, der gesagt hat: »Seid voll Freude, meine Brüder, wenn ihr in mancherlei Versuchungen geratet. Ihr wißt, daß die Prüfung eures Glaubens Ausdauer bewirkt. Die Ausdauer aber soll zu einem vollendeten Werk führen; denn so werdet ihr vollendet und untadelig sein, es wird euch nichts mehr fehlen« (Jak 1,2-4). Jedesmal wenn wir um des Evangeliums und um des Kreuzes willen unser Leben hingeben, treten wir etwas weiter hinein in die Kraft des Auferstehungslebens. Der Tod kann dieses Auferstehungsleben nicht antasten; dieses Leben zerbricht die Macht des Feindes über uns ganz und gar. Wir müssen das Kreuz freudig begrüßen!

Kapitel 2

Das Auferstehungsleben

In der Taufe geben wir das eigene Leben hin, um unserem Willen und unseren Eigeninteressen abzusterben. Wir sterben in Christus, damit wir leben. Wenn der Tod wirklich unser Ende wäre, dann wären wir dir größten Narren, dann wäre alles Predigen umsonst (vgl. 1 Kor 15,14). Aber der Tod ist nicht das Ende – er ist der Anfang! Wir haben das ewige Leben! Das Leben ist unser Dienst und unser Evangelium. Der Herr überwand durch sein Sterben den Tod, und wir können dies auch. Obwohl die Taufe einen Tod darstellt, gehen wir hinein in diesen Tod, um die Macht zu überwinden, die er über uns besitzt.

Der Glaube an die Auferstehung

Charles Spurgeon wurde als »der Prinz unter den Predigern« bezeichnet, und man betrachtete ihn als einen der größten Prediger, die es je gegeben hat. Er machte einmal die bemerkenswerte Beobachtung, daß »es sehr wenige Christen gibt, die an die Auferstehung glauben.« Als ich diese Aussage zum ersten Mal las, dachte ich, es handle sich um einen Druckfehler. Zumindest mußte wohl jemand das Zitat aus dem Zusammenhang herausgerissen haben. Wie kann jemand Christ sein und nicht an die Auferstehung glauben? Ich dachte eine Weile darüber nach, bis ich entdeckte, daß an dieser Aussage Spurgeons etwas Wahres ist. Zwischen der intellektuellen Zustimmung zu der Lehre, daß es die Auferstehung gibt, und dem Glauben an die Auferstehung besteht ein großer Unterschied. Es ist etwas völlig anderes, ob ich mit dem Verstand glaube oder ob ich mit dem Herzen glaube. Wenn wir wirklich mit dem Herzen an die Wahrheit der Auferstehung glaubten, würde sich unser Leben radikal von dem der meisten Christen unterscheiden.

Viele Christen unterliegen dem Trugschluß, echter Glaube bestehe in einer rein intellektuellen Zustimmung zu bestimmten biblischen oder historischen Tatsachen. Dies hat dazu geführt, daß viele eine geistliche Situation als sicher empfinden, in der ihr ewiges Leben womöglich immer noch in Gefahr ist. Der Apostel Paulus klärt diese Frage in seinem Brief an die Römer:

»... denn wenn du mit deinem Mund bekennst: ›Jesus ist der Herr‹ und in deinem Herzen glaubst: ›Gott hat ihn von den Toten auferweckt‹, so wirst du gerettet werden. Wer *mit dem Herzen* glaubt und mit dem Mund bekennt, wird Gerechtigkeit und Heil erlangen« (Röm 10,9-10; Hervorhebung durch den Autor).

Ein anerkanntes, säkulares Nachschlagewerk definiert Glaube als »ein Zusammenspiel von Für-wahr-Halten und Vertrauen; dieses Für-wahr-Halten ist so stark, daß es Teil des eigenen Wesens wird«. Obwohl ein säkulares Nachschlagewerk für Christen in Fragen der Lehre nicht gerade Autorität besitzt, muß doch eingestanden werden, daß diese Definition von Glaube akkurat ist und mit der biblischen Wahrheit übereinstimmt. Echter Glaube ist mehr als nur eine intellektuelle Annahme oder Vorliebe – echter Glaube beeinflußt unser Leben und gibt ihm eine Richtung, sonst ist er nicht echt.

Das Wesen echten Glaubens

Glaube ist stärker als das bloße »Für-wahr-Halten«. Etwas als wahr zu betrachten, bedeutet nur, dieser Sache intellektuell zuzustimmen. An etwas zu glauben, bedeutet, mit dem Gegenstand der Hingabe untrennbar verbunden zu sein. Eine Ansicht im Sinne des »Für-wahr-Haltens« kann ich ändern oder aufgrund eines überzeugenderen Arguments aufgeben. Echter Glaube ist so sehr Teil der Persönlichkeit, daß er nur durch den Tod ausgelöscht werden kann. Der Glaube macht die Substanz unserer Existenz und Identität aus. Wir sind, was wir glauben. Je stärker der Glaube eines Menschen ist, um so stärker wird auch seine Identität sein und um so mehr wird dieser Mensch bewirken können. Je positiver der Glaube ist, um so aufbauender werden seine Auswirkungen auf den Betreffenden und dessen Umwelt sein.

Dieser Unterschied zwischen Glaube und Für-wahr-Halten ist wie der Unterschied zwischen jemandem, der wahrhaftig ist, und jemandem, der Dinge nur vorspiegelt und sich selbst betrügt, um sein Gewissen zu beruhigen. Das verbreitete und alles durchdringende Glaubensverständnis, das Gott nur rein vom Verstand her für wahr und existent hält, kann wenig erreichen. Das ist kein echter christlicher Glaube. Die irrige Ansicht in manchen christlichen Kreisen, wir müßten nur daran glauben, daß Gott existiert, ist reiner Selbstbetrug. Es ist eine Lüge, die viele von der wirklichen Religion abhält – von dem Glauben an Gott, der unser ganzes Sein durchdringt.

Ein Mensch ohne echten Glauben ist wie ein Fahrzeug ohne Motor; es mag von außen schön aussehen, aber man kommt nicht weit damit. Je stärker der Glaube ist, um so weiter wird es einen bringen und um so schneller kommt man vorwärts. Das Für-wahr-Halten allein bleibt oberflächlich und erreicht für sich genommen wenig mehr, als unser Gewissen vielleicht etwas zu beruhigen. Der Glaube ist eine lebendige Kraft, die Berge versetzen kann.

Mose führte Israel in die Wüste, damit der Aberglaube und die oberflächlichen Ansichten des Volkes in einen Glauben verwandelt würden, der so fest steht wie ein Fels. Unsere Wüste, die Prüfungen, denen wir ausgesetzt sind, damit unser Glaube auf die Probe gestellt wird, soll das gleiche erreichen. Wenn wir auf unsere Wüstenerfahrungen richtig reagieren, wird dies eine bloße emotionale Leichtfertigkeit, die sich als Glaube ausgibt, in die machtvolle Kraft des echten Glaubens verwandeln. Wir müssen unsere Schwierigkeiten als Chancen ansehen, wenn wir in das Gelobte Land kommen wollen. Wir dürfen es nicht zulassen, daß die Schwierigkeiten uns entmutigen. Sonst werden wir in unserer Wüste umkommen, ohne je verstanden zu haben, welche Ziele und welchen Zweck Gott auch mit solchen Erfahrungen verfolgt.

Mose konnte Israel aus Ägypten herausführen, doch er konnte dieses Ägypten nicht aus den Herzen der Israeliten nehmen. Dies sollten erst die Schwierigkeiten der Wüstenzeit bewirken. Die Israeliten waren in Ägypten Sklaven gewesen. Obwohl die Sklaverei die erniedrigendste Form menschlicher Existenz ist, vermittelt sie doch ein pervertiertes Sicherheitsgefühl, das nur schwer auszumerzen ist. Die Bedingungen, unter denen ein Sklave lebt, mögen sehr hart sein, aber andererseits muß er sich um viele schwierige Entscheidungen nicht kümmern, die ein Leben in Freiheit mit sich bringt. Obwohl die Israeliten befreit wurden und dorthin unterwegs waren, wo sich ihre Bestimmung erfüllen sollte, begannen die meisten von ihnen, als sie auf Schwierigkeiten stießen, voller Sehnsucht zurückzublicken nach Ägypten. In der Tat war ihnen die Unterdrückung und Härte der Sklaverei lieber als ein Leben in Freiheit, wozu es echten Glaubens braucht. Aus dem gleichen Grund rufen viele, die in jüngster Zeit von der schrecklichen Unterdrückung des

Kommunismus befreit worden sind, nach einer Rückkehr zur alten Ordnung. Das ist die Trennlinie, die scheidet zwischen denen, die vorwärts schreiten und den Sieg erringen werden, und denen, die umkehren und ihrem Untergang entgegengehen. Niemand wird sein Ziel, seine Bestimmung, erreichen, bevor er frei ist. Der Freie wird lieber in der Wüste bei dem Versuch umkommen, sein Lebensziel zu erlangen, als zurückzukehren in die Sklaverei. Solange wir uns nicht mit unserem ganzen Willen dazu entschieden haben, nicht zurückzukehren, egal wie schmerzhaft es werden mag, solange werden wir auch nicht mit der Kraft des Glaubens vorwärts schreiten, die nötig ist, damit sich unsere Bestimmung erfüllen kann. Jesus verkündete einmal: »Keiner, der die Hand an den Pflug gelegt hat und nochmals zurückblickt, taugt für das Reich Gottes« (Lk 9,62). Solange wir noch zurückblicken, sind wir nicht soweit, daß wir uns vorwärts bewegen können.

Ein aufschlußreiches Symptom für Menschen, die sich der Sklaverei überlassen haben, ist ihr Murren und Klagen. Wer sich beklagt, hat den Glauben verloren und hat bereits sein Herz aufgegeben. Wer echten Glauben besitzt, erkennt selbst in den größten Hindernissen die Chance, noch größere Siege zu erlangen und noch größere Fortschritte auf sein Ziel hin zu machen. Echter Glaube ist kein blinder Optimismus. Diese Art von Optimismus wäre auch nur eine weitere Form der intellektuellen Zustimmung, die sich als echter Glaube ausgibt. Der Optimismus wird in der Hitze der Wüste verdorren, doch der echte Glaube wird stärker und entschlossener werden, je mehr die Hitze der Feuerproben zunimmt.

Der Glaube ist in der Lage, Berge zu versetzen, und er wird jedes Hindernis ausräumen, das ihm im Weg steht. Der echte Glaube findet Wege, wo keine Wege sind. Deshalb ist echter Glaube auch echte Freiheit; er kann durch nichts gebunden werden. Er ist die Fähigkeit, die Vision unserer Bestimmung so fest zu ergreifen, daß sie uns nicht mehr genommen werden kann, bis wir das Ziel erreicht haben. Ein solcher Glaube bringt jedes Hindernis ins Wanken, doch er selbst wird von keinem Hindernis ins Wanken gebracht. Echter Glaube wird das Gelobte Land erreichen.

Eine wichtige Tatsache über den echten Glauben gilt es zu verstehen: Echter Glaube ist nicht das Vertrauen in unseren Glauben! Echter Glaube ist auf jemanden ausgerichtet, der größer ist als dieser Glaube selbst, jemanden, der die Kraftquelle ist, aus der dieser Glaube kommt. Echter Glaube läßt sich nicht an der Qualität »unseres Glaubens« messen. Ihn so bewerten zu wollen, wäre nur eine weitere Form der Ichbezogenheit und der Selbstsucht. Nein, dieser Glaube wird an unserem Vertrauen in Gott gemessen. Jeder andere

Maßstab führt zum Betrug und ist schlimmer als die Vorspiegelung von Glauben. Wer seinen Glauben auf sich selbst gründet, wird letztlich auch nur das erreichen, was aus seiner Ichbezogenheit kommt. Die Ichbezogenheit hat sich als ein sicherer Weg zum Selbstbetrug erwiesen. Als Adam und Eva am Anfang der Zeiten von der verbotenen Frucht aßen, bestand die erste Frucht ihrer Sünde darin, daß sie im selben Augenblick nur noch sich selber sahen; sie sahen ihre Umstände und schauten ganz auf ihre Nacktheit. Die Ichbezogenheit wird immer eintreten, wenn wir von dem todbringenden Baum der Erkenntnis essen. Sie ist die erniedrigendste Form der Sklaverei. Wer ichbezogen lebt, ist ein emotionaler Krüppel. Wenn wir auf uns selbst schauen, fallen wir aus der Gnade heraus und verlieren die Kraft des echten Glaubens.

Stephen W. Hawking* gilt als einer der größten Denker unserer Tage und wird von vielen als ein noch bedeutenderer Theoretiker angesehen als Einstein. Man sagt von ihm, er könne die Antworten auf Fragen erfassen, die andere große Wissenschaftler noch nicht einmal angemessen formulieren können. Dieser brillante Mann hat seine Lebensaufgabe sehr einfach formuliert: Er will »versuchen, die Denkweisen Gottes zu verstehen«. Die Denkweisen Gottes zu erkunden, darin liegt der tiefste Grund unseres Daseins und darin besteht das Ziel und die Quelle echten Glaubens. Alles, was nicht darauf ausgerichtet ist, das von Gott eingesetzte Ziel zu suchen, ist unsere Zeit und Energie nicht wert. Nur wenn wir den Plan Gottes erkennen und mit echtem Glauben in Besitz nehmen, werden wir Erfüllung finden.

Paulus muß ebenfalls zu den brillantesten Köpfen aller Zeiten gezählt werden. Er ermahnt uns, daß wir uns darum bemühen sollen, Gott zu gefallen, nicht Menschen. Wirkliches Suchen kann nicht auf das eigene Ich oder auf andere Menschen gerichtet sein; es muß auf Gott hin ausgerichtet sein. Wenn Gott, die Quelle der Wirklichkeit, der ist, der unserem Leben Richtung gibt, dann wird eine Kraft freigesetzt, die man Glaube nennt und der sich nichts in dieser geschaffenen Welt entgegenstellen kann. Es gibt keine größere Motivation als die, unsere Bestimmung, unsere Berufung zu erkennen; und es gibt keine größere Kraft als die, die uns aus der Entschlossenheit heraus zuteil wird.

Der wahre Tempel

Traurigerweise besteht eines der größten Hindernisse zu einem richtigen Verständnis und zu einer echten Umsetzung des christlichen Glaubens in der

---

* Hawking, britischer Physiker, seit 1977 Prof. in Cambridge. Sein Bestseller »Eine kurze Geschichte der Zeit« (1988) wurde 1992 verfilmt. Hawking leidet an amyotroph. Sklerose und verständigt sich per Computer mit seiner Umwelt.

Kirche selbst. Die Kirche, so wie sie sich heute zeigt, ist in weiten Teilen ein Beispiel dafür geworden, wie der oberflächliche intellektuelle »Glaube« fortwährend versucht, echten Glauben zu verdrängen. Der Glaube der Apostel war darauf gerichtet, einen Tempel für Gott zu bauen, der nicht durch die Hand eines Menschen entstehen konnte. Dieser Tempel kann nur mit dem Herzen richtig erfaßt werden. Die Kirche, die die Apostel predigten, bestand aus Menschen, die diesen echten Glauben besaßen. Diese Kirche war keine Organisation, sondern ein lebendiger Organismus; sie war keine Institution, sondern eine Konstitution. Nach der Vision der Apostel sollte Gott in den Menschen Wohnung nehmen und nicht zwischen Steinen. Ebenso wie oberflächliche, wissenschaftlich orientierte Menschen die tiefen Erkenntnisse Einsteins genommen haben, um Atombomben, die furchtbarsten Träger der Zerstörung, zu bauen, haben oberflächliche, religiös orientierte Menschen die tiefsinnigen Lehren des Evangeliums über den echten Glauben benutzt, um leere Rituale und Formen zu schaffen, die die Seele des Menschen zerstören. Wenn ein Gläubiger den echten Glauben begreift, geht er nicht in die Kirche; er wird vielmehr die Kirche. Die wahre Kirche ist eine Kraftquelle und ein Leben, die sich nicht in Institutionen oder Gebäude fassen lassen. Nur das durch den Glauben rein gewordene menschliche Herz ist weit genug, um diese Kraft und dieses Leben aufzunehmen.

Die Wirklichkeit läßt sich nicht in Ritualen finden. Der echte Glaube ist ein Strom des Lebens, der zu gewaltig ist, als daß man ihn in die armseligen Strukturen bannen könnte, mit denen Menschen ohne Vision versucht haben, ihn zu fassen. Sicher gibt es Versammlungen derer, die einen wirklichen und kraftvollen Glauben teilen. Einige dieser Versammlungen finden innerhalb der institutionalisierten Kirche statt. Wer echten Glauben besitzt, wird unweigerlich zu den Menschen hingezogen, die in dieser Welt mit ihrem Leben das klarste Zeugnis für die Wahrheit ablegen. Jeder von uns wird durch die Gemeinschaft mit anderen gestärkt, die diesen echten Glauben leben. Doch echter Glaube betet nicht den Tempel Gottes an. Er betet den Gott des Tempels an. Wenn man Menschen mit diesem echten Glauben danach fragt, woran sie glauben, dann verweisen sie nicht auf ein Gebäude, eine Organisation oder auf Lehrmeinungen, ja, noch nicht einmal auf eine Theorie über die Wahrheit – sie verweisen auf den wahren Gott.

Der Apostel Paulus erklärte: »Denn nicht in Worten erweist sich die Herrschaft Gottes, sondern in der Kraft« (1 Kor 4,20). Die Apostel sahen ein Gebäude echten Glaubens voraus, das nicht von Menschen, sondern aus Menschen gemacht war. Menschen, die ihr Leben auf echten Glauben gründen, werden andere, die diesen Glauben auch teilen, leicht erkennen. Man erkennt sie nicht an ihrem Glaubensbekenntnis oder ihrer Zugehörigkeit zu einer bestimmten Gruppe, sondern an der Kraft und dem Wesen dessen, der ihnen diesen echten Glauben gegeben hat. Die Kirche ist nicht etwas, wohin ich gehe; die Kirche ist etwas, in das ich verwandelt werde. Mit weniger dürfen wir uns nicht zufrieden geben.

Von Napoleon wird berichtet, daß er nach seiner Lektüre des Johannesevangeliums feststellte, daß entweder Jesus oder der Mann, der das Evangelium geschrieben hat, der Messias gewesen sein muß! Napoleon erkannte, daß die Genialität eines echten Christseins die kreative Kraft eines rein menschlichen Genies weit übersteigt. Dann betrachtete er die Institution des Christentums und konnte keine Beziehung erkennen zwischen dem, was er im Evangelium entdeckte, und dem, was sich ihm in der Institution zeigte. Oft gibt es keinen Zusammenhang zwischen dem Wesen der Wahrheit und dem, was oberflächliche Menschen daraus machen wollen. Jesus wurde von den religiösesten und ehrbarsten Bürgern gekreuzigt. Auch heute sind es oft die religiösesten und ehrbarsten Institutionen, die versuchen, echten Glauben an Jesus zu zerstören.

Doch echter Glaube wird nicht in einer Institution zugrunde gehen; seine Kraft ist unzerstörbar. Diese Kraft war in der Lage, einige Fischer und einige Menschen aus dem gewöhnlichen Volk in die mächtigste Kraft der Geschichte zu verwandeln – eine Kraft, die es mit dem Römischen Reich, der bedeutendsten Großmacht der Geschichte, aufnahm und es erschütterte. Echter Glaube war die Kraft, durch den ein paar Briefe dieser einfachen Menschen die Macht bekamen, die Geschichte entscheidender zu beeinflussen als alle anderen Bücher zusammengenommen. Ein Bruchteil dieses echten Glaubens wird ausreichen, um Sie und Ihre Bestimmung radikal zu verwandeln. Nichts in der Geschichte der Menschheit, von den edelsten und höchsten Idealen bis hin zu den mächtigsten Nuklearwaffen, konnte eine ähnliche Kraft offenbaren, die Welt zu verändern, wie der echte Glaube.

Doch wir müssen aufpassen! Nur die Mutigsten sind so weit vorgestoßen, daß sie die trüben Gewässer des vorgespielten Glaubens hinter sich gelassen haben, um das reine Wasser echten Glaubens zu schmecken. Gott wollte es so. Die Kraft des echten Glaubens ist zu mächtig, als daß sie einem Menschen anvertraut werden könnte, der sie nicht als den teuersten Besitz ansieht, für den er bereit ist, alles zu geben. Das ist die Konstitution all derer, die sich über die Mittelmäßigkeit erheben, das Höchste erlangen und die Frucht des von Gott verheißenen Landes schmecken. Die Wüste soll das

Beste oder das Schlechteste im Menschen zum Vorschein bringen. Jeder von uns hat die Entscheidung darüber, was von den beiden offenbar werden soll.

Paulus ermahnt uns: »Fragt euch selbst, ob ihr im Glauben seid, prüft euch selbst!« (2 Kor 13,5). Die Überbetonung der Frage, was wir glauben – im Gegensatz zur Frage, wie wir glauben –, hat dazu geführt, daß viele eher Papageien ähnlich werden als Christus. Es ist möglich, daß wir das Richtige sagen, doch unser Leben ändert sich nicht.

Der Auftrag der Apostel

In der Apostelgeschichte, Kapitel 1, Vers 22 sehen wir, daß das Amt der Apostel den Zweck hatte, »Zeuge seiner [Jesu] Auferstehung zu sein«. Die Botschaft von der Auferstehung sollte die Grundlage des apostolischen Evangeliums sein. Doch heute ist es offensichtlich so, daß die Botschaft, die allgemein gepredigt wird, nur wenig echten Glauben an die Auferstehung hervorbringt. Ich wollte herausfinden, wann man begonnen hatte, von diesem apostolischen Evangelium abzuweichen, in der Hoffnung, dann auch zu verstehen, wie diese Botschaft zurückgewonnen werden könnte.

Ich durchstöberte meine Bibliothek nach den Auferstehungsbotschaften der Menschen, die von den biblischen Zeiten an als Männer des Glaubens galten, und war schockiert über das, was ich entdeckte. Ich fand in den vielen Bänden über die Lehre und die Einsichten mancher dieser Männer kaum mehr als ein oder zwei Seiten über das Thema der Auferstehung! Oft handelte es sich dabei offensichtlich um die obligate Osterpredigt. Nachdem es über mehrere Jahrhunderte hinweg darum gegangen war, biblische Wahrheiten wiederzuentdecken, fragt man sich, wie es sein kann, daß diese Grundwahrheit, auf der das Evangelium aufbaut, so sehr vernachlässigt werden konnte. Ist es nicht an der Zeit, die Bedeutung und die Kraft der Auferstehung zurückzuerobern?

Während ich dieses Rätsel – daß die großen Männer Gottes dem Thema der Auferstehung scheinbar aus dem Weg gegangen sind – studierte, wurde deutlich, warum diese Botschaft so sehr vernachlässigt worden ist. Der Glaube und die Kraft der Kirche des ersten Jahrhunderts war eine Folge ihres Glaubens an die Auferstehung. Doch dieser Glaube und das Zeugnis dieser Christen führten zu den Verfolgungen, die sie erleiden mußten. Als Petrus und Johannes vor den Hohen Rat geschleppt wurden, geschah die Verhaftung, so wird uns berichtet, aus folgendem Grund: Die Machthaber »waren aufgebracht, weil die Apostel das Volk lehrten und in Jesus die Auferstehung von den Toten verkündeten« (Apg 4,2). Als Paulus später ebenfalls verhaftet und dem gleichen Gremium vorgeführt wird, verkündet er: »Wegen der Hoffnung und wegen der Auferstehung der Toten stehe ich vor Gericht« (Apg 23,6).

Vermutlich kann nichts schneller dazu führen, daß man uns verfolgt, als die Predigt von der Auferstehung. Wenn wir anfangen, diese Botschaft zu predigen, greifen wir die mächtigste Festung des Satans an, seine stärkste Umklammerung dieser Kirche und dieser Welt – die Angst vor dem Tod. Es gibt keine Wahrheit, die uns freier machen kann, als die Wirklichkeit der Auferstehung. Ein Mensch, der befreit wurde von der Angst vor dem Tod, ist wirklich frei. Diese Freiheit ist die Vorbedingung für die völlige Freisetzung in jedem anderen Bereich unseres Lebens. Das Zeugnis von der Auferstehung war und ist die grundlegende Botschaft des Evangeliums der Apostel.

Es gibt mehr Schriftstellen, die sich mit der Frage befassen, wie Abraham seine Grabstätte erwarb, als zu so bedeutenden Themen wie dem, wiedergeboren zu sein. Jedes Wort der Schrift ist wichtig, kein Jota ist umsonst. Warum ist dann dieses Thema so wichtig? Warum bestanden Isaak und Jakob darauf, am selben Ort begraben zu werden? Warum nahm Josef Israel das Versprechen ab, daß sie seine Gebeine mit sich nehmen und an eben dieser Stelle begraben würden? Und warum wird diese Bitte im elften Kapitel des Hebräerbriefs als eine der größten Glaubenstaten aufgezählt? Warum war es nicht egal, wo sie begraben wurden? Der Ort, an dem sich diese Grabstätte befand, war Hebron, eine Stadt südlich von Jerusalem. Wir erkennen die Antwort auf diese Fragen, wenn wir den Bericht des Matthäus über die Kreuzigung Jesu lesen:

> »Jesus aber schrie noch einmal laut auf. Dann hauchte er den Geist aus. Da riß der Vorhang im Tempel von oben bis unten entzwei. Die Erde bebte, und die Felsen spalteten sich. Die Gräber öffneten sich, und die Leiber vieler Heiligen, die entschlafen waren, wurden auferweckt« (Mt 27,50-52).

Diese Männer des Glaubens hatten die Kreuzigung und Auferstehung Jesu prophetisch vorausgesehen und hatten durch den Platz ihrer Beerdigung dafür gesorgt, daß sie daran teilhaben konnten. Der Herr selbst bestätigt dies:

»Euer Vater Abraham jubelte, weil er meinen Tag sehen sollte. *Er sah ihn und freute sich*« (Joh 8,56; Hervorhebung durch den Autor).

Wenn uns die »Augen des Herzens« geöffnet werden, dann beginnen wir die Dinge zu sehen, die ewig Bestand haben. Wir sind nicht länger an die Zeit und die vergänglichen Dinge gebunden. Abraham sah mit den Augen seines Herzens. Deshalb konnte er vorausschauen und die Kreuzigung und Auferstehung Jesu erkennen. Abraham konnte im Vorausschauen dem vertrauen, der kommen sollte, so wie wir vertrauen, wenn wir auf die Geschichte zurückblicken.

Wenn wir anfangen, mit den Augen des Herzens zu sehen statt mit unseren natürlichen Augen, werden wir nicht nur einen Blick für die ewigen Dinge bekommen, sondern diese ewigen Dinge werden für uns noch realer werden als alles Vergängliche um uns herum. Dann werden wir, wie Abraham, nichts in diesem vergänglichen Bereich zu sehr festhalten. Wir werden Gott aus freien Stücken selbst das zurückgeben, was den auserwählten Zweck Gottes für unser Leben darstellt, unseren »Isaak«. Denn wir wissen, daß uns diese Dinge durch die Auferstehung für alle Ewigkeit zurückgegeben werden.

Abraham hatte den Tag des Herrn geschaut und er verstand, daß Isaak das Sinnbild oder das prophetische Urbild des kommenden Messias war (vgl. Hebr 11,19). Darum ließ er Isaak das Holz für seine eigene Opferung tragen, so wie Jesus sein eigenes Kreuz tragen sollte. Darum konnte er voller Zuversicht sagen: »Gott wird sich das Opferlamm aussuchen, mein Sohn« (Gen 22,8). Wenn uns die Augen des Herzens geöffnet werden, damit wir die Ziele und Pläne Gottes erkennen können, wird uns auch ein Glaube gegeben, um ein radikal anderes Leben zu führen, ein Leben, das frei ist von der knechtenden Sorge um die vergänglichen Dinge.

Wie die Augen des Herzens geöffnet werden

Doch wie kommen wir zu diesem Glauben, so daß uns die Augen des Herzens aufgetan werden? Wie kann unser intellektuelles Verstehen biblischer Wahrheiten von unserem Verstand ins Herz hinunterrutschen? Es gibt auf diese Fragen eine ganz praktische Antwort: Wir müssen eine verborgene Beziehung zu Gott aufbauen.

Jesu fragte seine Jünger: »Wie könnt ihr zum Glauben kommen, wenn ihr eure Ehre voneinander empfangt, nicht aber die Ehre sucht, die von dem einen Gott kommt?« (Joh 5,44). Jesus wußte, daß nichts zerstörerischer ist und echten Glauben leichter untergräbt als unser Verlangen nach menschlicher Anerkennung. Deshalb warnte er uns eindringlich davor:

> »Hütet euch, eure Gerechtigkeit vor den Menschen zur Schau zu stellen; *sonst habt ihr keinen Lohn von eurem Vater im Himmel zu erwarten.* Wenn du Almosen gibst, laß es also nicht vor dir herposaunen, wie es die Heuchler in den Synagogen und auf den Gassen tun, um von den Leuten gelobt zu werden. Amen, das sage ich euch: Sie haben ihren Lohn bereits erhalten. Wenn du Almosen gibst, soll deine linke Hand nicht wissen, was deine rechte tut. Dein Almosen soll verborgen bleiben, und dein Vater, *der auch das Verborgene sieht,* wird es dir vergelten. Wenn ihr betet, macht es nicht wie die Heuchler. Sie stellen sich beim Gebet gern in die Synagogen und an die Straßenecken, damit sie von den Leuten gesehen werden. Amen, das sage ich euch: Sie haben ihren Lohn bereits erhalten. Du aber geh in deine Kammer, wenn du betest, und schließ die Tür zu; dann *bete zu deinem Vater, der im Verborgenen ist. Dein Vater, der auch das Verborgene sieht, wird es dir vergelten*« (Mt 6,1-6; Hervorhebung durch den Autor).

Bezeichnenderweise haben einige der ergebensten Diener des Herrn, einige der treusten Fürbitter und einige der freigiebigsten Spender wenig oder gar keinen Lohn für das Himmelreich aufgespart, weil sie für ihre Taten auf Erden nur die Anerkennung der Menschen gesucht haben. Wenn wir dies tun, so haben wir unseren gesamten Lohn bereits erhalten. Wenn wir wirklich an die Auferstehung glauben, wenn wir wirklich begreifen, daß wir Frucht für das ewige Leben einlagern, werden wir unsere ewige Erbschaft nicht für die belanglose und flüchtige Anerkennung und Ehrung durch Menschen vergeuden.

Im Gegenteil dazu wird derjenige, der wirklich in seinem Herzen an die Auferstehung glaubt, mehr und mehr danach trachten, Frucht für das ewige Leben einzulagern. Wenn wir wirklich glauben, bauen wir eine verborgene Beziehung zum Vater auf und wollen nicht, daß außer dem Vater noch jemand von unseren Opfergaben oder Gebeten erfährt. Wenn unsere Schätze wirklich auf unserem »himmlischen Bankkonto« deponiert wurden, dann wird unser Herz auch dort sein, wo unsere Schätze sind. Wenn unser Herz bei unserem Vater im Himmel ist, öffnen sich die Augen unseres Herzens und die ewigen Dinge werden für uns realer als die vergänglichen. Dieser tiefe, lebensverändernde Prozeß erklärt einen wichtigen Faktor, was das Wesen echten Glaubens angeht.

An den Predigten über den Segen, den uns der Glaube einbringt, ist einiges richtig und wahr. Doch wenn wir unsere Augen auf die Dinge des Himmelreichs richten statt auf die irdischen Dinge, dann werden wir nicht geben, um ein noch größeres Haus, ein noch besseres Auto oder einen noch wichtigeren Job zu bekommen. Dann geben wir, um noch mehr Saatgut zu erhalten, das wir wiederum ausstreuen können. Diejenigen, die ihr Herz an die Dinge des Himmelreichs gehängt haben, wollen die Schecks ihrer geistlichen Bank nicht für vergängliche Dinge einlösen. Sie würden dieses Guthaben eher dafür einsetzen, daß noch mehr Seelen in das Reich Gottes kommen und so ihre Frucht im Himmel ernten. Wenn wir erst einmal mit dem Herzen erkannt haben, was Jesus für uns getan hat, werden wir alles für ihn tun wollen. Unsere Leidenschaft wird danach trachten mitzuerleben, wie er den Lohn für sein Opfer erhält. Wenn wir erkannt haben, was er für uns getan hat, wie könnten wir dann noch unsere himmlischen Schätze für egoistische Zwecke aufs Spiel setzen?

Der Herr erlöste uns aus Gnade von der Versklavung an diese Welt und kaufte uns frei, damit wir seine Sklaven werden. Wir sollen nicht länger für uns selbst leben, sondern für ihn (vgl. 2 Kor 5,15). Auch wenn wir Sklaven sind, so zahlt er uns doch einen besseren Lohn, als wir von Menschen jemals erhalten könnten. Mir gefallen mehrschichtige Marketingstrukturen, doch das Reich Gottes ist besser als jede Organisation dieser Art, weil es seinem Wesen nach ewig ist! Wenn wir andere in dieses Reich »hineinsponsern«, sie unterstützen und uns um ihren geistlichen Fortschritt bemühen, bekommen wir in alle Ewigkeit Anteil an ihrer Frucht!

Wenn wir beginnen, wirklich an die Auferstehung und die ewige Erbschaft, die uns in Christus zusteht, zu glauben, bleibt kein Platz mehr für Eifersucht oder territoriale Streitigkeiten. Sollte jemand in Ihre Stadt kommen, dessen Gaben größer sind als Ihre eigenen, dann beten Sie für ihn! Tun Sie alles in Ihrer Macht stehende, um seinen Dienst zu tragen und zu fördern, denn Sie werden an der Frucht seines Dienstes in der Ewigkeit teilhaben. Wenn uns die Augen geöffnet werden für die Ewigkeit und wir beginnen, für das, was ewig ist, zu leben, werden wir auch für die Dienste anderer beten und hoffen, daß sie noch erfolgreicher sind als die unsrigen, denn auch wir werden am Lohn ihres Dienstes teilhaben.

Wenn wir wirklich an die Auferstehung glauben, ist es uns egal, wem hier auf Erden Aufmerksamkeit und Anerkennung zuteil werden. Unsere Schätze liegen im Himmel. Dort ist unser Herz, und dort erwarten wir unseren Lohn. Dieses Leben ist im Vergleich zur Ewigkeit nur ein Hauch. Was bedeutet schon der Lohn, den wir hier bekommen! Wenn wir wirklich Glauben fassen, der das Ewige deutlicher wahrnimmt als das Vergängliche, werden wir anfangen, auf die Dienste anderer achtzuhaben und sie zu schützen, so wie sie es für die unseren tun. Wir werden nicht mehr versuchen, unsere Dienst gegenseitig schlechtzumachen oder zu zerstören, weil wir eifersüchtig sind oder andere einschüchtern wollen.

Es ist nicht falsch, wenn wir arbeiten, um einen Lohn zu erhalten. Die Schrift sagt, daß selbst Jesus »angesichts der vor ihm liegenden Freude das Kreuz auf sich genommen« hat (Hebr 12,2). Dinge um des Lohnes willen zu tun, ist weder falsch noch schlecht. Doch es gibt edlere Motive für unsere Mühe. Diese Motive entdecken wir, je mehr unsere Liebe zum Herrn wächst. Im Grunde war die Freude, um deretwillen Jesus das Kreuz ertrug, zweierlei Natur. Erstens verlangte Jesus nicht aus eigensüchtigen Motiven heraus, seinem Vater zu gehorchen und ihm zu gefallen, sondern weil der Vater dies verdient. Zweitens liebt Jesus uns ebenso sehr wie der Vater, und deshalb bedeutet es für ihn eine Freude zu sehen, wie wir uns freuen, weil wir mit dem Vater versöhnt werden und an der Erbschaft Jesu teilhaben. Wir dürfen uns an unserem Lohn freuen, ebenso wie Kinder sich an den Geschenken freuen dürfen, die sie von ihren Eltern bekommen. Doch ohne Zweifel wird die größte Freude in dem Moment entstehen, wenn wir den Herrn zu uns sagen hören: »Du tüchtiger und treuer Diener«, und wenn wir von Angesicht zu Angesicht sehen können, welche Freude er daran hat, daß die, die sich in seinem Namen abgemüht haben, die Erlösung empfangen.

In alle Ewigkeit wird unser Sehnen und Trachten nicht nur auf unsere Freude gerichtet sein, sondern vielmehr auf die Freude des Herrn. Wir können ihn heute schon erfreuen, indem wir an ihn und seine Auferstehung glauben und uns ganz der verborgenen Beziehung widmen, die er mit jedem von uns eingehen möchte. Die Freude am Herrn ist wahrhaftig unsere Stärke.

Was ist Leben?

Eine der ältesten theologischen und philosophischen Fragen lautet: »Was ist Leben?« Im Grunde ist Leben »Kommunikation«. Alles Lebendige, ob Tier oder Pflanze, bleibt nur so lange am Leben, wie es mit seiner Umgebung in einer Beziehung steht oder kommuniziert. Solange etwas atmet, Nahrung aufnimmt und Abfallstoffe ausscheidet, ist es lebendig. Hört diese Wechselbeziehung auf, so ist es tot. Als höhere Lebensformen gelten die Lebewesen, die die Fähigkeit besitzen, auf einem höheren Niveau zu kommunizieren. Zum Beispiel gilt der Hund gegenüber der Pflanze als das höhere Lebewesen, weil er Befehle verstehen, bestimmte Menschen erkennen kann und vieles mehr. Die Menschen gelten im Vergleich mit den Tieren als die höheren Lebewesen, weil wir auf einem sehr viel höheren Niveau kommunizieren. Das geistliche Leben ist die höhere Seinsform als das physische Leben. Wir sind geistlich gesehen so lange am Leben, wie wir im Heiligen Geist kommunizieren oder Beziehungen aufnehmen. Jesus ist das Wort Gottes, die Kommunikationsform Gottes schlechthin. Wenn wir im Heiligen Geist mit ihm kommunizieren, können unsere Feinde den Leib töten, doch sie können uns nicht das Leben nehmen, weil es sich auf einem Niveau befindet, das für unsere Feinde unerreichbar ist. Der Herr hat gesagt: »Ich bin die Auferstehung und das Leben. Wer an mich glaubt, wird leben, auch wenn er stirbt, und jeder, der lebt und an mich glaubt, wird auf ewig nicht sterben. Glaubst du das?« (Joh 11,25-26).

Jesus kam, damit wir dieses Leben empfangen und in der Fülle haben können (vgl. Joh 10,10). »Das ist das ewige Leben: dich, [den Vater,] den einzigen wahren Gott, zu *erkennen* und Jesus Christus, den du gesandt hast« (Joh 17,3; Hervorhebung durch den Autor). Jesus hat nicht gesagt, das ewige Leben könne dadurch gefunden werden, daß wir etwas über ihn wissen, sondern dadurch, daß wir ihn tatsächlich (er)kennen. Wir können viel über eine Person wissen, ohne den Betreffenden persönlich kennengelernt zu haben. Es ist möglich, Jesus persönlich kennenzulernen und häufig mit ihm in Berührung zu kommen und doch nicht in ihm zu bleiben und unsere geistliche Kommunikation oder Wechselbeziehung mit ihm aufrechtzuerhalten. Viele lernen Jesus als den Weg kennen. Ein paar mehr gehen weiter, um ihn als die Wahrheit kennenzulernen. Aber nur wenige gehen soweit, ihn als ihr Leben kennenzulernen. Wenn wir den Weg suchen, so bleibt dies vielleicht alles, was wir finden werden. Wenn wir die Wahrheit suchen, so bleibt dies vielleicht alles, was wir finden werden. Wenn wir danach suchen, Jesus als unser Leben zu erfahren, werden wir auch den Weg und die Wahrheit erkennen.

Es geht um das Leben. Wir müssen am Baum des Lebens teilhaben. Wir müssen den Weg des Lebens gehen und das Leben suchen. Nur wenn wir das wahre Leben erkannt haben, werden wir verstehen, wie der Tod der Weg sein kann zu einem Leben in Christus. Wenn wir dieses Leben, Jesus, nicht erkannt, nicht kennengelernt haben, wird der Tod der Taufe bedeutungslos bleiben. Paulus hat den Korinthern erklärt, daß wir keinen Profit haben ohne die Liebe, selbst wenn wir unseren Körper hingeben würden.

Ich kannte zwei Mädchen im Teenageralter, die eine ältere Frau besuchen gingen und traurig waren, als sie sahen, wie trostlos die kleine Wohnung war, in der sie lebte, und wie einsam sie ihr Dasein fristete. Als sie zu ihr sagten, wie leid es ihnen täte, daß sie so leben müßte, schaute die alte Dame die beiden erstaunt an: »Seht ihr diese nackten Wände? Es sind Mauern des Lobpreises, weil Jesus in ihnen Wohnung genommen hat!« Auf einmal entdeckten die beiden Mädchen in der alten Frau ein ganz besonderes Strahlen und ein ungeahntes Leben, und im Vergleich dazu erschien ihnen ihr Leben belanglos und leer. Tatsächlich taten der alten Frau die Mädchen leid! Diese Frau hatte Einsamkeit nie gekannt, denn sie war umgeben von der Gegenwart des Herrn. Was viele als eine unerträgliche Existenz ansehen würden, war für sie eine Freude und eine Chance, dem Herrn näher zu kommen. Für den, der in die wirkliche Taufe eintritt, wird es ebenso sein. Seine Aufmerksamkeit wird nicht dem Tod gelten, sondern der Chance, ein viel größeres Leben zu erlangen. Die Geschichte über die beiden Mädchen endete damit, daß die alte Dame für sie betete!

Wenn wir beginnen, im Einklang mit dem Leben des Gottessohns zu leben, wird die Taufe zur einer Tür, durch die wir mit freudiger Erwartung eintreten (vgl. Jak 1,2-4). Je mehr wir sterben, um so mehr leben wir. Das ist die Folge davon, daß der Tod überwunden ist. Das ist der Feuersee, der alle unsere Feinde verschlingt. In der Taufe sterben wir nicht nur, um tot zu sein; wir geben bereitwillig unser altes Leben hin, damit der Tod vom Leben, das heißt von Jesus, verschlungen wird. Mit jedem Tod, den wir sterben, erkennen wir um so fester das, was das ewige Leben ausmacht – die Einheit mit unserem Vater und seinem Sohn. Je mehr wir uns diesem ewigen Leben hingeben, um so mehr werden wir die Prüfungen als Chancen ansehen, weil sie uns zwingen, uns nach ihm auszustrecken. Nichts von dem, was diese Welt zu bieten hat, sollten wir mehr ersehnen als ihn.

Die erste Prüfung des Reiches Gottes

König Salomo und seine Herrschaft gelten als ein prophetisches Sinnbild der kommenden Gottesherrschaft auf Erden. Nachdem Salomo König geworden war, wurde er als erstes mit der Frage nach dem Leben auf die Probe gestellt (vgl. 1 Kön 3,16-28). Salomo besaß die Weisheit, die echte Mutter des

Säuglings herauszufinden, indem er feststellte, welche der beiden Frauen die höchste Achtung vor dessen Leben hatte. Die Frau mit der geringsten Achtung vor dem Leben des Kindes ist vermutlich auch mit ihrem Kind ohne viel Sorgfalt umgegangen und folglich die, die ihr eigenes Kind erstickt hatte. Wenn wir in das Reich Gottes hineinkommen und dort bleiben wollen, wird dies unsere erste Prüfung sein, um festzustellen, ob wir wahrhaftig sind oder nur etwas vorgeben. Das Leben, das uns gegeben wurde, wird vom Schwert bedroht werden. Auch wir müssen bereit sein, es aufzugeben, bevor wir es in Empfang nehmen können. Es ist schockierend, wie viele Menschen lieber zuschauen, wie ihr Leben zugrunde geht, als ihre Kontrolle darüber aufzugeben. Wer sich so verhält, dem bleibt am Ende nichts. Wer sein Leben erhalten will, der wird es verlieren. Wer sein Leben um Jesu willen verliert, der wird es erst wirklich finden. Die echte Mutter gab ihr Kind auf, damit es am Leben bliebe, doch indem sie dies tat, erhielt sie es vom weisen König zurück. Manchmal besteht der beste Weg, das zu schützen und zu erhalten, was Gott für uns bereithält, darin, daß wir es aufgeben. Wir müssen das Leben am höchsten schätzen, doch diese Achtung vor dem Leben darf nicht alles bestimmen wollen.

Der Herr wird unser Wesen von mangelnder Sorgfalt frei machen, damit wir mit diesem Schatz richtig umgehen können. Wenn wir verstehen, daß Leben Kommunikation bedeutet, werden wir einen Blick dafür bekommen, daß »Tod und Leben ... in der Macht der Zunge« stehen (Spr 18,21) und daß »der Mund des Gerechten ... ein Lebensquell« ist (Spr 10,11). Aus diesem Grund werden die Menschen über »jedes unnütze Wort, das [sie] reden, ... am Tag des Gerichts Rechenschaft ablegen müssen« (Mt 12,36). Unsere Worte bedeuten Leben oder Tod; wir sollten sie mit der größten Sorgfalt wählen. Führen sie zum Glauben oder in die Furcht, zur Geduld oder zum Streit, zum Gehorsam oder zur Rebellion? Reden wir im Geist Gottes oder im Geist dieser Welt? Wie gehen wir mit dem Leben um, das uns anvertraut ist? Die Worte, die wir aussprechen, offenbaren, in welchem Geist wir sind. Wenn wir am Baum des Lebens teilhaben, werden unsere Worte Leben bringen, denn ein guter Baum kann keine schlechten Früchte tragen.

TEIL II

Die Wanderschaft

Kapitel 3

Die Wüste

Nach dem Erlebnis am Schilfmehr waren die Israeliten verständlicherweise freudig erregt. Ohne irgendeinen Verlust waren sie soeben einer geradezu ausweglosen Situation entkommen. Es gibt keine freudigere Erregung als die nach einem herausragenden Sieg in einer scheinbar hoffnungslosen Situation. Doch nur wenige der Israeliten hatten auch nur eine Ahnung davon, nach welchem Muster die Erlösung Gottes abläuft. Sie hatten noch nicht verstanden, daß seine größten Wunder erst dann sichtbar werden, wenn sein Volk mit dem eigenen Latein am Ende ist. Die Erfahrungen, die sie auf ihrem Weg machten, sollten schließlich dazu führen, daß sie diese Lektion nur zu gut lernten.

Das Gegenteil dessen, was ihnen verheißen war

Der Herr hatte Israel ein Land verheißen, in dem Milch und Honig fließen. Doch zunächst führte er sie an einen Ort, an dem es nicht einmal Wasser gab! Dies verwirrte Israel, wie es noch heute viele verwirrt, die dem Herrn nachfolgen. Die Erfahrung des Volkes Israel beleuchtet eines der Grundprinzipien, wie Gott seinen Weg mit uns geht. Zwischen dem Ort, an dem wir die Verheißung Gottes empfangen, und dem Gelobten Land (der Erfüllung der Verheißung) liegt in der Regel eine Wüste, die das völlige Gegenteil dessen ist, was uns verheißen wurde. Dieses Prinzip läßt sich auf jede Verheißung Gottes anwenden, egal worauf sie sich bezieht: Gaben, Dienste, die Erlösung der Menschen, die uns nahe stehen, oder auch vergängliche Dinge. Damit sich die Verheißung erfüllen kann, wird es zwischen dem Ort der Verheißung und der Erfüllung der Verheißung ein unfruchtbares Land geben, das unseren Glauben erfordert.

Abraham wurde ein Sohn verheißen, aber er mußte Jahre der Unfruchtbarkeit durchwarten, bis sowohl er als auch Sarah körperlich gar nicht mehr in der Lage waren, Kinder zu bekommen. Erst dann erhielt er seinen Sohn. Seinen Nachfahren wurde das Land Kanaan verheißen, doch sie mußten vierhundert Jahre in Ägypten bleiben, bevor sie dieses Land erhielten. Josef hatte eine Vision, daß sogar die Sonne, der Mond und die Sterne sich vor ihm verneigen würden, doch zunächst mußte er zum Sklaven werden! Obwohl Mose ein Thronfolger gewesen war, lebte er vierzig Jahre in der Wüste als Hirte, im niedrigsten Stand, den es damals gab, bevor er soweit war, daß er das Volk Gottes anführen konnte. Nachdem David zum König gesalbt worden war, verbrachte er Jahre auf der Flucht vor dem Volk, dessen Herrscher er sein sollte. Sie versuchten sogar zunächst, ihn zu töten, bevor sie sich ihm unterwarfen. Die Kirche erhielt die Verheißung, sie werde mit Christus über die Erde herrschen, doch seit fast zweitausend Jahre wird sie von eben der Welt beherrscht und unterdrückt, über die sie herrschen soll.

Der Zweck dieses von Gott eingesetzten Musters läßt sich in einem Wort zusammenfassen: Vorbereitung. Israels Wüstenerfahrung diente der Vorbereitung, der Formung und Reifung des Glaubens. Und was noch wichtiger ist: In der Wüste baute Israel dem Herrn eine Wohnung, damit er unter ihnen wohnte. Auch für uns heute gilt dieses gleiche biblische Muster. In unseren Wüstenerfahrungen lernen auch wir, Gott in unserem eigenen Leben eine Wohnung zu bereiten.

Nach seiner dramatischen Bekehrung ging der Apostel Paulus mehrere Jahre in die Wüste. Er schrieb später den Galatern (vgl. Gal 1,11-17; Übersetzung nach Luther), daß er in dem Moment vorbereitet war zu predigen, als der Vater in ihm (nicht nur vor ihm) den Sohn offenbarte. Die Wüste bewirkt, daß wir im Herrn bleiben und er in uns. Wie das Volk Israel treten wir möglicherweise mit allen Schätzen Ägyptens den Weg ins Gelobte Land an, doch bald danach sind wir völlig vom Herrn abhängig – ohne seine Hilfe hätten wir nicht einmal einen Schluck Wasser. In der Wüste wird er zu unserem Herrn und wir zu seinen Priestern. Dort entwickeln wir eine innige Beziehung zu ihm und lernen sein Wesen kennen. Dort fallen die Fassaden unserer alten Natur, und wir erkennen, wie nötig wir die Veränderung brauchen, die er in uns bewirkt.

In der Wüste erleben wir die größten Schwierigkeiten, aber auch einige unserer glorreichsten Stunden. Wir müssen wissen, was Durst bedeutet, bevor wir versuchen werden, aus einem Stein Wasser fließen zu lassen. Wir müssen Hunger erleben, bevor wir das Manna vom Himmel kosten. Auf jede große Prüfung in der Wüste folgt eine wunderbare Offenbarung des Königs und seiner Erlösung. Die Wüste ist kein Fluch, sie ist ein Segen. Sie ist der Ort, an dem die Umklammerung gelockert wird, mit der diese Welt unser Herz und unseren Verstand gefangen hält, und an dem wir ganz vom Herrn und seinen ewigen Zielen in Bann gezogen werden. Dies ist der Ort, an dem die Herrschaft unserer fleischlichen Natur zerbrochen wird und der Herr die Herrschaft über unser Leben übernimmt. Wenn wir all das fassen können, was die Wüstenerfahrung für uns bewirkt, dann können wir tatsächlich mit Jakobus sprechen: »Seid voll Freude, meine Brüder, wenn ihr in mancherlei Versuchungen geratet. Ihr wißt, daß die Prüfung eures Glaubens Ausdauer bewirkt. Die Ausdauer aber soll zu einem vollendeten Werk führen; denn so werdet ihr vollendet und untadelig sein, es wird euch nichts mehr fehlen« (Jak 1,1-4).

Wie man bitteres Wasser in Trinkwasser verwandelt

Die Verheißung Gottes war eindeutig: Er würde sie führen »in ein schönes, weites Land, in ein Land, in dem Milch und Honig fließen« (Ex 3,8). Doch in den ersten drei Tagen, in denen sie zu diesem Land unterwegs waren, hatten sie nicht einmal Wasser zu trinken. Natürlich beklagten sie sich darüber. Jeder, der schon einmal wirklich Durst gehabt hat, kann sich mit den Israeliten identifizieren. Echter Durst weckt in uns den Grundinstinkt zu überleben. Als sie dann endlich an eine Wasserstelle kamen, war dieses Wasser bitter! Nachdem sie drei Tage lang ohne einen Tropfen Wasser durch den Staub und die Hitze der Wüste gewandert waren, war diese Enttäuschung mehr, als sie ertragen konnten. Doch das ist die erste Lektion, die wir in der Wüste lernen müssen – wie man bitteres Wasser in trinkbares verwandelt.

Obwohl die Israeliten Grund zur Klage hatten, war diese schwere Prüfung auch ihre größte Chance. Nur echte Prüfungen bringen echten Glauben hervor. Echter Glaube liegt im Innern, nicht an der Oberfläche. Er hängt auch nicht von äußeren Umständen ab. Echter Glaube läßt sich durch Enttäuschungen nicht erschüttern, er wird vielmehr dadurch gestärkt. Echter Glaube wird jederzeit das bittere Wasser der Enttäuschung in das süße, trinkbare Wasser einer sich bietenden Chance verwandeln.

Weil das Volk Israel auf die Prüfungen seiner Enttäuschung nicht mit Glauben reagierte, sondern vielmehr mit Klagen, wurde der Zerstörer viele Male unter ihnen losgelassen. Wenn die Enttäuschung zur Klage wird, wütet der Zerstörer unseres Glaubens und wir verlieren obendrein unsere Vision. Die Wüste hat den Zweck, unseren Glauben auf die Probe zu stellen, und wir müssen lernen, jede sich durch solche Erfahrungen bietende Gelegenheit zum Wachstum zu ergreifen. Falls Sie nichts von dem behalten, was in diesem Kapitel gesagt wird, so vergessen Sie doch das eine nicht: Vergeuden Sie nie die Chance einer Prüfung!

Die Sprache des Unglaubens

Obwohl wir so sehr von unserer Wüstenerfahrung profitieren können, ist es nicht der Wille Gottes uns länger als nötig dort zu lassen. Die Entfernung zwischen der Stelle, an der die Israeliten das ägyptische Reich verließen und Kadesch-Barnea, dem Ort, an dem das Volk ursprünglich in das Gelobte Land einziehen sollte, läßt sich zu Fuß in zehn oder vierzehn Tagesmärschen bewältigen. Doch die Israeliten sollten nicht ganz so schnell aus der Wüste herauskommen. Zuerst mußten sie das Siegel des Bundes erhalten, den Gott durch das Gesetz mit ihnen geschlossen hatte. Dann mußten sie die Stiftshütte bauen, damit Gott unter ihnen Wohnung nehmen konnte. Trotzdem wird deutlich, daß die Israeliten etwa zwei Jahre nach ihrem Auszug aus Ägypten so weit waren, daß sie in das Gelobte Land einziehen konnten. Doch der mangelnde Glaube, der sich in ihrem Murren und Klagen zeigte, führte zu einer Wartezeit von vierzig Jahren und dem Tod einer ganzen Generation, bevor sie das Land betreten konnten. Unglücklicherweise wiederholt sich bei den meisten Christen dieses Erfahrungsmuster. Wegen ihres Unglaubens laufen sie schließlich auf ihrem geistlichen Weg durch die Wüste immer und immer wieder im Kreis, bis sie umkommen. Sie erreichen niemals die Verheißung, die Gott ihnen gegeben hat. Paulus erklärt dies den Korinthern:

> »Ihr sollt wissen, Brüder, daß unsere Väter alle unter der Wolke waren, alle durch das Meer zogen und alle auf Mose getauft wurden in der Wolke und im Meer. Alle aßen auch die gleiche gottgeschenkte Speise, und alle tranken den gleichen gottgeschenkten Trank; denn sie tranken aus dem lebensspendenden Felsen, der mit ihnen zog. Und dieser Fels war Christus. Gott aber hatte *an den meisten von ihnen* kein Gefallen; denn er ließ sie in der Wüste umkommen« (1 Kor 10,1-5; Hervorhebung durch den Autor).

Das soll nicht bedeuten, daß diejenigen, die es nicht bis ins Gelobte Land schafften, auf ewig verdammt waren. Im Sinn eines Urbilds hatten sie die Erlösung am Kreuz durch das Pascha erfahren. Sie waren im Schilfmeer in Christus hineingetauft worden. Sie waren sogar zu seinen Priestern und Dienern geworden. Doch sie gelangten trotzdem nicht in das Gelobte Land. Gottes Ziele mit uns gehen weit über die bloße Tatsache hinaus, daß wir »gerettet« wurden. Er hält für uns ein Gelobtes Land bereit, das auch *wir einnehmen müssen.* Der Herr rief das Volk Israel nicht nur deshalb aus der Sklaverei in Ägypten heraus, damit sie frei wären. Er wollte sie als ein Werkzeug seiner Erlösung benutzen, damit die ganze Welt von der Knechtschaft befreit werden kann.

Sicher war es für das Volk besser, in der Wüste zu sterben, als wenn sie niemals aus Ägypten fortgezogen wären. Wenigstens hatten sie sich mit Gott auf den Weg gemacht. Doch die erste Generation, die aus Ägypten ausgezogen war, blieb nicht im Glauben, durch den sich Gottes Plan mit ihnen hätte erfüllen können. Die meisten Christen verhalten sich genauso. Nachdem sie die Welt (Ägypten) verlassen haben, laufen sie in der Wüste im Kreis. Sie erobern niemals die Festungen, durch die sie daran gehindert werden, Gottes verheißenes Land einzunehmen. Wir wurden nicht berufen, um in der Wüste umzukommen! Die Wüste ist nicht unsere Heimat. Der Herr möchte nicht, daß wir dort länger als nötig verweilen. Wir wurden aus Ägypten herausgerufen, um in das Gelobte Land zu ziehen.

Die erste Generation, die aus Ägypten fortgezogen war, erlangte ihr Erbteil wegen ihres Unglaubens nicht, der sich in ihrem Murren und Klagen gezeigt hatte. Die Klage ist ein aufschlußreiches Zeichen für ein verhärtetes, ungläubiges Herz. Das Klagen kann ernste Probleme hervorrufen, die alle zum Tod führen. Erst zerstört es unseren persönlichen Glauben. Dann zerstört es den Glauben derer, die uns hören. Und schließlich erregt unser dauerndes Murren und Klagen den Zorn Gottes und führt nicht zu der Befreiung von unseren Problemen, die wir herbeisehnen. So warnt der Verfasser des Hebräerbriefs:

> »Darum beherzigt, was der Heilige Geist sagt: Heute, wenn ihr seine Stimme hört, verhärtet euer Herz nicht wie beim Aufruhr, wie in der Wüste am Tag der Versuchung. Dort haben eure Väter mich versucht, sie haben mich auf die Probe gestellt und hatten doch meine Taten gesehen, vierzig Jahre lang. Darum war mir diese Generation zuwider, und ich sagte: Immer geht ihr Herz in die Irre. Sie erkannten meine Wege nicht.

Darum habe ich in meinem Zorn geschworen: Sie sollen nicht in das Land meiner Ruhe kommen. Gebt acht, Brüder, daß keiner von euch ein böses, ungläubiges Herz hat, daß keiner vom lebendigen Gott abfällt, sondern *ermahnt einander jeden Tag*, solange es noch heißt: Heute, damit niemand von euch durch den Betrug der Sünde verhärtet wird« (Hebr 3,7-13; Hervorhebung durch den Autor).

Der Glaube bewegt Gott. Unglaube provoziert ihn und wird nie zu unserer Erlösung führen. Der Glaube ist der kürzeste Weg zur Erfüllung der Verheißungen. Unglaube führt dazu, daß wir endlos in der Wüste im Kreis laufen. Wir werden die Verheißungen Gottes nicht erlangen, wenn wir Unglauben im Herzen tragen.
 Klage ist die Sprache des Unglaubens. Lobpreis ist die Sprache des Glaubens. Die Wüste ist der Ort, an dem Gott in uns Wohnung nimmt und er thront über dem Lobpreis seines Volkes (vgl. Ps 22,4). Der Lobpreis, in dem Gott Wohnung nimmt, ist mehr als nur ein ständiges Herunterleiern von Lobeshymnen; ein freudiges und glaubendes Herz, das in jeder Situation fest bleibt, darin besteht echter Lobpreis. Der Herr hat es so eingerichtet, daß wir auf dem Weg in das Gelobte Land durch die Wüste ziehen, weil in der Wüste die echten Gläubigen von den falschen geschieden werden. Keiner, der Glauben vorspiegelt, wird die Verheißungen Gottes erlangen.
 Die Trennung von vorgespiegeltem und echtem Glauben durch diesen wichtigen Schritt ist nur der Anfang dessen, was Gott mit der Wüste bezweckt. Nach der Scheidung folgt die Läuterung. Wenn wir die Wahrheit erkennen wollen, müssen wir zunächst wahrhaftig werden. Wenn wir die Herrlichkeit sehen wollen, müssen wir gereinigt werden, damit wir sie empfangen können. Schmerz und Leid reinigen uns nicht, doch der Glaube, der nötig ist, um sie zu ertragen und fest zu bleiben, reinigt. Echter Glaube ist ganz einfach die Anerkennung des einen, an den wir glauben. Je deutlicher wir ihn erkennen, um so reiner wird unser Glaube sein. Die Prüfungen und Läuterungen unseres Glaubens sind kostbarer als alle Schätze Ägyptens. Diese Läuterung macht es möglich, daß wir den Herrn klarer vor Augen haben und in seiner Gegenwart stehen.
 Einer meine Lieblingsprediger begann seine Botschaft immer mit den Worten: »Komm zu Jesus und er wird dein Leben ruinieren!« Der Weg des Christen soll schwierig sein. Manche Menschen versuchen, andere zu einer »Entscheidung« zum Herrn zu überreden. Sie versuchen, die Menschen mit der Hoffnung auf Wohlstand zu locken, der umgehend eintreten soll, wenn

der Sünder »Jesus angenommen« hat. Doch wenn Menschen dem wirklichen Jesus begegnet sind, waren sie gezwungen, das aufzugeben, was sie hatten. Wir werden niemals größeren Wohlstand besitzen als den, der daraus entsteht, daß wir in der Wüste auf die Probe gestellt wurden. Das Erbe, das Gott für uns bereithält und das er uns verheißen hat, übersteigt bei weitem das Denken des Menschen. Doch der Grund dafür, daß so wenige von denen, die eine »Entscheidung« getroffen haben, treu bleiben, liegt darin: Wir haben ihnen nicht klar gemacht, daß es gilt, eine Wüste zu durchqueren, bevor wir die Verheißungen erlangen.

Die Kinder Israels führten alle Schätze Ägyptens mit sich, als sie durch die Wüste zogen. Es gab nur keinen Ort, an dem sie diesen Reichtum ausgeben konnten. Auch die Kirche ist ein Erbe dessen, der das Universum besitzt, doch bis heute haben wir nur ein paar erbärmlich kleine Schecks zu seinen Lasten ausgestellt. Wir sind nicht zu einem ruhigen, bequemen und luxuriösen Leben berufen. Wir sind berufen zu einem Leben des Opfers und des Kampfes. In diesem Opfer und Kampf ist uns eine unaussprechliche Freude und Ruhe des Herzens verheißen. Diese Dinge sind viel kostbarer als der Reichtum dieser Welt.

Dietrich Bonhoeffer, der deutsche Theologe, der in einem Gefängnis Hitlers als Märtyrer starb, hat einmal gesagt: »Wenn Jesus einen Menschen ruft, heißt er ihn hinzugehen und zu sterben.« Als Jesus Menschen in seine Nachfolge rief, wies er darauf hin, daß er die völlige Hingabe und ein ganzes Opfer fordert. Wer ein anderes Evangelium predigt, zerstört vielleicht mehr Menschen, als er rettet.

Eines der wichtigsten Ziele des irdischen Wirkens Jesu war, den Bedürftigen und Bedrückten zu helfen. Doch er hat nie Menschen auf dieser Basis in seine Nachfolge gerufen. Das Evangelium verkündet seinem Wesen nach Freiheit und Erlösung, Frieden und Erfüllung. Diese Dinge erhalten wir umsonst, aber sie sind nicht billig. Das wahre Evangelium verkündet eindringlich: »Denn wer sein Leben retten will, wird es verlieren; wer aber sein Leben um meinetwillen verliert, wird es gewinnen« (Mt 16,25). Wer die Botschaft von der billigen Gnade vertritt, wird unweigerlich in der Wüste umkommen oder nach »Ägypten« zurückkehren. Wer auf den wirklichen Ruf Christi hört, wird es nicht leicht haben. Der Herr hat nie versprochen, sein Weg sei ohne Schwierigkeiten. Er sagte nur, daß dieser Weg die Mühe wert sei. Es gibt nur einen Weg in das Gelobte Land, und der führt durch die Wüste.

Glaube und Vertrauen

Wir werden ermahnt, nicht müde zu werden, »sondern Nachahmer derer [zu sein], die aufgrund ihres Glaubens und ihrer Ausdauer Erben der Verheißungen sind« (Hebr 6,12). Sollte es uns daher wundern oder entmutigen, daß die Erfüllung einer Verheißung des Herrn, die uns gegeben wurde, zunächst in immer weitere Ferne zu rücken scheint? Über Abraham, den »Vater des Glaubens«, wurde gesagt: »So erlangte Abraham durch seine Ausdauer das Verheißene« (Hebr 6,15). An der Ausdauer oder Geduld erweist sich der Glaube. Doch nur wenige verstehen diesen Zusammenhang. Aus diesem mangelnden Verständnis heraus kommt es dazu, daß nur wenige den Weg zu Ende gehen, um die Verheißungen zu erlangen und ihre Berufungen zu erfüllen. Etwa zwei Millionen Israeliten verließen Ägypten, doch aus dieser ganzen Generation erreichten nur zwei das Gelobte Land. Das bedeutet ein Millionstel.

Die zweite Generation, die in der Wüste heranwuchs, verstand diese Lektion, weil sie vierzig Jahre lang zusehen mußten, wie ihre Väter in der Wüste umkamen. Fast die gesamte zweite Generation kam in das Gelobte Land. Auch wir können dorthin gelangen, wenn wir aus den Fehlern der Generationen lernen, die vor uns gewesen sind. Wir müssen nicht in der Wüste umkommen. Wir müssen uns nicht damit zufrieden geben, daß wir im Kreis laufen. Wir besitzen das Zeugnis über Gottes Handeln. Wir können seine Wege verstehen, weil die Bibel über die Menschen berichtet, die den Weg mit ihm gegangen sind. Paulus berichtete über Gottes Handeln am Volk Israel in der Wüste, damit die Leser dieses Berichtes daraus lernen konnten:

> »Das aber geschah als warnendes Beispiel für uns: damit wir uns nicht von der Gier nach dem Bösen beherrschen lassen, wie jene sich von der Gier beherrschen ließen. Werdet nicht Götzendiener wie einige von ihnen; denn es steht in der Schrift: Das Volk setzte sich zum Essen und Trinken; dann standen sie auf, um sich zu vergnügen. Laßt uns nicht Unzucht treiben, wie einige von ihnen Unzucht trieben. Damals kamen an einem einzigen Tag dreiundzwanzigtausend Menschen um. Wir wollen auch nicht den Herrn auf die Probe stellen, wie es einige von ihnen taten, die dann von Schlangen getötet wurden. Murrt auch nicht, wie einige von ihnen murrten; sie wurden vom Verderber umgebracht. *Das aber geschah an ihnen, damit es uns als Beispiel dient; uns zur Warnung*

wurde es aufgeschrieben, uns, die das Ende der Zeiten erreicht hat. Wer also zu stehen meint, der gebe acht, daß er nicht fällt« (1 Kor 10,6-12; Hervorhebung durch den Autor).

Gottes Art, an den Menschen zu handeln, hat sich nicht gewandelt. Er handelt heute noch genauso wie zur Zeit der Patriarchen. Wir besitzen sogar ein noch umfassenderes Zeugnis über Gottes Handeln als die Kirche des ersten Jahrhunderts, weil wir auch die Geschichte der Kirche seit damals kennen. Wie Mose müssen wir uns stärker darum bemühen, Gottes Wege zu erkennen. Wir dürfen uns nicht damit zufrieden geben, nur einfach Zeugnis von seinem Handeln abzulegen.

Der Berg Sinai

Kurz nachdem sie in die Wüste gezogen waren, sollten die Israeliten ihre vielleicht schwerste Prüfung erleben – warten. Mose ließ das Volk allein, um auf den Berg zu steigen und die zehn Gebote in Empfang zu nehmen. Auch wir müssen diese Prüfung bestehen, wann immer wir berufen sind, durch eine Wüste zu ziehen. Es ist die schwerste Prüfung, der wir unterzogen werden, wenn wir eine Zeitlang die Nähe Gottes nicht spüren. Die ersten paar Wochen waren vermutlich noch nicht so schlimm. Nach einigen weiteren Wochen fragten sich die Israeliten, was aus Mose geworden war. Und noch ein paar Wochen später konnten sie einfach nicht mehr glauben, daß er jemals zurückkommen werde. Und von da ab machten sie Pläne, wie sie ohne ihn zurechtkommen könnten.

Dies ist typisch bei dieser wohl schwersten Prüfung, die wir alle auf unserem Weg durch die Wüste durchstehen müssen. Nichts anderes tun zu können als nur zu warten, fällt vielen von uns am schwersten. Dies gilt besonders dann, wenn der Herr, unser Erlöser, »auf einen Berg gestiegen ist« und wir seine Gegenwart unter uns nicht mehr spüren. Wie beim Volk Israel verblassen auch in unserer Erinnerung mit der Zeit selbst die größten Wunder Gottes, die wir gesehen haben. Dann überkommen uns Zweifel. Befinden wir uns außerhalb seines Willens? Ist er ohne uns weitergezogen? Habe ich gesündigt, so daß er mich verlassen hat? – Zweifel ohne Ende.

Natürlich lautet die Antwort auf all diese Zweifel »Nein«. Doch an solchen Orten der scheinbaren Verlassenheit spendet die Vernunft nur selten Trost – wir sehnen uns nach ihm selbst. Wir bekommen langsam das Gefühl, daß er niemals zurückkehren wird. Kurz vor der Rückkehr des Mose hielten sie es nicht länger aus. Sie wandten sich wieder ihrem alten Leben zu. Hätten sie doch nur noch ein paar Tage durchgehalten! Bei uns ist es meistens genauso. Kurz bevor die Prüfung zu Ende ist, geben wir unseren Zweifeln und Ängsten nach. Wir straucheln kurz bevor unser Erlöser wieder erscheint. Meist verlieren wir diese Schlacht auf der Schwelle zum Sieg. Glaube und Geduld sind nötig, um die Verheißungen zu erben (vgl. Hebr 6,12). Gewöhnlich gerät zuerst unsere Geduld ins Wanken, und das führt dann dazu, daß wir in unserem Glauben falsche Kompromisse eingehen.

»Was ihr braucht, ist Ausdauer, damit ihr den Willen Gottes erfüllen könnt und so das verheißene Gut erlangt« (Hebr 10,36).

»Aufgrund des Glaubens verließ er Ägypten, ohne Furcht vor dem Zorn des Königs; er hielt standhaft aus, als sähe er den Unsichtbaren« (Hebr 11,27).

Die mangelnde Ausdauer kam Israel teuer zu stehen. Bei uns ist das ebenso. Es kamen nicht nur viele Israeliten um (vgl. Ex 32), sondern die Überlebenden mußten dieselbe Prüfung noch einmal durchmachen (vgl. Ex 34). Diese Herausforderung an ihre Ausdauer läßt viele Menschen in ihrem Glauben scheitern, so daß sie aufhören, dem Herrn nachzufolgen. Diejenigen, die umkehren und erneut das Verlangen haben, dem Herrn zu folgen, müssen die Prüfungen noch einmal durchstehen. Wir werden nicht weiterkommen, solange wir nicht gelernt haben, auf den Herrn zu warten. Ungeduld ist so tödlich, daß der Herr uns den Segen des Gelobten Landes nicht anvertrauen wird, bevor wir von dieser Ungeduld erlöst worden sind.

Gewöhnlich geben wir kurz vor dem Sieg auf; kurz bevor unser Herr erscheint und uns seinen in Stein gemeißelten Bund mitbringt. Wenn er uns nicht wartend findet, ist der Bund gebrochen. Als er uns verließ, befahl er uns, auf seine Rückkehr zu warten. Er wird zurückkehren, jedoch nicht bevor sein Werk in uns vollendet ist. Wenn wir an den Punkt kommen, an dem wir meinen, wir könnten keinen Tag länger durchstehen, sollten wir uns freuen, denn dann steht seine Rückkehr unmittelbar bevor. Er hat uns versprochen, er werde es nicht zulassen, daß wir über das Maß hinaus versucht werden, das wir ertragen können (vgl. 1 Kor 10,13). Das Warten-Müssen ist eine der schwersten Prüfungen der Heiligen. Alle Patriarchen mußten diese Prüfung bestehen, um die Verheißungen zu erlangen, und bei uns wird das nicht anders sein.

Geduld ist Glaube; Ungeduld ist die Wurzel des Eigensinns. Mangelnde Geduld führte zur ersten Sünde und hat seitdem das meiste an Sünde und Korruption verursacht. Ohne Geduld ist es unmöglich, Gott nachzufolgen. Sie ist eine Bedingung zur Erlangung der Verheißungen. Ungeduld führte zum Bruch des ersten Bundes, und sie wird auch dazu führen, daß der Neue Bund gebrochen wird. Diese Prüfung ist wesentlich und steht aus gutem Grund am Anfang des Weges. Viele scheitern an dieser Stelle in ihrem Glauben. Die übrigen lernen, Geduld zu haben. Dies war die erste große Scheidung, die nötig war, um festzustellen, wer dem Herrn ganz nachfolgen würde.

Es hat seinen Sinn, daß es so viele Bibelstellen gibt, die uns ermahnen, auf den Herrn zu warten. Es gibt keine Schriftstelle, die uns zur Eile auffordert. C. G. Jung hat einmal gesagt: »Die Eile ist nicht vom Teufel, sie ist der Teufel selbst!« Diese Aussage kommt der Wahrheit ziemlich nahe. Ohne Zweifel kann sich der Teufel aufgrund unserer Ungeduld in mehr Projekte – auch in die von Gott eingesetzten – einschleichen, als aus irgendeinem anderen Grund. Im Gegensatz dazu übt der Herr Geduld in allem, was er tut.

Da ich Jetpilot gewesen bin, weiß ich einiges über Geschwindigkeit. Geschwindigkeit macht süchtig. Je schneller man wird, um so unzufriedener ist man über die bereits erreichte Geschwindigkeit. Man möchte einfach immer noch schneller werden. Ich habe auf die Silhouette von Passagierflugzeugen heruntergeblickt und sie überholt. Aber das genügte mir nicht. Ich war ungeduldiger, wenn ich mit über achthundert Stundenkilometern dahinsauste, als wenn ich mich zu Fuß fortbewegte. Ich beobachte, wie Menschen mehr Ungeduld an den Tag legen, wenn sie in der kurzen Schlange eines Schnellrestaurants warten müssen, als wenn sie auf einen Platz in einem Nobelrestaurant warten. Wir halten das Warten nicht aus. Wir können uns keine Zeit mehr lassen. Aber wenn wir in das Gelobte Land kommen wollen, müssen wir beides lernen. Wir können, wenn wir schnell gehen, eine viel größere Strecke in der Wüste zurücklegen, aber wir kommen dabei nicht weiter, weil wir im Kreis gehen. Fast alles, was aus der Ungeduld heraus getan wird, benötigt letztlich mehr Zeit, weil wir immer wieder von vorne anfangen müssen.

»Die ganze Welt steht unter der Macht des Bösen« (1 Joh 5,17). Gott hat Adam die Vollmacht über die gesamte Erde anvertraut. Als Adam sich von der Schlange versuchen ließ, wurde er ein Sklave dessen, dem er gehorcht hatte. Die ganze Erde geriet unter die Herrschaft des Satans. Der Feind hat sein Reich sorgsam geordnet, um es den Menschen so schwer wie möglich zu machen, zu Gott zurückzukehren und sich wieder Gott unterzuordnen. Der Satan agiert viel zu subtil, als daß er sich direkt anbeten lassen würde. Er erscheint auch heute noch auf die gleiche Weise wie damals in der Schlange; er bringt uns dazu, ihn anzubeten, indem er uns dazu verführt, daß wir uns seinem Wesen anpassen. Der Satan weiß, daß Glaube und Geduld nötig sind, um Gott nachzufolgen und seine Verheißungen zu erben. Deshalb hat er das System unserer modernen Welt aufgebaut, um sowohl unsere Zweifel als auch unsere Ungeduld zu nähren.

Die Schrift bezeugt wiederholt, daß es vor Gründung der Erde Gottes Plan gewesen ist, viele Söhne zur Herrlichkeit zu führen. Dies war sein Plan, unabhängig vom Sündenfall des Menschen. Wäre der Mensch nicht gefallen, hätte Gott dennoch die Absicht gehabt, daß der Mensch in seiner Beziehung zu Gott eine Reife erlangt, die den Bruch zwischen der geistlichen und der natürlichen Welt in einer wahrhaft neuen Schöpfung überbrückt. Gott hat immer gewollt, daß der Mensch zu einer Reife gelangen sollte, durch die er Gottes Wege und Weisheit erkennt. Durch den Sündenfall kam es dazu, daß der Heilsplan der Erlösung hinzugefügt wurde. Die Erlösung war Gottes Plan, um den Menschen an den Punkt zurückzubringen, an dem er gefallen war. Bis zur Erlösung der Welt wird dieser Aspekt des Heilsplanes Gottes wirksam bleiben; deshalb müssen wir auch weiterhin die Erlösung predigen. Doch wir dürfen den eigentlichen Plan Gottes mit dem Menschen nicht aus den Augen verlieren. Der Mensch sollte nicht nur zum Abbild Gottes werden, er sollte seinem Wesen und seinem Geist nach Gott gleich sein.

Tatsächlich hat der Satan den Menschen mit eben diesem eigentlichen Ziel Gottes versucht. Gott hat mehrfach gesagt, er wolle wahrhaftig, daß wir so sind wie er. Der Satan verführte den Menschen zu dem Versuch, einen leichteren und kürzeren Weg zu gehen. Der Sündenfall trat ein, als der Mensch zu dem Denken verführt wurde, es gäbe einen leichteren und kürzeren Weg dorthin – eßt einfach nur diese Frucht! Der Plan Gottes hat sich durch den Sündenfall nicht verändert, er wurde bloß modifiziert. Wir müssen seinen Heilsplan verstehen, aber wir dürfen das eigentliche Ziel nicht aus den Augen verlieren. Der Mensch soll völlig in das Ebenbild des Sohnes verwandelt werden. Der Plan der Erlösung ist noch nicht der ganze Plan Gottes – er ist eine Modifizierung, die durch den Sündenfall nötig wurde. Gottes eigentliches Ziel mit uns besteht darin, daß »wir alle zur Einheit im Glauben und in der Erkenntnis des Sohnes Gottes gelangen, damit wir zum vollkommenen Menschen werden und Christus in seiner vollendeten Gestalt darstellen« (Eph 4,13).

Wenn wir das eigentliche Ziel Gottes aus den Augen verlieren, scheitern wir und kommen in der Wüste um. Nach der Taufe und nach unserer Verpflichtung, nicht mehr für uns selber, sondern für den Herrn zu leben, hat die Wüste den Zweck, unser Versprechen Wirklichkeit werden zu lassen. Die Wüste soll hart sein. Die Frucht unserer Erfahrung besteht in einem Glauben, der noch härter ist als alles, womit die Welt uns angreifen könnte. Nach der Wüste werden wir für die Welt tot, für Gott aber lebendig sein. Nach der Wüste wird seine Gegenwart mit uns sein. Dies ist ein Schatz, der weit wertvoller ist als alles, was die Welt uns bieten könnte. Das Gelobte Land wird wunderbar sein; doch nichts könnte herrlicher sein, als wenn der Herr in uns Wohnung nimmt. Die Wüste wird nicht einfach sein, aber die Frucht wird all das aufwiegen, was wir durchmachen müssen.

Kapitel 4

Der Glaube Abrahams

Als Abraham berufen wurde, dem Herrn nachzufolgen, mußte er alles verlassen, was er zuvor gekannt hatte. Er verließ eine großartige Stadt und deren Kultur, in der er offensichtlich Wohlstand und Ansehen genossen hatte. Er zog aus, um durch die Wüste zu marschieren und ein Land zu suchen, das er noch nie gesehen hatte. Seine Verwandten und Freunde hielten Abraham mit großer Wahrscheinlichkeit nicht nur für äußerst dumm und unverantwortlich, sondern sogar für verrückt. Babylon gehörte zu den großen Weltwundern. Es hatte einiges zu bieten: öffentliche Prachtbauten, Gärten, großartige Villen und Straßen, Wissenschaft, Kultur und eine der mächtigsten Armeen der damaligen Welt. Die Bürger Babylons wurden von aller Welt beneidet. Es war völlig unverständlich, daß der erste Sohn einer der führenden Familien dies alles verließ, um einem bloßen Traum, einer Vision, zu folgen und in der Wüste umherzuziehen. Doch dieser Traum war Abraham mehr wert als alles, was die Welt ihm bieten konnte. Was Abraham mit den Augen seines Herzens sah, war für ihn realer als die Dinge, die er mit seinen natürlichen Augen sehen konnte. Diesen Mann nennt die Bibel den »Vater des Glaubens«. Dies ist das Wesen echten Glaubens.

Echter Glaube kommt aus dem Herzen, nicht aus dem Verstand. Die Augen des Glaubens nehmen Dinge wahr, die andere nicht sehen können. Daher leben diejenigen, die Glauben haben, nach einem anderen Maßstab. Wer mit dem Herzen die Dinge sieht, die ewig sind, wird jeden Preis bezahlen, jedes Opfer bringen, um in die ewige Stadt des ewigen Gottes zu gelangen. Die Ewigkeit läßt allen Reichtum und alle Freuden dieser Welt zu Schall und Rauch werden. Wo die Ewigkeit unser Herz erobert hat, wird Glaube freigesetzt. Unsere Prüfungen werden zu kostbaren Schätzen – zu Chancen, durch die unsere Ausdauer wächst, damit wir das, was ewig bleibt, erlangen.

Wer irdisch gesinnt ist, wird Menschen wie Abraham als solche bezeichnen, »die mit ihren Gedanken schon zu sehr im Himmel sind, als daß sie auf Erden noch zu etwas nütze wären«. In Wahrheit ist ein großer Teil der Kirche mit den Gedanken zu sehr in dieser Welt verwurzelt, um geistlich noch zu etwas nütze zu sein. Es gibt ohne geistliche Vision keinen Glauben. Dem geistlich Gesinnten wird die Vision mehr bedeuten als alle Schätze und Freuden dieser Welt. Doch für die Bürger Babylons muß Abraham der größte aller Narren gewesen sein. Jede geistliche Vision erscheint den Menschen, die sie nicht kennen, als Dummheit. Doch die Dinge, die wir mit den Augen des Glaubens sehen, sind realer als all die Dinge, die unsere natürlichen Augen wahrnehmen. Babylon ist, trotz all seines Glanzes, seines Reichtums und seiner Macht, untergegangen. Abraham wird in Ewigkeit bleiben und als einer der größten Männer gelten, die je auf dieser Erde gelebt haben. Er liebte Gott. Ihn verlangte nach Gott und dessen Wohnung und das bedeutete ihm mehr als alles, was die Welt zu bieten hatte.

Auch bei uns geht es darum, daß uns die Dinge, die wir im Geist erkennen, realer sind als das, was unsere Augen sehen. Was wir im Geist erkennen, muß auch für uns eine größere Bedeutung haben. Lassen wir uns nicht täuschen: die Verheißungen zu erlangen, kostet etwas. Jeder von uns muß sein Babylon oder sein Ägypten verlassen. In einigen Fällen werden wir sogar, wie David, eine Zeitlang vom Volk Gottes abgeschnittensein. Die Wege der Welt und derer, die ihre Hoffnung auf diese Welt setzen, stehen den Wegen des Heiligen Geistes völlig entgegen. Wer dem Heiligen Geist folgt, wird zwangsläufig von den Unverständigen mißverstanden und verfolgt werden.

Man möchte erwarten, daß Gott Abraham schnell all das gegeben hätte, wonach er sich sehnte, nachdem er seinen Glauben auf so erstaunliche Weise bewiesen und seine Stadt und seine Familie verlassen hatte, um in die Wüste zu ziehen. Doch das war nicht der Fall. Abraham mußte eine lange und schwere Zeit der Prüfung und des Wartens durchstehen, die unser Verstehen weit übersteigt. Die wichtigste Vision, der Abraham folgte, als er sein Zuhause verließ, die Vision von der Stadt Gottes, sollte sich zu seinen Lebzeiten nicht mehr erfüllen. Er sah diese Stadt nur aus der Ferne. Doch das genügte Abraham.

Wie war das möglich? Wie konnte er solche Zeiten der Prüfung und des Wartens ertragen, ohne die Verheißung zu seinen Lebzeiten zu erlangen? Dafür gibt es nur eine Erklärung. Wer im Heiligen Geist erkennt, sieht über die Grenzen der Zeit hinaus. Und Abraham hat im Heiligen Geist erkannt. Wenn wir anfangen, im Heiligen Geist zu erkennen, werden wir beginnen, in der Ewigkeit zu leben. Jeder Mensch lebt in dem Bereich, den er am deutlichsten erkennt. Abraham lebte bereits in der Stadt Gottes, egal ob er in einem Zelt, einer Höhle oder in einem Palast wohnte. Als er im Heiligen Geist wohnte, wohnte er auch in der Stadt Gottes. Abraham erkannte, daß sein Leben, Babylon und selbst sein geliebter Sohn Isaak nur wie Rauch waren, der kurze Zeit sichtbar ist und sich dann in Luft auflöst. Abraham konnte die Ewigkeit erfassen. Wenn wir, wie Abraham, unsere Bleibe in der Ewigkeit haben, wird die Geduld zu unserem Wesen. Wem die ganze Ewigkeit zur Verfügung steht, der kann nur schwerlich in Eile geraten.

Abraham kannte Versagen. Manchmal ließ er sich von der Wirklichkeit seiner Vision ablenken. Wir alle neigen dazu. Er machte Fehler und manchmal strauchelte er. Doch seine Vision besaß genug Substanz, so daß er zum rechten Kurs zurückfand. Einige der größten Männer Gottes haben die größten Fehler gemacht. Manchmal verlangt es besonders viel Glauben, nach unseren Fehlern zum richtigen Kurs zurückzufinden und weiterzugehen. Meist folgt auf unser Versagen die Erkenntnis, daß wir selbst mit all unseren Anstrengungen unser Ziel nicht erreichen. Hier wird unser Glaube echt, denn an diesem Punkt wird unser Glaube ganz auf den hin ausgerichtet, der selbst die Wahrheit ist.

Unsere vorgespiegelte Gerechtigkeit, unser vorgetäuschter Erfolg aus eigener Kraft und eigener Selbstaufopferung werden von uns genommen. An diesem Punkt verstehen wir die entscheidende Wahrheit, daß wir nur eines für Gott tun können: an ihn glauben. Alles, was uns gegeben ist, haben wir von ihm, selbst unseren Glauben. Man sollte niemals einen Mann Gottes treten, wenn er am Boden liegt. Wenn er ein Mann Gottes ist, wird er sich mit größerer Kraft erheben als zuvor, egal, wie verabscheuungswürdig das, was er getan hat, auch gewesen sein mag. Die größten Helden der Bibel errangen ihre bedeutendsten Siege im Anschluß an ihre schlimmsten Fehler. Gottes Anliegen ist die Erlösung und er bezeugt dies im Leben eines jeden Menschen, den er beruft.

Die Versuchung

Einer der größten Fehler Abrahams bestand darin, daß er auf den Vorschlag seiner Frau Sarah einging, zu deren Magd Hagar zu gehen, um endlich einen Nachkommen zu haben. Wenn der Herr uns eine Verheißung gibt und diese lange genug ausgeblieben ist, werden wir vermutlich der gleichen Anfechtung erliegen. Wie leicht fallen wir in die Versuchung, die Verheißung Gottes mit eigenen Mitteln herbeizuführen! Die meisten von uns geben dieser Verlockung mindestens einmal nach. In dem Moment erscheint uns unser Handeln vielleicht so, als würde es der Vorsehung Gottes entsprechen. Es scheint nur allzu vernünftig, dem Herrn ein wenig unter die Arme zu greifen. Doch die Folgen dieser Verführung können verheerend sein. Ismael schien in Abrahams Augen der verheißene Samen zu sein, bis der eigentliche Samen geboren wurde.

Bei der Geburt Ismaels prophezeite der Engel des Herrn, Ismael werde sein wie »ein Wildesel. Seine Hand gegen alle, die Hände aller gegen ihn!« (Gen 16,12). Unsere wilden Ideen führen zu wilden Ergebnissen. Bis heute ist die Hand der Söhne Ismaels, der Araber, gegen alle, und die Hände aller gegen sie. Wenn wir scheitern und nicht warten können, bis Gott seine Verheißung erfüllt, wird dies immer zu großen Problemen führen. Sehr bald zeigte sich die Feindschaft zwischen dem, was nach dem Fleisch geboren war, und dem, was nach dem Heiligen Geist geboren war. Noch bevor Isaak abgestillt war, machte sich Ismael über ihn lustig. Schließlich mußte Abraham Ismael vertreiben. Das beendete die Auseinandersetzung nicht, denn noch heute verfolgen die Nachfahren Ismaels die Juden, die Nachfahren Isaaks. Ebenso wird es sein, wenn wir versuchen, die Verheißungen Gottes mit eigenen Mitteln zu erfüllen. Wir werden Probleme erzeugen, die uns womöglich den Rest unseres Lebens verfolgen.

Weil Ismael der Sohn eines Freundes war, segnete Gott ihn. Bis auf den heutigen Tag liebt und segnet er die Araber, und die Schrift zeugt von einer großen Ernte, die unter ihnen eingebracht werden wird. Auch unsere geistlichen »Ismaels« wird Gott häufig segnen. Leider erkennen viele aus diesem Grund nicht, daß der eigentliche Samen noch nicht geboren wurde. Es gibt viele große Werke und Gemeinden, die Tausende von Menschen erreichen und ihnen zum Segen sind. Doch eigentlich sind sie ein »Ismael«, der aus dem Fleisch geboren wurde. In den meisten Fällen besaß der Leiter dieser Werke oder Gemeinden einen wirklichen Ruf zu diesem Dienst. Aber nur wenige sind in der Lage zu warten, bis Gottes Zeitpunkt gekommen ist. Solche »Ismaels« sind leicht zu erkennen. Ismael kam von einem weltlichen Samen, geboren nach dem Fleisch, und er kann nur durch Ehrgeiz und Mühe am Leben erhalten werden.

Wir dürfen die Gegenwart des Herrn nicht mit dem Segen des Herrn verwechseln. Wenn der echte Samen erscheint, wird es immer heftige Auseinandersetzungen geben. Die »Ismaels« werden versuchen, die »Isaaks« zu zerstören, die gekommen sind, um ihnen den Platz streitig zu machen. Wer dem äußeren Schein folgt, wird sich mit großer Sicherheit für den »Ismael« entscheiden. Der von Gott erwählte Samen, ob es sich nun um ein Werk oder eine Person handelt, sieht für den weltlich gesinnten Menschen selten sonderlich brauchbar aus. Selbst die äußere Erscheinung Jesu war so, daß niemand davon angetan war (vgl. Jes 53,2). Beim echten Samen findet man selten viel vergängliche Substanz. Der echte Samen erscheint oft instabil und unbedeutend. Selbst Paulus, der herausragendste unter den Aposteln, »kam ... in Schwäche und in Furcht, zitternd und bebend« (1 Kor 2,3). Wer dazu neigt, Dinge nach ihrem äußeren Schein zu beurteilen, wird den fleischlichen Samen begrüßen und den echten verachten. Wenn wir den Herrn erkannt haben, wird aller Pomp und alle Herrlichkeit der Welt uns lächerlich und profan erscheinen. Wenn wir die Stadt Gottes »gesehen« haben, so sind die gewaltigsten Werke des Menschen dagegen geradezu lächerlich. Ob wir in einem Schloß oder in einer Höhle leben, spielt dabei keine Rolle; wenn wir im Herrn bleiben, bleiben wir in der Herrlichkeit.

Das ist der Glaube Abrahams – vorwärts zu gehen, bis wir den Herrn sehen und in Ewigkeit bleiben. Es gibt kein Patentrezept dafür, wie wir diesen echten Glauben erlangen. Echter Glaube entsteht da, wo der Herr uns »die Augen des Herzens« öffnet, bis wir ihn und seine Stadt klarer erkennen können als die gegenwärtige Welt. Während dies geschieht, werden wir unsere Wüstenzeiten schätzen lernen, weil wir in diesen Zeiten zu einer noch innigeren Beziehung zu ihm finden. Dort werden wir ihm eine Wohnung bauen, damit er unter uns Wohnung nehmen kann. In der Wüste verlieren alle Schätze Ägyptens und Babylons ihre Bedeutung und wir erkennen die Schätze Christi, selbst wenn wir über Jahre hinweg durch dürres Land ziehen.

Die Verheißung erfüllt sich

Isaak war der langersehnte verheißene Sohn. Er trug das Wesen des echten Samens an sich. Als Sinnbild für Christus betrachtet, gibt es in Isaaks Leben viele Parallelen, die von Jesus Zeugnis ablegen. Geduldig trug Isaak das Holz für sein eigenes Opfer. Er unterwarf sich dem Opfer, ohne Widerstand zu leisten. Nach dem Opfer wartete er geduldig, bis sein Vater ihm eine Braut schenkte, wie auch Jesus geduldig auf die Vorbereitung seiner Braut wartet. Isaak liebte Rebekka »wie sich selbst«; dies ist ein Zeugnis für die Liebe, die Jesus für seine Kirche empfindet.

Isaak zu opfern, war für Abraham sicher die schwerste Prüfung, ebenso wie es der größte Ausdruck der Liebe unseres himmlischen Vaters ist, daß er bereit war, seinen Sohn für uns zu opfern. Abraham hatte bereits Ismael verloren. Dieses Opfer würde ihm also nicht nur seinen letzten verbliebenen Sohn rauben, sondern auch die Verheißung Gottes! Er hatte so lange gewartet und so viel durchgemacht für Isaak. Doch jetzt, nachdem er ihn bekommen hatte, verlangte Gott von Abraham, Isaak zu opfern. Das muß ihm unmöglich vorgekommen sein. Durch Isaak sollten doch alle Völker der Erde gesegnet werden. Wie konnte dies geschehen?

Selbst nachdem wir unsere Bereitschaft bewiesen haben, Babylon und all seine Schätze zu verlassen, nachdem wir Jahre in der Wüste umhergezogen sind, bis wir schließlich die Verheißung erlangen konnten, nachdem wir unsere Fehler eingesehen und unseren »Ismael« vertrieben haben, selbst dann bleibt eine letzte große Prüfung. Sind wir bereit, das Verheißene auf den Altar zu legen? Sind wir bereit, alles zurück in Gottes Hand zu legen? Dies wird von uns verlangt werden, ohne Ausnahme.

Nachdem wir so viel durchgemacht haben, um die Verheißungen Gottes zu erlangen, geschieht es leicht, daß die Verheißungen wichtiger werden als Gott selbst. Wenn dies geschieht, werden sie nur allzu leicht zu unseren Götzen. Wir dürfen unser Herz nie so sehr an die Werke Gottes hängen, daß wir darüber den Gott vergessen, der diese Werke tut. Die perverseste Form des Götzendienstes innerhalb der Kirche besteht vermutlich darin, die Dinge anzubeten, die von Gott gegeben wurden. Ein Dienst, eine Wahrheit oder sogar seine Kirche selbst können zu solchen Götzen werden. Wir können sogar die Anbetung selbst anbeten, statt Gott anzubeten. Besonders groß ist die Gefahr in der Zeit direkt nach dem Eintreffen der Verheißung, nachdem wir so lange gewartet haben und so viel ertragen haben. Um unseretwillen verlangt Gott, daß jede Verheißung dieser Prüfung standhalten muß. Wer mit Gott lebt, muß jederzeit bereit sein, alles aufzugeben außer Gott selbst. Selbst unser »Isaak« wird von uns gefordert werden. Wenn wir alles verlieren außer Gott selbst, werden wir mit Gewißheit erkennen, daß er allein genügt. Er ist alles, was wir brauchen.

Kurz nachdem Abraham seine Bereitschaft bewiesen hatte, Isaak zu opfern, starb Sarah. Ihr Tod ist eine Metapher. Israel, die metaphorische Braut des Vaters, sollte Jesus hervorbringen. Nachdem Sarah gestorben war, konnte Isaak eine Braut nehmen. Nach dem Tod Jesu starb, geistlich gesehen, dessen »Mutter«, Israel. Jesus, der Sohn, gewann danach seine Braut – die Kirche. Rebekka gebar Isaak zwei Söhne, und Gott sagte ihr, diese zwei Söhne würden zwei Nationen werden. Diese zwei Nationen sind die beiden Samen, deren Entwicklungslinie wir von Anfang an verfolgt haben. Dies war die Verheißung, die sich immer noch erfüllt. Selbst in der Kirche, der Braut Jesu, sollten sich zwei Samen zeigen – ein fleischlicher und ein geistlicher. Es sollte eine echte Kirche und eine falsche Kirche geben. Die Geschichte legt von der Erfüllung dieser Verheißung Zeugnis ab. Es hat eine fleischliche und eine geistliche Kirche gegeben. Die fleischliche Kirche verfolgt auch heute noch die echte Kirche, genauso wie der fleischliche Samen den geistlichen Samen seit Anbeginn der Zeiten verfolgt hat.

Es ist bedeutsam, daß es zu Lebzeiten jedes Patriarchen – Abraham, Isaak und Jakob – eine Hungersnot gegeben hat. Alle drei wohnten zu der Zeit, als die Dürre kam, die die Hungersnot hervorrief, im Gelobten Land. Alle drei wandten sich nach Ägypten, einem Sinnbild für die Welt, um die Dürre zu überleben. (Isaak wurde von Gott daran gehindert, nach Ägypten hineinzuziehen, aber er war dorthin unterwegs gewesen.) Unglücklicherweise ist dies ein historisches Prinzip, das sich selbst beim verheißenen, geistlichen Samen zeigt. Wenn eine Hungersnot kommt, wenden wir uns zuerst an Ägypten (die Welt) und erwarten von dort die Linderung unserer Not. In Ägypten wurde Abraham zum Lügner und Betrüger; er kompromittierte sogar seine Frau. Jakob führte den Samen Gottes sogar in eine vierhundert Jahre dauernde Sklaverei.

Selbst wenn wir in den Verheißungen Gottes leben, wird es Zeiten der Dürre geben, ja sogar Hungersnöte. Wenn wir uns in solchen Zeiten der Welt zuwenden und dort Hilfe erhoffen, wird unsere Erniedrigung nicht lange auf sich warten lassen. Alle Patriarchen erhielten das Land zurück, aber ihr Zug nach Ägypten kam sie teuer zu stehen. Wenn wir unter der Disziplin Gottes stehen, wird es uns immer teuer zu stehen kommen, wenn wir bei der Welt Hilfe suchen.

Selbst wenn wir die Verheißung erlangt haben, dürfen wir nicht aufhören, wachsam zu sein. Wenn wir anfangen, in dem zu leben, wozu der Herr uns berufen hat, sind wir immer noch sehr verwundbar. Wenn der Gläubige beginnt, in dem zu leben, was Gott für ihn bereit hat, ist er womöglich am meisten in der Gefahr zu vergessen, wer es war, der ihm dies alles gegeben hat. Mose warnte Israel direkt vor ihrem Einzug ins Gelobte Land vor dieser Gefahr:

»Und wenn der Herr, dein Gott, dich in das Land führt, von dem du weißt: er hat deinen Vätern Abraham, Isaak und Jakob geschworen, es dir zu geben – große und schöne Städte, die du nicht gebaut hast, mit Gütern gefüllte Häuser, die du nicht gefüllt hast, in den Felsen gehauene Zisternen, die du nicht gehauen hast, Weinberge und Ölbäume, die du nicht gepflanzt hast , wenn du dann ißt und satt wirst: nimm dich in acht, daß du nicht den Herrn vergißt, der dich aus Ägypten, dem Sklavenhaus, geführt hat« (Dtn 6,10-12).

Wenn wir es mit heftigen Prüfungen und Kämpfen zu tun haben, suchen wir in der Regel bald den Herrn. Wenn die Verheißungen erreicht sind und alles gut läuft, bestand im Volk Gottes schon immer die Tendenz, selbstgefällig zu werden und leicht Kompromisse einzugehen. Wenn dann die Hungersnot kommt, besteht in unserem Herzen bereits eine Neigung in die verkehrte Richtung.

Auf dieser Welt und in diesem Zeitalter ist weder der Ort noch die Zeit, die Wachsamkeit aufzugeben und sich nicht darum zu bemühen, immer näher zum Herrn zu gelangen. Es kann sogar sein, daß wir uns in dem Augenblick in der größten Gefahr befinden, wo alles gut läuft. Die Prüfungen und die dürren Zeiten in der Wüste haben einen Sinn. Sie führen uns zurück in die Abhängigkeit und die innige Beziehung zum Herrn. Dann wird uns der Segen des Gelobten Landes nicht zum Verderben. Wir benötigen viel Reife, wenn wir sicher in den Verheißungen Gottes bleiben wollen. Wenn der Herr selbst uns nicht wichtiger ist als seine Segnungen, dann kann der Segen selbst sehr leicht zum Fall führen.

Der Herr läßt es durchaus zu, daß wir im Gelobten Land Dürreperioden und, wenn nötig, auch Hungersnöte erleben. Sie sollen uns wachrütteln. Sie sind nicht als Fallstricke gedacht. Doch wenn wir uns nicht aus unserer Selbstgefälligkeit wachrütteln lassen, werden wir mit Sicherheit straucheln, egal, wie viel wir schon erreicht haben. Es gab und gibt immer noch unzählige Werke, Kirchen, Pfarrer und Gläubige, die die Verheißungen erlangt haben, die Gott ihnen gab, und auch darin gelebt haben, nur um dann wieder in die Sklaverei abzusinken. Viele große Männer Gottes sind kurz vor ihrem Lebensende gestrauchelt, kurz bevor sie die Herrlichkeit erlangt haben. Mose warnt uns: Wenn man die Berufung erreicht hat und darin zu leben beginnt, muß man um so mehr acht haben! Selbst wenn wir um Gottes Ruhe und Frieden wissen, dürfen wir nicht selbstgefällig und unachtsam werden.

Wie zuvor schon Abraham und nach ihm Jakob, machte auch Isaak sich auf den Weg nach Ägypten, als in seinen Tagen die Hungersnot kam. Gott stellte sich ihm in den Weg und befahl ihm, im Land der Verheißung zu bleiben (vgl. Gen 26,1-5). Doch Isaak blieb in Gerar, im Philisterland (Vers 6). Er ging nicht den ganzen Weg nach Ägypten, sondern nur ein Stück dieses Weges. Auch dieses Handeln ist typisch für viele von uns. So wie Ägypten als Bild für die Welt steht, repräsentieren die Philister in der Bibel gewöhnlich das Fleischliche, das, was dem Wesen des sündigen Menschen entspricht. (Jedesmal wenn im Alten Testament von den »Unbeschnittenen« die Rede ist, meint dies die Philister. Die Beschneidung galt als Symbol für das Entfernen des unmäßigen Fleisches im Leben des Volkes Gottes, der Sünde also.) Obwohl Isaak nicht ganz zurückrutschte in das Wesen der Welt, so läßt er sich doch so weit treiben, daß er an einen Ort gelangt, an dem das Fleisch regiert.

Es hat eine Bedeutung, daß Isaak ausgerechnet in Gerar wohnte, einem Ort, dessen Name wörtlich »Kreis« bedeutet. Genau dort landen wir, wenn wir auch nur einen Teil des Weges nach Ägypten zurückgehen – wir laufen im Kreis. Wenn wir zwar nicht ganz in der Welt sind, aber auch nicht im Heiligen Geist bleiben, geraten wir in Verwirrung. Isaak wurde vermutlich um so mehr verwirrt, als der Herr ihn auch weiterhin segnete, während er in Gerar blieb (vgl. Verse 12-14). Die Gaben und Berufungen Gottes sind unwiderruflich (vgl. Römer 11,29). Gott bleibt uns treu, selbst wenn wir ihm untreu werden. Verwechseln Sie nie den Segen Gottes, ja selbst die Wirksamkeit seiner Gaben und Vollmacht, mit seiner Gegenwart oder seiner Zustimmung. Der Glaube, Segnungen allein würden bereits zeigen, daß sich ein Mensch im Willen Gottes befindet, ist eine häufige, aber gefährlich irrige Annahme.

Man mag sich nun fragen: wenn Segen nicht unbedingt ein Zeichen dafür ist, daß man sich mit dem Willen Gottes in Einklang befindet, wie können wir dann erfahren, ob dem so ist? Der Herr Jesus hat bezeugt, daß es nur wenige gibt, die zur schmalen Pforte eingehen. Viele verpassen den Weg, der zum Leben führt, weil sie den breiten Weg gehen. Es mag uns verunsichern, daß der Weg Gottes schmal ist und nur wenige bis zum Ende durchhalten. Der Herr wollte es so. Wir sollen uns in nichts anderem sicher fühlen als in der Abhängigkeit zu ihm. Wir müssen unsere Selbstsicherheit verlieren. Unsere Prüfungen mit all dem Versagen, das daraus kommen kann, sollen uns dazu bringen, daß wir uns ganz vom Herrn abhängig machen, daß wir ihn mehr lieben als seine Segnungen und daß wir eine Entschlossenheit gewinnen, seine Wege zu erkennen und nicht nur sein Handeln zu erfahren.

Vielleicht werden wir, wie die Patriarchen, viele Male straucheln, doch wer dem echten Samen angehört, wird immer wieder hochkommen und weiter vorwärtsdrängen.

Isaak grub Brunnen in Gerar und fand Wasser. Doch jedesmal, wenn er Wasser gefunden hatte, stritten sich die Philister mit ihm darum. Selbst an den Orten des Kompromisses werden wir vielleicht Wasser finden, aber unser Erfolg wird nicht von Frieden begleitet sein. Das Land des Kompromisses ist das Land der Auseinandersetzungen und Kämpfe. Schließlich kehrte Isaak nach Beerscheba zurück, das bedeutet »Ort des Bundes«, und in derselben Nacht erschien ihm der Herr (vgl. Gen 26,23-24). Wir werden keinen Frieden finden, bevor wir nicht an den Ort zurückgekehrt sind, an den Gott uns berufen hat, an den Ort des ursprünglichen Bundes mit ihm. Vielleicht hat die Dürre in Ihrem gelobten Land Sie dazu gebracht, sich an einen Ort treiben zu lassen, der irgendwo zwischen der Welt und dem liegt, an dem Sie sich eigentlich befinden sollten. Sobald Sie an den Ort Ihres Bundes zurückkehren, werden Sie den Herrn wieder sehen und Frieden finden.

Kapitel 5

Das Wesen unserer Knechtschaft
Teil I

Durch das Pascha wurde Israel aus Ägypten befreit. Die Wüste sollte dazu dienen, daß Israel die Lebensweise Ägyptens verlor. Das gleiche gilt für uns – das Pascha-Opfer Jesu hat uns von der Macht dieser Welt freigemacht. Die Prüfungen des Lebens sind unsere Wüstenerfahrungen, die dazu da sind, die Wege der Welt, die in uns stecken, fortzunehmen – die Lebensweisen und Verhaltensmuster, die sich in unserem Herzen ändern müssen. Wir werden erlöst durch das Blut des Lammes, doch uns wird auch geboten: »Müht euch ... um euer Heil! Denn Gott ist es, der in euch das Wollen und das Vollbringen bewirkt, ...« (Phil 2,12-13).

Die Tyrannei des Gewohnten

Um aus unseren Wüstenerfahrungen den größten Nutzen zu ziehen, müssen wir verstehen, wie unsere geistliche Knechtschaft aussieht. Die Wahrheit wird uns frei machen. In der Wüste erfahren wir über Gott und über uns selbst die Wahrheit. Eine der schlimmsten Formen der Knechtschaft, durch die der Mensch versklavt wird, ist die sogenannte »Macht der Gewohnheit«. Jeder Mensch ist versucht, am Gewohnten festzuhalten, egal, wie schlecht oder schmerzhaft es auch sein mag, und der Veränderung oder dem Ungewohnten Widerstand entgegenzubringen, egal, wie verheißungsvoll es auch sein mag. Aus diesem Grund wird zum Beispiel ein hoher Prozentsatz von Frauen, deren Vater oder Mutter alkoholkrank war, ihrerseits einen starken Trinker heiraten, trotz des Schmerzes und Durcheinanders, das sie zu erwarten haben. Es liegt daran, daß die Vorhersehbarkeit des Gewohnten, selbst dann, wenn es so leidvoll ist, erstrebenswerter erscheint als das Unbekannte, das womöglich Frieden und Erfüllung bieten kann. Die »Macht der Gewohnheit« ist stärker als die Vernunft.

Diese Bindung an das Gewohnte führte dazu, daß die Israeliten zu Mose sagten: »Wären wir doch in Ägypten durch die Hand des Herrn gestorben, als wir an den Fleischtöpfen saßen und Brot genug zu essen hatten« (Ex 16,3). Die Sklaverei in Ägypten bot eine gewisse Sicherheit, die den Israeliten erstrebenswerter schien als die Unvorhersehbarkeiten in der Nachfolge Gottes. In Ägypten wußten sie wenigstens, was sie erwartete. In der Wüste, wo sie um ihr tägliches Brot auf Gott vertrauen mußten, fühlten sie sich nicht sicher. Auch in der Kirche ertragen viele lieber den Mißbrauch, das Durcheinander und den Schmerz des Gewohnten, von dem sie geknechtet werden, als das Risiko einzugehen und sich den Veränderungen zu stellen, die notwendigerweise eintreten, wenn man Gott nachfolgt.

Der Hauptgrund für unsere starke Neigung, die geistliche Knechtschaft der Nachfolge Gottes vorzuziehen, besteht in der menschlichen Tendenz, unsere Sicherheit lieber in dem zu suchen, was uns umgibt, als in Gott. Wir setzen unser Vertrauen lieber auf die Umwelt oder auf die Umstände, die wir kontrollieren können, oder die uns auf eine verläßliche und unveränderliche Weise kontrollieren. Gott möchte uns Sicherheit und Frieden geben, aber sie müssen in ihm begründet sein, nicht in unserer Umgebung. Weil wir uns so sehr dem Zeitlichen verschrieben haben, neigen wir dazu, soviel Glaube in diese Welt zu investieren und nicht in Gott. Der Herr ändert sich nicht, doch wenn wir mit ihm leben, werden wir viele Veränderungen unserer Umstände durchmachen. Diese schreckliche Bindung an das Gewohnte ist eine der grundlegenden Täuschungen, von denen uns die Wüste frei machen soll.

Der Apostel Paulus hatte sich aufgeopfert und mit seinen eigenen Händen gearbeitet, um den Korinthern nicht zur Last zu fallen. Um so mehr wunderte er sich, wie schnell sie sich von falschen Aposteln, von denen sie mißbraucht wurden, vom Glauben abbringen ließen. Er schrieb ihnen: »Denn ihr nehmt es hin, wenn euch jemand versklavt, ausbeutet und in seine Gewalt bringt, wenn jemand anmaßend auftritt und euch ins Gesicht schlägt« (2 Kor 11,20).

Betrachten wir das Wesen der Kirchenleiter, die Paulus hier beschreibt. Er spricht von Hirten, die im Leib Christi großen Einfluß gewonnen hatten. Paulus weist die Korinther zurecht, weil sie sich an Apostel halten, die:

- sie versklaven,
- sie ausbeuten oder ausnutzen,
- anmaßend auftreten,
- sie ins Gesicht schlagen oder erniedrigen.

Denken Sie doch einmal über die Leitung nach, die der größte Teil des Leibes Christi heute erträgt. Wie lange wird es dauern, bis die Kirche aufwacht? Was immer solche Leute behaupten, wer solches tut, ist nicht von Gott gesandt.

Wie konnten die Korinther so dumm sein und solchen Männern gehorchen, oder sie auch nur in ihrer Gemeinde dulden? Sie taten es aus denselben Gründen, aus denen dies auch heute noch geschieht. Sie wurden von ihrer Bindung an das Gewohnte getäuscht. Die Korinther kannten nur die Unterdrückung und die Selbstsucht der römischen Herrschaft. Daher neigten sie dazu, geistlichen Leitern zu folgen, die den gewohnten römischen Leitungsstil zeigten. Jesu Art zu leiten, wie sie sich bei denen zeigt und von denen verlangt wird, die ihm wirklich dienen, war für die Korinther ungewohnt und stellte einige ihrer falschen Sicherheitserwartungen in Frage. Fleischlich gesinnte Menschen gehorchen fleischlicher Autorität. Es braucht geistlich gesinnte Menschen, um echte geistliche Autorität zu erkennen und zu achten. Wenn wir unter echter geistlicher Autorität stehen, dürfen wir niemanden ertragen, der versucht, uns zu versklaven, uns auszunutzen oder sich selbst etwas anzumaßen, oder der danach trachtet, uns durch Einschüchterung oder Erniedrigung zu kontrollieren. Solche Leiter sind falsche Apostel, falsche Propheten und falsche Lehrer. Sie sind nicht von Gott gesandt!

Wir wundern uns, wie die Israeliten sich nach den »Fleischtöpfen Ägyptens« sehnen konnten, nachdem sie vom Himmel Manna und Wachteln in Fülle bekommen hatten. Doch hat nicht die Kirche genau das gleiche immer und immer wieder getan? Die Geschichte ist voll von Beispielen darüber, wie die Kirche das Gewohnte der geistlichen Sklaverei der Freiheit eines Lebens mit Gott vorgezogen hat. Dies hat dazu geführt, daß die Kirche den Lebensweisen der Welt gefolgt ist, statt sich auf die möglicherweise unberechenbare Wesensart der Wüste einzulassen, durch die wir gehen müssen, um ins Gelobte Land zu gelangen. Die Geschichte der Kirche im zwanzigsten Jahrhundert ist eine Geschichte andauernder Unterwerfung unter die Gesetzlichkeit und unter grausame religiöse Lehrmeister oder unter Betrüger, die nur sich selbst gerühmt haben.

Der eigentliche Konflikt

Der mächtigste Konflikt, den das Neue Testament erwähnt, ist der zwischen dem Gesetz und der Gnade. Fast jedes Buch des Neuen Testamentes ist eine fundamentale Erklärung unserer Freiheit in Christus wie auch eine Deklaration gegen das Eindringen der Gesetzlichkeit. Als Jesus seine Jünger warnte, daß sie sich vor »dem Sauerteig der Pharisäer« in acht nehmen sollten, sprach er von der Gesetzlichkeit dieser Sekte. Jesus benutzte das Bild vom Sauerteig, weil dieser das Wesen der Gesetzlichkeit zeigt. Man muß nur eine kleine Menge Sauerteig in einen Teig geben und in kürzester Zeit wird der gesamte Teig durchsäuert sein. Der Konflikt zwischen Freiheit und Gesetzlichkeit zieht sich seit den Tagen Jesu hin und der Kampf ist bis heute noch nicht gewonnen. Es ist gut möglich, daß die nächste Kirche, Denomination, Bewegung oder Werk, die von diesem Sauerteig frei bleibt, auch die erste sein wird, der dies gelingt. Hier zeigt sich der Grundkonflikt aus der Zeit des Neuen Testamentes, und die Kirche hat diese Schlacht noch nicht endgültig geschlagen.

Das soll nicht bedeuten, daß die Kirche erneut dem Gesetz des Mose unterworfen wurde. Die Gesetzlichkeit zeigt sich in sehr unterschiedlichem Gewand. Wir assoziieren oft das Alte Testament mit dem Gesetz und das Neue mit der Gnade, doch das stimmt nicht unbedingt. Wenn wir das Neue Testament mit einem Herzen lesen, das noch im Alten Bund verhaftet ist, dann wird auch das Neue Testament für uns nichts anderes darstellen als ein Gesetz. Einige der Gesetze, die aus dem Neuen Testament abgeleitet wurden, können es durchaus mit dem aufnehmen, was die Pharisäer mit dem Alten Testament gemacht haben; vielleicht gehen sie sogar noch weiter. Ein aus dem Neuen Testament herausgepreßtes Gesetz wird sich nicht minder als Joch der Gesetzlichkeit erweisen als die aus dem Gesetz des Mose abgeleiteten Gesetzlichkeiten. Weil das Thema von Gesetz und Gnade in »Die zwei Bäume im Paradies«, dem ersten Band dieser Reihe, bereits genauer untersucht wurde, werden wir hier nicht näher darauf eingehen. Doch wir sollten nicht vergessen, daß dies die ursprüngliche Auseinandersetzung ist. Dieser Konflikt zwischen Gesetz und Gnade steht im Mittelpunkt des Konfliktes zwischen dem Reich Gottes und dem gegenwärtigen Zeitalter des Bösen.

Angst ist die Tür in den Herrschafts- und Kontrollbereich des Satans, ebenso wie der Glaube die Tür zum Reich Gottes ist. Wir unterwerfen uns der Kontrolle dessen, was wir fürchten. Niemand läßt sich gerne täuschen, doch wenn wir uns der Angst vor Fehlern unterwerfen, werden die Fehler in unserem Leben zunehmend an Macht gewinnen. Manche Christen, die sich der Angst vor Fehlern unterworfen haben, haben nun einen größeren Glauben an die Fähigkeit des Satans, uns zu täuschen, als ihren Glauben an den Herrn und seine Fähigkeit, uns in alle Wahrheit zu leiten. Auf diese Weise kann der Satan seine Kontrolle über das Leben dieser Christen ausdehnen. Sie haben so viel Angst vor der Täuschung, daß sie sich mehr und mehr von der übrigen Kirche isolieren. Auf diese Weise bilden sie schließlich häufig religiöse Splittergruppen oder Sekten. Wer der Angst die Kontrolle überläßt, gestattet es dem Satan, seine Herrschaft über das eigene Leben aufzurichten.

Viele, die ihren Dienst darin gesehen haben, über die rechte Lehre zu wachen, haben der Kirche einen guten Dienst erwiesen, indem sie beim Auftreten des *New Age* und anderer Bewegungen Alarm geschlagen haben. Doch leider haben einige dieser Wächter der reinen Lehre in der Kirche mehr Schaden angerichtet, als es dem *New Age* oder anderen Sekten jemals möglich gewesen wäre. Viele solche Gruppierungen, die sich als »Wächter« des Leibes Christi betrachten, gehören in Wirklichkeit zu den effektivsten Verführungsmethoden des Feindes innerhalb der Kirche. Nachdem sie durch ihr Wissen über Sekten an Einfluß gewonnen haben, beginnen sie, Leiter und Bewegungen in der Kirche anzugreifen. Sie veröffentlichen Verleumdungen und Gerüchte, als handle es sich dabei um wohlrecherchierte Tatsachen. Selbst die säkulare Presse hat mehr Integrität bei den Maßstäben ihrer Recherchen und bei der Ehrlichkeit ihrer Berichte bewiesen als viele dieser Leute auf ihrer Jagd nach Häresien.

Satan weiß sehr gut: »Jedes Reich, das in sich gespalten ist, geht zugrunde« (Mt 12,25). Die Hauptstrategie, mit der Satan gegen die Kirche angeht, besteht darin, daß er Spaltungen herbeiführt. Liebe und Glaube sind die Frucht des Heiligen Geistes, die zur Einheit führen. Die Frucht des satanischen Geistes hingegen sät Mißtrauen und Unvernunft und führt zu Spaltungen. Angst ist das Joch der Sklaverei, und wer andere durch Angst leitet, ist ein falscher Diener Gottes.

Unser Gott ist ein Gott der Vielfalt. Er macht jede Schneeflocke anders. Er macht jeden Menschen und jede Gemeinde anders. Würden wir es zulassen, so würde er jede unserer Zusammenkünfte und jeden Gottesdienst anders gestalten. Warum hört Gott nicht auf, uns zu sagen, daß er »ein Neues« schaffen wird? Warum macht er ständig neue Dinge? Nur derjenige, dessen Glaube nicht auf die sichtbaren Dinge gerichtet ist, wird die Veränderungen begrüßen, die notwendig sind, damit sich Gottes Verheißungen erfüllen können. Der Herr belebt die Kirche immer wieder, indem er Neues schafft, und sorgt so dafür, daß wir unseren Glauben auf ihn richten und nicht auf unsere Umgebung. Wenn die Veränderungen, die Gott wirkt, uns beunruhigen, so offenbart dies, wie sehr wir noch an unsere Umstände gebunden sind und wie wenig Vertrauen wir tatsächlich auf Gott setzen.

Historisch gesehen, sind nur wenige soweit vorgedrungen, daß sie die Verheißungen Gottes erlangt haben. Ein wichtiger Grund dafür ist die Tatsache, daß nur wenige so mutig waren, die Veränderungen zu wagen und, wie Abraham, zu unbekannten Orten aufzubrechen. Wenn wir die ungeheure Kraft verstehen, die die Knechtschaft des Gewohnten besitzt, begreifen wir auch, wie wunderbar Abrahams Akt des Vertrauens war, als er Ur in Chaldäa verließ.

Die Kirche hat eine ähnliche Berufung wie Abraham. Um wahrhaftig in den Wegen Gottes zu wandeln, müssen wir bereit sein, das uns Bekannte zu verlassen und Gott an die Orte zu folgen, die uns unbekannt sind. Jede neue geistliche Generation muß sich entscheiden zwischen dem Festhalten an den gewohnten alten Wegen und der Bereitschaft, sich aufzumachen und Gott an neuen und ungewohnten Orten zu suchen. Dies sind die Orte, an denen echte geistliche Freiheit und Glaube an Gott möglich werden. Nur wenige aus den neuen Generationen oder aus neuen geistlichen Bewegungen waren bereit, die Sicherheit des Gewohnten und die Massen hinter sich zu lassen, um dem schmalen Pfad zu folgen, auf dem bisher nur wenige gegangen sind und auf dem Gefahren und möglicherweise auch Täuschungen lauern. Doch dies ist der Weg, der zur Stadt Gottes führt.

Das Joch der Anpassung

Das Joch der Anpassung ist mit dem der Gewohnheit verwandt. Dieses Joch legen wir uns dann auf, wenn wir unsere Sicherheit bei Menschen und nicht bei Gott suchen. Der biblische Begriff für dieses Joch heißt »Menschenfurcht«. Der Druck, sich der Masse anzupassen, entsteht, weil wir Angst vor dem Urteil der Masse haben. Echtes Christsein steht immer im Konflikt mit den Lebensweisen der Welt. Das Joch der Anpassung ist einer der Hauptgründe, warum viele Menschen vom Glauben abfallen und sich der Lebensweise der Welt unterwerfen. Sie lieben die Anerkennung durch die Welt mehr als die Anerkennung durch Gott. Wegen dieses Jochs sprach Jesus eine ernste Warnung aus:

> »Ihr redet den Leuten ein, daß ihr gerecht seid; aber Gott kennt euer Herz. Denn was die Menschen für großartig halten, das ist in den Augen Gottes ein Greuel« (Lk 16,15).

Dies ist eine deutliche Warnung. Wenn wir das tun, was Menschen gefällt, werden wir das tun, was Gott verabscheut. Umgekehrt gilt das gleiche. Die Dinge, die Gott gefallen, werden in der Regel von den Menschen verabscheut. Es ist offensichtlich, daß es immer jemanden geben wird, der das, was wir tun, verabscheut! Wer soll das sein – Gott oder die Menschen?

Es gibt nur ein Joch, das uns frei macht, statt uns zu knechten – das Joch des Herrn. Sein Joch ist sanft. Wenn wir sein Joch auf uns nehmen, werden wir Frieden für unsere Seele finden, statt erschöpft zu sein. Wenn wir aus der reinen und heiligen Gottesfurcht heraus leben, haben wir auf dieser Erde sonst nichts mehr zu fürchten. Salomo bezeugt: »Die Angst des Menschen führt ihn in die Falle« (Spr 29,25). Wer sich von der Menschenfurcht und dem Anpassungsdruck kontrollieren läßt, wird keine Ruhe finden. Er wird immer unter der Knechtschaft von Ängsten leben, die sich nicht beruhigen oder befriedigen lassen.

Israel hatte das Land eingenommen und lebte nach der Herrschaft Gottes, seines Königs. Später entschied sich das Volk für die Knechtschaft unter einem irdischen Monarchen, damit Israel sein konnte »wie die anderen Völker«. Die Herrschaft, die Gott ausgeübt hatte, war nicht schlecht gewesen; nur waren Gottes Wege dem Volk oft fremd geblieben und seine Erwartungen wie ein Geheimnis. Es ist leichter, seine Sicherheit bei Menschen zu suchen, die wir sehen können, als beim unsichtbaren Gott. Als Israel sich für einen irdischen König entschied, zeigte das Volk damit, daß es die Mittelmäßigkeit der Heiligkeit und der Aussonderung, die Gott verlangt, vorzog. Selbst wenn wir, wie Israel, die Verheißung erlangt haben und darin leben, kann es geschehen, daß Gott nicht mehr der Brennpunkt unseres Lebens ist. Wenn wir bei den Dingen Sicherheit erwarten, die für uns vorhersehbar und kontrollierbar sind, statt ganz auf Gott zu schauen, sind wir im Begriff, seine Herrschaft zu verlassen. Neue Weinschläuche können schneller, als es die meisten von uns für möglich halten, zu alten Schläuchen werden.

Der Herr war gnädig und erhörte die Forderung des Volkes Israels nach einem König. Er gab ihnen einen König, der ihren Wünschen entgegenkam. Saul war ein König, den sie verstehen und mit dem sie sich identifizieren konnten. Dadurch, daß Israel einen König hatte, konnte es seine spezielle Berufung verbergen und den Völkern ringsherum ähnlich werden. Die wenigsten Menschen sind gerne anders. Bisher ist fast jede echte Bewegung Gottes – selbst wenn sie große Erfolge erzielt und die Frucht der Verheißung geschmeckt hat, schließlich zu einer Organisation verkommen, die sich eher mit einem Wirtschaftsunternehmen vergleichen läßt als mit der biblischen

Kirche. Selbst wenn wir das Gelobte Land Gottes bereits erreicht haben, ist dieses Joch der Anpassung eine mächtige und trügerische Falle. Ohne die Wachsamkeit darauf, daß wir immer ganz auf Gott ausgerichtet bleiben, können wir dieser Macht jederzeit erliegen.

Bald zeigte Saul sein wahres Gesicht. Die Ältesten des Volkes hatten die Dinge so erledigen wollen, wie es ihnen im Sinn stand, und Saul war dieser Eigensinn in Person. Doch das Volk verstand ihn und identifizierte sich mit ihm, darum folgte es ihm auch weiterhin. Bemerkenswerteweise blieb das Volk Saul treu, auch als er mehr und mehr den Verstand verlor. Sie zeigten darin die gleiche dämonische Loyalität wie viele geschundene und mißhandelte Frauen oder Töchter gegenüber ihrem Ehemann oder Vater. In beiden Fällen besteht eine unverständliche Neigung, diejenigen zu beschützen, die sich grausam verhalten haben. Diese Art von Loyalität hat nichts Edles an sich. Sie ist vielmehr ein trauriges Zeichen für eine zerstörte Menschenseele. Diese Tyrannei des Gewohnten ist vielleicht die unlogischste Bindung, die ein Mensch haben kann, doch sie ist auch eine der stärksten.

Als die Zeit reif war, Saul durch einen anderen König zu ersetzen, sandte Gott den Propheten Samuel zu Isai und dessen Söhnen. Auch Samuel stand manchmal unter der Knechtschaft des Gewohnten, wie es selbst den weitsichtigsten Männern Gottes passiert. Als Samuel das Haus Isais erreichte, folgte er seinen eigenen Erwartungen und suchte nach einem Mann, der Saul von der Statur her ähnlich war; er suchte das Gewohnte. Der Herr aber erwählte einen, der äußerlich wie ein Schafhirte aussah, der jedoch das Herz eines Propheten und Königs besaß. David war »ein Mann nach Gottes Herzen«. Er war einer, der zu allererst Gott zu gefallen suchte. Die Menschen verstanden das nicht, und es dauerte lange, bis sie ihn akzeptierten. Das Volk Gottes hat zu allen Zeiten lange gebraucht, um diejenigen zu erkennen, die echte geistliche Autorität besitzen.

Die Jahre vergingen und die Herrschaft Sauls neigte sich dem Ende zu. Juda erkannte, daß David der Gesalbte des Herrn war. Sie ernannten David zum König, aber Israel sollte Judas Beispiel so schnell nicht folgen. Obwohl Gott gesprochen hatte, verführte die falsche Loyalität dem Hause Sauls gegenüber den Stamm Israel dazu, den Nachfahren Sauls auf dem Thron zu halten. Israel war fest entschlossen, am Gewohnten festzuhalten. Sie blickten weiterhin auf Saul statt auf David. Am Ende der Tage wird die Kirche vor der gleichen Entscheidung stehen. Werden wir bei unserer blinden und irregeleiteten Loyalität zu der alten, gewohnten Ordnung bleiben oder werden wir unsere Treue einer neuen Ordnung schenken, die ungewohnt für uns ist, die aber von Gott erwählt wurde?

Andrew Murray betete viele Jahre voller Eifer um Erweckung. Als sie kam, stellte er sich gegen sie, wie so viele vor ihm und nach ihm. Heute spricht fast jeder in der Kirche von Erweckung. Pastoren ermahnen ihre Leute, um Erweckung zu beten, aber gleichzeitig stellen sie sich gegen den Dienst derer, die Gott seinem Volk erweckt, damit sie die Kirche auf das neue Handeln Gottes vorbereiten. Aus Angst vor Fehlern und vor Fanatismus sucht die Kirche oft verzweifelt nach dem, was Gott bereits gegeben hat. Wir sind unzufrieden mit dem, was wir haben. Wenn Gottes Handeln nicht auf die Weise eintrifft, wie wir es erwarten, dann neigen wir eher dazu, sein Handeln abzulehnen als es anzunehmen. Es scheint dabei keine Rolle zu spielen, daß wir schon so oft über die Notwendigkeit dieses Neuen gepredigt haben. Wie lange noch wird diese Kirche Offenheit gegenüber allem verkünden, was Gott bereithält, und doch gleichzeitig Gottes Handeln auf das Kontrollierbare und Vorhersehbare einschränken, auf Situationen, die unserer momentanen Erfahrung und unserer Lehre entgegenkommen?

Interessanterweise haben sich häufig gerade die Gemeinden und Personen dem Handeln Gottes am ehesten entgegengestellt, die mit den Lippen am lautesten gepredigt und prophezeit haben, Gott werde Neues tun! Manche predigen gerade das am lautesten, was sie am meisten fürchten. Sie scheinen zu glauben, sie könnten sich vor der Wirklichkeit schützen, indem sie das Gefürchtete mit Worten predigen. Reaktionäre Predigten spiegeln oft die Bindungen des Predigers wider. Erst kürzlich stellte sich heraus, daß der Vorreiter einer nationalen Kampagne gegen die Pornographie selbst durch Pornographie gebunden war. Bei vielen Wächtern der reinen Lehre (nicht bei allen) hat sich gezeigt, daß sie selbst Lehren oder Praktiken pflegen, die schlimmer sind als die Sektierereien, gegen die sie zu Felde ziehen. Paulus hat gesagt: »Denn wir können unsere Kraft nicht gegen die Wahrheit einsetzen, nur für die Wahrheit« (2 Kor 13,8). Das Evangelium ist nicht reaktionär. Es ist nicht gegen andere. Das Evangelium ist für die Wahrheit. Die Wahrheit wird dort, wo sie offenbart wird, automatisch die Finsternis vertreiben. Wenn wir mehr Zeit darauf verwenden würden, das zu offenbaren, was wahr ist, und weniger Zeit damit vergeuden würden, uns um das zu sorgen, was falsch ist, dann würde unser Licht sehr bald das Falsche offenbaren und überwältigen.

Wenn wir aber »Neues« predigen als Reaktion auf die alte Ordnung, werden wir dazu verurteilt sein, einen neuen Weinschlauch in einen alten zu verwandeln, und das sogar noch schneller als unsere Vorfahren. Wir brauchen nicht nur einfach irgend etwas Neues. Wir brauchen ein neues Herz – ein

Herz, das seinen Glauben und seine Sicherheit in Gott sucht. Wir brauchen keine neue Umgebung, noch nicht einmal einen neuen »Schlauch« – zunächst brauchen wir neuen Wein. Wenn wir uns nur einfach irgend etwas Neues, eine neue Wahrheit oder neue Gottesdienstformen besorgen, dann werden diese Dinge sehr schnell ebenso zu alten Schläuchen werden. Ein neuer Wein braucht neue Schläuche, aber der Wein ist nicht für die Schläuche da. Die Weinschläuche sind für den neuen Wein da. Wir brauchen keine neuen Schläuche, solange wir keinen neuen Wein haben.

Ich habe in der gesamten Kirchengeschichte kein Beispiel gefunden, wo Menschen, die mit ihrer ganzen Energie nach neuen Schläuchen gesucht haben, einen neuen Wein hergestellt hätten. Das soll nicht bedeuten, daß dies nicht möglich wäre, doch bisher ist dies nicht geschehen. Möglicherweise schließen diese beiden Dinge sich gegenseitig aus. Es geschah bisher ganz anders: Jede neue Bewegung, der ein neuer Wein geschenkt wurde, hat dann auch neue Schläuche gefunden, um diesen Wein darin aufzubewahren. Die Kirche des ersten Jahrhunderts besaß keine neuen Schläuche; sie entwickelte neue Schläuche, während sie auf dem Weg war! Sie machten neue Schläuche, um das darin aufzubewahren, was in ihrer Mitte geschah. Wenn wir nur nach neuen Schläuchen suchen, bevor wir überhaupt neuen Wein haben, führt dies in der Regel zu reaktionären Entwicklungen. Wenn wir uns um neuen Wein bemühen, werden wir auch zur rechten Zeit die passenden Schläuche finden.

Wiederherstellung und Erneuerung

Fast alle großen Reformer der Kirchengeschichte wie Luther, Wesley und Zinzendorf versuchten, in ihrer angestammten Kirche zu bleiben und dort Reformen zu erleben. Erst als es unmöglich wurde, dort zu bleiben, riefen sie neue Bewegungen ins Leben. Ich mache diese Feststellung, damit wir diese Wahrheit über die »Macht der Gewohnheit« nicht mißbrauchen, um auf falsche Art mit dem umzugehen, in das uns Gott momentan hineingestellt hat. Wir müssen unser Vertrauen in Gott setzen, nicht in die Umgebung, egal ob diese nun neu oder alt ist. Gott hat nicht gesagt, daß er alles Neue macht, sondern daß er alles neu macht. Dies bedeutet Erneuerung.

Seit der Reformation besteht ein Konflikt zwischen den beiden theologischen Richtungen der Erneuerung und der Wiederherstellung. Ganz offensichtlich wirkt Gott beides. Wer weise ist, wird aus seinen Schätzen sowohl

Neues als auch Altes hervorholen. Viele ältere, scheinbar rigide und unflexibel gewordene Denominationen besitzen heute mehr Leben und Kraft von Gott als die Kirchen der »neuen Schläuche«, die reaktionär geworden sind. Viele (nicht alle) Kirchen, die nicht zu den großen Denominationen gehören, sind einem schrecklichen Geist des Stolzes, des Sektierertums und regionaler Grabenkämpfe verfallen. Und in vielen Gemeinden, die zu den großen Denominationen gehören, gibt es fast überhaupt kein Sektierertum. Diese Gemeinden sind für die ganze Kirche Christi offen und dem neuen Handeln Gottes gegenüber offener als viele, die bei den jüngsten, gottgeschenkten Entwicklungen an vorderster Front standen. »Gott tritt den Stolzen entgegen, den Demütigen aber schenkt er seine Gnade« (Jak 4,6). Und dabei ist es Gott völlig gleich, was auf dem Schild über unserer Tür steht.

Gott läßt neue Schläuche entstehen und erneuert einige der älteren Schläuche. In biblischer Zeit gab es eine Technik, um alte, brüchige Weinschläuche zu erneuern, damit man sie wieder benutzen konnte. Erst weichte man sie mehrere Tage in Öl ein, danach in Wasser. Diese Behandlung machte sie so flexibel, als wären sie neu.

Einige der älteren Denominationen haben erkannt, wie leer sie geworden sind und wie sehr Gott in ihrer Mitte fehlt. Demütig haben sie Gott um Hilfe angerufen, und er antwortet ihnen, denn »er schenkt seine Gnade den Demütigen«. Viele (nicht alle) der »neuen Schläuche« aus jüngerer Zeit sind über ihre Erfolge so stolz geworden, daß sie Gott nicht mehr suchen. Sie sind nicht mehr wirklich offen für alles Neue, das Gott tut. Was auch immer dort über die Offenheit gegenüber dem Neuen, das Gott tut, gepredigt wird, Tatsache ist, daß diese Kirchen oft rigider und unbeweglicher geworden sind als die Kirchen, die von ihnen als »alte Schläuche« bezeichnet werden. Viele dieser »neuen Schläuche« werden die Inquisitoren sein, die die nächsten Schritte Gottes verurteilen. Vor lauter Stolz können sie sich nicht vorstellen, daß Gott außerhalb ihrer Gemeinde auch etwas Neues schaffen kann. Gott stellt sich gegen sie, weil sie so stolz sind. Sie werden auf der Strecke bleiben, wenn sie nicht bald umkehren.

Von der Braut Christi wird gesagt, daß sie »ohne Flecken und Runzeln« sein wird. Ohne Flecken bedeutet gereinigt von aller Sünde. Ohne Runzeln bedeutet ewige Jugend – sie wird nicht altern! Die Braut Christi wird ein Herz haben, durch das sie lebendig und jung bleibt. Die wahre Kirche wird dieses Wesen annehmen, bevor Gott wiederkehrt, um sie zu sich zu holen. Wie Abraham, der als erster das suchte, was Gott aufbauen wollte, müssen wir bereit sein, das Bekannte zu verlassen, um an Orten, die wir nicht kennen, nach dem Neuen zu suchen.

Kapitel 6

Das Wesen unser Knechtschaft
Teil II

Eine der bemerkenswertesten Geschichten des Neuen Testamentes handelt von den zwei Männern auf dem Weg nach Emmaus. Der auferstandene Jesus schloß sich ihnen an. Nachdem er sich ihren tragischen Bericht über seinen Kreuzestod angehört hatte, legte Jesus ihnen die Aussagen, welche die Schrift über ihn macht, aus. Hier predigte Christus Christus. Mehr Salbung kann man sicher nicht verlangen! Und doch erkannten sie ihn immer noch nicht! Warum? Markus gibt uns die Antwort darauf: Jesus erschien ihnen »in einer anderen Gestalt« (Mk 16,12). Dies geschah ganz offensichtlich aus einem bestimmten Grund. Wir müssen diesen Grund verstehen, damit wir den Herrn erkennen, wenn er uns zu sich zieht. Um den lebendigen Christus erkennen zu können, müssen wir ihn im Heiligen Geist erkennen und nicht der äußeren Erscheinung nach.

Geistliche Scheinheiligkeit

Wie oft erkennen wir den Herrn nicht, weil er uns in anderer Gestalt erscheint und nicht so, wie wir es gewohnt sind? Wenn wir uns an die pfingstlerische »Form« gewöhnt haben, werden wir den Herrn nicht erkennen, wenn er versucht, als Baptist zu uns zu kommen. Wenn wir uns an die charismatische »Form« gewöhnt haben, erkennen wir ihn nicht, wenn er uns als Pfingstler erscheint. Sind wir in der Bewegung der »Dritten Welle« groß geworden, wird es uns schwer fallen, ihn zu erkennen, wenn er uns in einer Gestalt erscheint, die wir nicht gewohnt sind. Grund hierfür ist eine subtile Art von Rassismus. Rassismus ist weit mehr als der Gegensatz zwischen Schwarzen und Weißen oder Juden und Heiden. Rassismus ist eine der niedrigsten Formen des Stolzes. Es ist ein Stolz, der sich auf das Fleisch gründet, auf Äußerlichkeiten. Der Rassismus stärkt die Bindung an das Gewohnte, eine Bindung, die uns unsere innigsten Begegnungen mit dem Herrn rauben kann.

Als der Herr über Jerusalem weinte, weil es die Propheten und die Gesandten Gottes getötet hatte, verkündete er, daß dieses Haus wüst liegen wird. Jerusalem sollte ihn nicht wiedersehen, bevor es ausruft: »Gesegnet sei er, der kommt im Namen des Herrn!« (Mt 23,39). Was er damals zu Jerusalem gesagt hat, gilt auch für die Kirche, das geistliche Jerusalem. Wir werden den Herrn nicht sehen, bis wir lernen, die zu segnen, die in seinem Namen kommen. Seit der Auferstehung Jesu ist der Herr seinen Jüngern immer wieder in einer Gestalt erschienen, die für sie ungewohnt war. Auf diese Weise bekämpfte er eine Haltung, die immer dazu führen wird, daß das Haus wüst liegt: Er entzieht unserem geistlichen Stolz, mit dem wir als »Hüter des gegenwärtigen göttlichen Handelns« unsere Inhalte und Formen hochhalten, das Fundament. Gott ist so viel größer als die größten Formen. Er ist auch demütiger als die meisten.

Der Gott, der den Himmel wie ein Zelt ausgebreitet hat, ist zu groß, um allein in unserer unbedeutenden, kleinen Denomination Wohnung zu nehmen, egal, wie groß diese Denomination auch sein mag. Er ist zu groß, als daß man ihn nur in unserer schicken neuen oder progressiven Gottesdienstform finden könnte. Das, was wirklich von Christus ausgeht, kommt auch heute noch an den unmöglichsten Orten zur Welt. Wie er sich damals bei seiner Geburt nur durch die Offenbarung finden ließ, so können wir ihn auch heute nur durch Offenbarung finden.

Nichts hindert unsere Fähigkeit, Offenbarungen zu empfangen, mehr als unser Stolz. Aus diesem Grund dankte Jesus dem Vater: »Ich preise dich, Vater, Herr des Himmels und der Erde, weil du all das den Weisen und Klugen verborgen, *den Unmündigen aber offenbart* hast« (Mt 11,25; Hervorhebung durch den Autor). Ein Kind oder auch ein Unwissender weiß in der Regel um seinen Mangel an Reife und Erkenntnis. Wenn wir die Demut der Unmündigen und Unwissenden verlieren, verlieren wir die Fähigkeit, das zu empfangen, was der Vater offenbart.

Gottes Gnade suchen

»Gott tritt den Stolzen entgegen, den Demütigen aber schenkt er seine Gnade« (Jak 4,6). Nichts wird uns mehr von Gott trennen als unser Stolz; die

Sünde ist nur ein Symptom des Stolzes. Möglicherweise gibt es keinen größeren Stolz als den zu meinen, Gott sei so wie wir! Wenn wir das kindliche Wesen verlieren, das offen ist, sucht und lernt, dann haben wir uns von der Gnade Gottes entfernt, die allein den Demütigen gegeben wird.

Wenn der Herr wiederkehrt, wird er, so wie es verheißen ist, diejenigen mit dem Wesen von Böcken von denen trennen, die das Wesen von Schafen haben. Dabei wird wichtig sein, ob Jesus von uns sagen kann: »Ich war *fremd* und obdachlos, und ihr habt mich aufgenommen« (Mt 25,35; Hervorhebung durch den Autor). Ein Fremder ist einer, der anders ist als wir. Er kommt von einem anderen Ort. Er spricht vielleicht sogar eine andere Sprache. Vielleicht gehört er sogar einer anderen Denomination an. Wenn Gott feststellen will, ob wir Böcke oder Schafe sind, wird viel daran liegen, ob wir offen sind für diejenigen, die anders sind als wir. Diese Offenheit ist ein unwiderlegbarer Test unserer Demut. Und Offenheit gegenüber Fremden wird von uns verlangt, wenn wir die Gnade Gottes erlangen wollen.

Den Israeliten war befohlen: »Auch ihr sollt die Fremden lieben, denn ihr seid Fremde in Ägypten gewesen« (Dtn 10,19). Hier deutet sich einer der Gründe an, warum der Herr es zuließ, daß die Israeliten als Gefangene in einem fremden Land leben mußten. Sie sollten lernen, den Fremden gegenüber barmherzig zu sein. Neben der Demut, die Israel durch die Gefangenschaft lernte, gab es noch einen weiteren wichtigen Grund für die Barmherzigkeit gegenüber Fremden, der in Buch Deuteronomium, Kapitel 31, Vers 12 genannt wird: »Versammle das Volk – die Männer und Frauen, Kinder und Greise, dazu die *Fremden*, die in deinen Stadtbereichen Wohnrecht haben, *damit sie zuhören und auswendig lernen und den Herrn, euren Gott, fürchten* und darauf achten, daß sie alle Bestimmungen dieser Weisung halten« (Dtn 31,12; Hervorhebung durch den Autor).

Echte geistliche Autorität

Echte geistliche Autorität gründet sich auf Barmherzigkeit. Weil Jesus Erbarmen hatte mit den Schafen, die ohne Hirte waren, wurde er unser Hirte. Er hatte Erbarmen mit denen, die in der Finsternis lebten, darum wurde er ihr Lehrer und ihr Licht. Wir werden nur in dem Maße geistliche Autorität gewinnen, wie wir die Barmherzigkeit Jesu in uns tragen. Wir werden kein Erbarmen haben mit Menschen, die wir verachten, schlecht machen oder ablehnen, nur weil sie anders sind. Wir werden nie echte Autorität von Gott empfangen, um die Lehren einer anderen Bewegung oder Denomination zu korrigieren, wenn wir diese Bewegung oder Denomination nicht zuerst mit der Liebe Gottes annehmen. Ohne Liebe wird unser Dienst keine Authentizität besitzen. Die Mauern, die wir durch unsere Vorurteile errichten, stehen mit der Liebe und mit Gott selbst im Konflikt.

Egal, wie falsch die Lehren einer bestimmten Gemeinde sein mögen, egal, wie altmodisch ihre Gottesdienstformen sein mögen, wenn sie die Armen, die Waisen, die Witwen und die Fremden liebt, wird Gott diese Gemeinde segnen und sich um sie kümmern. Er wird dies tun, weil diese Gemeinde sich um die kümmert und die liebt, die ihm am Herzen liegen. Einer der Hauptgründe, warum Amerika so sehr von Gott gesegnet wurde, liegt darin, daß die Tore Amerikas vielleicht mehr als die irgendeiner anderen Nation den Fremden und Unterdrückten offenstanden. Wir haben unsere Immigranten nicht immer gut behandelt, nachdem sie erst einmal im Land waren, aber wir haben sie eingelassen.

Die Liebe zu den Fremden

Es ist nicht unbedingt notwendig, in ein fremdes Land zu gehen, um die Menschen dieses Landes mit dem Evangelium zu erreichen. Fast alle wichtigen Nationen sind unter den Studenten vieler unserer Universitäten vertreten. Eine kürzlich erstellte Statistik hat ergeben, daß sechzig Personen mit einer führenden Funktion in dieser Welt in den USA studiert haben. Die meisten ausländischen Studenten sind einsam. Sie sind weit weg von ihrer Familie, ihren Freunden und ihrer Kultur und stehen dem Evangelium sehr offen gegenüber. In einer Umfrage wurde festgestellt, daß der zweitgrößte Wunsch ausländischer Studenten – er kommt gleich nach dem Wunsch nach einer guten Ausbildung – darin besteht, Amerikaner als Freunde zu haben.

Leider verbringen viele ausländische Studenten ihre Zeit an unseren Universitäten isoliert und ausgestoßen. Der Mann, der den japanischen Angriff auf Pearl Harbor im Zweiten Weltkrieg plante, und der Mann, der bei diesem Angriff die japanischen Truppen befehligte, hatten beide in den USA studiert. Beide hatte die rassistische Haltung, die man ihnen an den amerikanischen Universitäten entgegengebracht hatte, zutiefst abgestoßen. Wie anders hätte die Geschichte verlaufen können, hätte man diese Männer anders behandelt.

Ein großer Teil der islamischen Führer, die die USA heute als »den großen Satan« bezeichnen, haben ebenfalls dort studiert. Wie anders könnte unsere Welt heute aussehen, wenn wir diesen Studenten in der Zeit, die sie in unserem Land verbracht haben, in Liebe und Freundschaft begegnet wären. Unsere Zukunft könnte in großem Maße davon beeinflußt werden, wenn wir unseren Rassismus bekennen und die Fremden unter uns lieben würden. Und was noch wichtiger ist, unsere Lage am Tag des Jüngsten Gerichts könnte ganz anders aussehen, wenn wir unser Herz für die Menschen öffnen, die anders sind als wir selbst.

Viele ausländische Studenten wissen nicht, wohin sie an den Feiertagen und in den Semesterferien gehen sollen. Die Wohnheime sind in dieser Zeit oft geschlossen, und Studenten, die keine Familie haben, müssen in teuren Hotelzimmern übernachten oder in wohltätigen Einrichtungen Unterschlupf suchen. Hilfe von Gemeinden und Familien, die den Universitäten angeboten haben, in diesen Zeiten Studenten aufzunehmen, wurde gerne angenommen. Viele dieser Studenten fanden zu Christus, nicht weil er ihnen aufgezwungen wurde, sondern weil die Liebe und Annahme, die sie in den Familien erlebt haben, ihnen die Liebe Christi gezeigt hat.

Die kleinen Zeichen der Freundlichkeit, die wir ausländischen Studenten erweisen können, indem wir sie am Wochenende auf einen Ausflug aufs Land mitnehmen, können auf lange Sicht mehr Einfluß auf unsere Auslandsbeziehungen haben als die beste Außenpolitik der Regierung. Die Studenten, die zum Studium in die USA oder in andere westliche Länder geschickt werden, sind in der Regel die Crème de la crème ihrer Heimatländer und werden als die Elite später einmal in wichtigen Bereichen ihrer Gesellschaft eine Führungsrolle übernehmen. Wenn aus dieser Elite Menschen zu Christus geführt werden, kann dies womöglich eine ganze Nation zu Jesus hin bewegen.

Eine Grundlehre des Islam beinhaltet die Unterwerfung der ganzen Welt unter Allah, entweder auf dem Wege der Bekehrung oder mit Gewalt (*Dschihad* – der »heilige Krieg«). Momentan ist der Islam die Religion, die sich weltweit am schnellsten ausbreitet. Ganze Nationen fallen dem Islam zu und gehen dem Christentum verloren. Wir müssen dringend das humanistische Joch abwerfen, das uns davon abhält, den Fremden von unserem Glauben zu erzählen, nur weil dies ihre »Rechte« beeinträchtigen könnte. Wir stehen in der Gefahr, eines Tages sowohl unsere Rechte als auch unsere Nation an den Islam zu verlieren, der an dieser Stelle keine Einschränkungen kennt. Dieser Gefahr werden wir nur entgehen, wenn wir heraustreten und die Wahrheit allen Menschen weitersagen.

Ich will nicht dazu ermuntern, die Fremden, die unter uns leben, einzufangen und zu zwingen, daß sie unserem »Zeugnis« zuhören. Echte Liebe und Toleranz werden die Herzen der Fremden öffnen. Dann werden sie den Grund unserer Freundlichkeit erkennen können. Wenn wir denen Liebe zeigen, die anders sind als wir, stehen wir damit in scharfem Kontrast zu dem Haß, der Angst und der Intoleranz, die das natürliche Wesen des gefallenen Menschen ausmachen und die Frucht so vieler Religionen dieser Welt sind. Neugierde und Fragen werden dann nicht ausbleiben, wenn wir Liebe üben. Paulus hat gesagt: »Weißt du nicht, daß Gottes Güte dich zur Umkehr treibt?« (Röm 2,4). Das Wort Islam bedeutet »Unterwerfung«. Die Furcht kann einen Menschen zur Unterwerfung zwingen. Doch nur Gottes Liebe kann uns zu einer echten Umkehr befreien.

Es befinden sich allein in den USA ständig zwischen 200 000 und 300 000 ausländische Studenten. Weitere Tausende studieren in anderen Nationen der westlichen Welt. Es gibt buchstäblich Millionen von Flüchtlingen und anderen Ausländern in unseren Ländern, die entwurzelt und orientierungslos sind. Selbst wenn wir viel von der Auslandsmission halten, ist es offensichtlich, daß Gott das größte Missionsfeld zu uns gebracht hat, und wir scheinen dies gar nicht wahrzunehmen. Die Fremden sind sehr viel offener für das Evangelium, wenn sie sich in unserem Land befinden, als zu Hause in ihrem eigenen Land. Diese wunderbaren Menschen brauchen unsere Liebe und Annahme und danach auch unsere Botschaft. Wir sollten uns bewußt machen, daß im Buch Deuteronomium den Israeliten zuerst befohlen wurde, die Fremden zu lieben (Kapitel 10); danach erst wurde ihnen geboten, die Fremden die Wege Gottes zu lehren (Kapitel 28).

In den Kapiteln 14 (Verse 28-29) und 26 (Vers 12) des Buches Deuteronomium erkennen wir, daß der Zehnte sowohl für die Leviten als auch für die Fremden, Witwen und Waisen gedacht war. Wir betonen oft, wie wichtig der Zehnte ist. Aber setzen wir unseren Zehnten auch an der richtigen Stelle ein? Im Augenblick wird weniger als ein Prozent des Budgets der christlichen Konfessionen in den USA für die Mission ausgegeben. Vielleicht tun wir mehr für die Mission als andere Länder, aber das bedeutet noch lange nicht, daß wir genug tun!

Die Frage der Fürsorge für die Fremden ist so wichtig, daß Paulus bei seiner Aufzählung der kirchlichen Leitungsqualifikationen die Gastfreundschaft gegenüber den Fremden als ein wichtiges Merkmal künftiger Bischöfe nennt (vgl. 1 Tim 3,2; Tit 1,8). Das griechische Wort, das hier mit »Gastfreundschaft« übersetzt wird, heißt *philoxenos*, was wörtlich genommen die »Gastfreundschaft gegenüber Fremden und Ausländern« meint.

Ganz ohne Zweifel ist es dem Herrn wichtig, daß wir Fremden gegenüber offen sind. Auf diese Weise bekämpft er unseren Rassismus und unsere Vorurteile, die uns von ihm und untereinander trennen. Ich möchte es noch einmal betonen: Es geht dabei nicht um unsere Hautfarbe. Der Geist des Rassismus trennt die Methodisten von den Baptisten und die Charismatiker von den Pfingstlern oder Presbyterianern. Rassismus bedeutet, auf das Fleischliche, das Äußerliche, stolz zu sein. Paulus verkündet jedoch: »Denn die Beschnittenen sind wir, die wir im Geist Gottes dienen und uns in Christus Jesus rühmen und *nicht auf irdische Vorzüge vertrauen*« (Phil 3,3; Hervorhebung durch den Autor).

Der Test

Eines der sichersten Zeichen dafür, daß wir im Geist und in der Wahrheit und zur Ehre Jesu anbeten, ist die Fähigkeit, über die äußeren Dinge hinauszublicken und einander im Heiligen Geist zu erkennen statt im Fleisch. Wenn wir unser Vertrauen darauf setzen, daß wir Baptisten, Charismatiker oder Freikirchliche sind, haben wir noch nicht wirklich verstanden, was es heißt, in Christus verbunden zu sein. »Denn ihr alle, die ihr auf Christus getauft seid, habt Christus (als Gewand) angelegt. Es gibt nicht mehr Juden und Griechen, nicht Sklaven und Freie, nicht Mann und Frau; *denn ihr alle seid ›einer‹ in Christus Jesus*« (Gal 3,27-28; Hervorhebung durch den Autor).

Der Rassismus ist also der Hauptgrund, warum das Thema des »natürlichen« Israel nicht vom Tisch sein wird, bevor die Kirche sich damit auseinandergesetzt hat. Etwa 2 000 Jahre lang hat der Herr fast ausschließlich die Juden als das Volk seines Bundes betrachtet. In den vergangenen fast 2 000 Jahren hat er nun die Heiden als das Volk seines Bundes behandelt. Nun neigt sich das Zeitalter der Heiden dem Ende zu. Was heute sichtbar wird, ist ein neues »Zeitalter der Juden«. Nun werden die beiden, Juden und Heiden, aufeinander aufgepfropft, damit »aus den beiden ein neuer Mensch« wird. Was heute entsteht, ist das Zeitalter der Einheit von Juden und Heiden.

»Gott tritt den Stolzen entgegen, den Demütigen aber schenkt er seine Gnade« (Jak 4,6). Darum benutzt er dieses Thema, um sowohl die Kirche als auch Israel zur Demut zu führen, damit sie seine Gnade empfangen können. Die Kirche braucht Demut und einen gewissen Grad der Erlösung von der Selbstbezogenheit, damit sie erkennen kann, was Gott mit der Nation Israels vorhat. Ebenso braucht auch Israel Demut und Erlösung von der Selbstbezogenheit, um die Ziele Gottes mit der Kirche zu erkennen. Beides kann nur durch Jesus Christus erkannt werden. »Denn er ist unser Friede. *Er vereinigte die beiden Teile* (Juden und Heiden) *und riß durch sein Sterben die trennende Wand der Feindschaft nieder*« (Eph 2,14; Hervorhebung durch den Autor).

Der Stolz fordert Gottes Widerstand heraus. Der Stolz hat zur Ursünde geführt, und genauso liegt im Stolz die Wurzel jeder Sünde, durch die ein Mensch aus der Gnade Gottes fällt und den Tod erntet. Darum hat Paulus die Kirche gewarnt: »So erhebe dich nicht über die anderen Zweige. ... Hat Gott die Zweige, die von Natur zum edlen Baum gehören, nicht verschont, so wird er auch dich nicht verschonen« (Röm 11,18.21). Wenn in Jesus die Barrieren, die Mauern der Trennung, eingerissen wurden, so ist dies ein echter Beweis dafür, daß wir in Christus bleiben. Unsere Arroganz gegenüber anderen Gliedern des Leibes trennt uns von Gott und seiner Gnade, die wir nur empfangen können, wenn wir demütig sind.

Die Frage der »natürlichen« Zweige soll die Kirche zu Demut und Gehorsam herausfordern. Zum gleichen Zweck war auch der Baum der Erkenntnis von Gut und Böse in den Garten Eden gepflanzt worden. Der Baum der Erkenntnis war nicht als Stein des Anstoßes gedacht. Dieser Baum war unseren Urvorfahren gegeben worden, damit sie dort ihre Demut und ihren Gehorsam Gott gegenüber erweisen konnten.

Dieser Baum, der sowohl »natürliche« als auch »geistliche« Zweige besitzt, ist für die Kirche und für Israel ein und dasselbe – ein Ort, an dem wir wählen müssen: entscheiden wir uns für Demut und Gehorsam oder entscheiden wir uns wie Adam und Eva, für die der Baum tatsächlich zu einem Ort der Trennung von den Zielen Gottes wurde. Wenn wir in Christus bleiben wollen, darf es keine trennenden Mauern geben; wir müssen uns für die Demut entscheiden. Es geht hier nicht nur um die Frage »Jude oder Heide?«; es geht um Demut und Gehorsam. Die Kirche ist der Ort, an dem Israel sich entscheiden muß: Demut und Gehorsam oder Hochmut und Ungehorsam. Und Israel ist der Ort, an dem die Kirche vor dieselbe Entscheidung gestellt ist. Wenn Israel und die Kirche die Barriere überwinden und durch Christus aufeinander aufgepfropft werden, dann werden sie in Christus eine Demut und einen Gehorsam erlangen, durch den ein bisher ungekanntes Maß an Gnade und Kraft Gottes freigesetzt werden kann. Wenn wir diese Demut erlangen, durch die so viel Gnade und Kraft freigesetzt werden kann, so wird dies genügen, um jeden anderen Feind zu überwältigen – den Tod eingeschlossen! Aus diesem Grund konnten der Apostel Paulus mit soviel

Zuversicht sagen: Wenn die Juden wieder auf den Baum aufgepfropft werden, so wird »ihre Annahme nichts anderes sein als *Leben aus dem Tod*« (Röm 11,15; Hervorhebung durch den Autor). Sie werden die Kraft der Auferstehung bekommen und den letzten Feind überwinden.

Pseudo-Toleranz

In der Regel werden wir, die wir meinen, vom Geist des Rassismus frei zu sein, andere nur dann tolerieren und annehmen, wenn die betreffende »Rasse« sich uns anpaßt. Gerne werden die Baptisten die Presbyterianer akzeptieren, sobald diese ihre Leute bei der Taufe ganz untertauchen! Die Pfingstler werden gerne die Methodisten akzeptieren, sobald diese in Sprachen beten. Diese Liste könnte man endlos fortführen. Die weißen Gemeinden lieben die Schwarzen und hätten gerne mehr von ihnen in ihrer Gemeinde, aber es gibt nur wenige Weiße, die sich einer schwarzen Gemeinde anschließen würden. Vieles, was wir als das Niederreißen trennender Mauern ansehen, ist immer noch in der Arroganz verwurzelt. Denn wir verlangen, unsere eigenen Maßstäbe müßten erfüllt werden und die anderen sollten so werden wie wir.

Die Kirche wünscht sich die Bekehrung der Juden – nur müssen sie dann Teil der Kirche werden. Die Bewegung der »messianischen Juden« ist dagegen ein Affront. Weder die messianische Bewegung, noch die Kirche ist ein wirklicher Spiegel der neuen Schöpfung. Ich werde nicht dadurch mit meiner Frau eins, daß ich einen Mann aus ihr mache! Einheit wird unter uns dann entstehen, wenn wir unsere Unterschiede als eine gegenseitige Ergänzung erkennen und nicht als Konfliktstoff. Paulus erklärt: Gott will »die zwei in seiner Person zu dem einen neuen Menschen ... machen. Er stiftete Frieden und versöhnte die beiden durch das Kreuz mit Gott in einem einzigen Leib. Er hat in seiner Person die Feindschaft getötet« (Eph 2,15f).

Wenn der Feindschaft zwischen Weißen und Schwarzen der Todesstoß versetzt wird, so werden die Schwarzen dadurch keine weiße Hautfarbe bekommen! Es ist nicht nötig, daß die Juden zu Heidenchristen werden, damit Einheit und Frieden zwischen den beiden herrschen kann; ebenso wenig müssen die Heidenchristen zu Bürgern Israels werden. Wie der menschliche Körper viele Glieder und Organe benötigt, um leben zu können (Herz, Lungen, Leber usw.), so benötigt auch der Leib Christi die vielen verschiedenen Glieder, die zu ihm gehören. Diese Glieder sollen durchaus unterschiedlich bleiben, aber sie sollen zusammenarbeiten.

Die Lutheraner, Baptisten, Pfingstler, Charismatiker haben jeder zur Kirche Wahrheiten beigetragen, die nötig sind, damit wir unseren endzeitlichen Auftrag erfüllen können. Trotz all unserer Fortschritte während der Reformation liegen die Grundlagen der Kirche immer noch eher in Rom als in Jerusalem oder Antiochia. Paulus schreibt dazu: »Nicht du [die Heidenchristen] trägst die Wurzel, sondern die Wurzel [die Juden] trägt dich« (Röm 11,18). Wenn Israel wieder aufgepfropft wird, so wird dies der Kirche helfen, zu ihren eigentlichen Wurzeln zurückzukehren. Dies ist ihr bisher nicht gelungen. Wir dürfen dies nicht mißverstehen: Das bedeutet keine Rückkehr zum Gesetz oder zu den mosaischen Vorschriften. Der Grund für unsere Einheit liegt viel tiefer. Selbst die messianische Bewegung hat dies noch nicht erfaßt.

Das eigentliche Thema ist die Erlösung von unseren Ängsten, die uns in der Tyrannei des Gewohnten gebunden halten. Ohne die Befreiung von diesen Ängsten werden wir nicht in der Lage sein, Veränderungen anzunehmen. Ohne diese Erlösung werden wir auch weiterhin unseren gewaltigen Gott nicht aufnehmen können, weil er sich nicht in unsere nichtigen Formen pressen läßt, auf die wir ihn eingeschränkt haben. Wir müssen erlöst werden von dem Stolz, der uns zu der Annahme verleitet hat, Gott sei so wie wir. Der Herr hat diese Frage zum Brennpunkt der Entscheidung über die trennenden Mauern zwischen dem natürlichen und dem geistlichen Samen Abrahams gemacht, weil der Kern dieses Konflikt die Entscheidung zwischen dem Fleischlichen und dem Geistlichen ist. Es müssen aber alle trennenden Mauern fallen.

Wir werden weiter auf dem Weg nach Emmaus bleiben, bis wir unseren Rassismus, unsere Bindung an das Gewohnte und unsere Neigung, in unserer Umgebung Sicherheit zu suchen, überwinden. Wir werden so sehr in unseren kleinen Universen gefangen bleiben, daß wir den Herrn selbst dann nicht erkennen werden, wenn er sich uns naht.

Kapitel 7

Das Wesen echter geistlicher Einheit

Obwohl Israel ein Volk war, bestand es aus verschiedenen Stämmen, von denen jeder eine bestimmte Berufung und Aufgabe innerhalb des Gesamtplanes Gottes wahrnahm. Eine wichtige Lektion, die Israel in der Wüste gelehrt bekam, bestand darin, zu lernen, wie die verschiedenen Stämme sich im Gleichtakt bewegen und in Einheit zusammenarbeiten könnten. Gleiches gilt für den Leib Christi; die Kirche ist von Gott so gedacht, daß sie aus verschiedenen »Strömungen« oder »geistlichen Stämmen« bestehen soll. Daher werden wir das Gelobte Land nicht erreichen, bevor wir nicht gelernt haben, als ein zusammengehöriges geistliches Volk zu marschieren und zu arbeiten. Es soll im Leib Christi Unterschiede geben, doch diese Unterschiede sollen einander ergänzen, nicht im Konflikt zueinander stehen.

Jesus und seine Braut

Der Apostel Paulus hat es sehr radikal ausgedrückt. Wenn wir seine Aussage ernst nehmen und befolgen würden, könnte das die größte Reformbewegung der Kirchengeschichte einleiten. Paulus hat ganz einfach gesagt: »*Ein* Leib und ein Geist, wie euch durch eure Berufung auch eine gemeinsame Hoffnung gegeben ist« (Eph 4,4; Hervorhebung durch den Autor). In den Augen Gottes gibt es nur eine Kirche oder Gemeinschaft der Gläubigen. Wenn wir anfangen, im Heiligen Geist zu erkennen, werden wir auch nur eine Kirche sehen. Jeder, der wirklich an Jesus glaubt, ist ein Mitglied der einen ewigen Familie unter dem einen Vater. Das ist keine idealistische Hoffnung, sondern eine gegenwärtige Realität. Das bedeutet nicht, vor den endlosen Sektiereien, Spaltungen und Grenzziehungen, die wir heute in der Kirche erleben, die Augen zu verschließen. Aber wir sollten das, was Gott in der Bibel bezeugt hat, höher achten, als dies momentan der Fall ist.

Obwohl die verschiedenen Berufungen und Strömungen mit unterschiedlichen Schwerpunkten innerhalb der Kirche beabsichtigt sind, hat der Herr die vielen von Menschenhand gemachten Spaltungen nie anerkannt oder gebilligt. Gott ändert sich nicht – wenn wir uns mit seinem Willen eins machen wollen, dann ist es unsere Sache, uns zu verändern. Diese veränderte Haltung in unserem Verständnis und unserer Anerkennung der Kirche wird bald die Welt ebenso schnell überrollen wie die Veränderungen im Ostblock Ende der achtziger Jahre. Die politischen Veränderungen, die im natürlichen Bereich menschlicher Politik stattfanden und stattfinden, sind nur ein Spiegel dessen, was sich im geistlichen Bereich abspielt. Die trennenden Mauern zwischen den Menschen fallen. Wenn die Führungsschicht dies nicht bewirkt, so wird es das Volk tun. Die Führer Osteuropas, die sich den Veränderungen entgegengestellt haben, sind selbst mit fortgerissen worden. Den Leitern der Kirche, die die Zeichen der Zeit nicht verstehen und versuchen, das zu verhindern, was nicht zu verhindern ist, wird es ebenso ergehen.

Die einzige Identität, die der biblischen Kirche gegeben wurde, war geographischer Natur. Jede Gemeinde trug den Namen der Stadt, in der sie sich befand. Es gab die Gemeinde in Korinth, die Gemeinde in Rom, die Gemeinde in Jerusalem, die Gemeinde in Ephesus, die Gemeinde in Smyrna und so weiter. Der Herr hat niemals eine andere Charakterisierung der Gemeinden zugelassen als die geographische. Wenn wir nach biblischen Maßstäben leben wollen, können wir dies nicht anders halten. Durch die Anerkennung rein menschlicher Identitäten haben wir die Spaltungen der Kirche zugelassen, ja sogar gefördert. Doch diese Tage neigen sich dem Ende zu. Jesus kommt nicht zurück, um einen Harem zu sich zu rufen. Er kommt, um seine Braut zu holen – *eine* Braut, Singular.

In der einen Kirche soll es Unterschiede geben, aber keine Spaltungen. Die Kirche besitzt eine Einheit in der Vielfalt, nicht eine Einheit durch Konformität. Wenn die Kirche richtig funktionieren soll, muß es verschiedene Gemeindetypen geben. Der Herr und auch die Apostel benutzten oft bestimmte Metaphern, um geistliche Realitäten auszudrücken. Die Kirche wurde oft als der Leib des Herrn bezeichnet, weil sie Merkmale eines menschlichen Körpers besitzt. In einem Körper würde selbst das stärkste Herz sterben, wenn es keine gesunden Lungen, Nieren und andere lebenswichtige Organe gäbe. Das gleiche gilt für die Kirche.

Doch die verschiedenen Organe des Körpers werden nicht miteinander konkurrieren, solange kein Krebsgeschwür entstanden ist. Krebs besteht im Grunde aus Zellen, die beschlossen haben, daß sie ohne Rücksicht auf den Rest des Körpers wachsen wollen. Eigennützige Gemeinden, die ihr eigenes Wachstum ohne Rücksicht auf den Rest der Kirche in der betreffenden Region fördern, könnte man in Analogie als Krebsgeschwür am Leib Christi bezeichnen. Wir sind alle Glieder an einem Leib und wir brauchen einander, wenn der Leib gesund sein soll. Wie eine Leber durch ihre Selbstsucht schließlich ihre eigene Existenz gefährdet, wenn sie ohne Rücksicht auf das Herz, die Lungen und andere Organe wächst, so verurteilen sich Gemeinden, die ihr eigenes Wachstum über die Bedürfnisse des gesamten Leibes stellen, letztlich selbst.

Jede Gemeinde muß eine eigene Vision besitzen, doch diese Vision muß sich nahtlos in das einpassen, was der Herr in seiner Kirche als Ganzes tut. Das stärkste Herz wird ohne das Zusammenspiel mit den übrigen Organen sterben. Die stärkste Gemeinde wird letztlich ihr Leben verlieren, wenn sie nicht mit dem Rest des Leibes und ganz besonders mit Gemeinden, die anders sind, in Verbindung steht. Um das geistliche Leben aufrechtzuerhalten, ist die Kirche darauf angewiesen, daß der Austausch zwischen den verschiedenen »Organen« funktioniert.

Der Herr und die Apostel haben die Gemeinden der Urchristen nur nach ihrer geographischen Lage unterschieden. Dies hatte einen guten Grund: Wer sich entschieden hat, dem Herrn gehorsam zu sein, soll seine Identität in Verbindung mit den übrigen Gliedern seines Leibes vor Ort finden. Beziehungen, die über weite Entfernungen zu solchen Menschen geknüpft werden, die an die gleichen Wahrheiten oder Schwerpunkte glauben, verlangen kein besonderes Wachstum oder geistliche Reife. Befände sich mein Arm mehrere Kilometer vom Rest des Körpers entfernt, so würde er mir wenig nützen. Ebenso kann der Herr nur wenig mit uns anfangen, wenn wir nicht bei denen angewachsen sind, mit denen wir tagtäglich in einer wirklichen und lebendigen Beziehung zusammenleben. Die Kirche muß lernen, auf lokaler Ebene funktionierende Beziehungen aufzubauen und zusammenzuarbeiten, wenn der Leib lebendig sein soll. Wenn sich dieser Konflikt am Ende dieses Zeitalters zuspitzen wird, dann wird auch für die Kirche gelten, was von den ursprünglichen Kolonien Amerikas gesagt wurde: sie muß »sich vereinigen oder sterben«.

Selbst wenn man nur einen oberflächlichen Blick auf die Situation der heutigen Kirche wirft, so zeigen sich bereits grobe Unzulänglichkeiten. An manchen Orten gibt es drei Gemeinden in einem Viertel, die wenig oder gar nichts miteinander zu tun haben. Sie besitzen alle die gleichen Ämter und Funktionen und versuchen höchst wahrscheinlich alle drei, ein Gebäude zu unterhalten, das in der Regel nur zu einem Drittel genutzt wird. Wieviel mehr an Ressourcen könnten für einen wirklichen Auftrag im Sinne des Evangeliums freigesetzt werden, wenn solche offensichtlichen Doppelungen beseitigt würden? Bei unserem momentanen Mangel an Kommunikation und Beziehung kann ein falscher Prophet oder Lehrer in eine Gemeinde eindringen, sie zerstören und, nachdem der Schaden entdeckt wurde, einfach auf die andere Straßenseite wechseln und das gleiche Spiel von vorne beginnen. Paulus sagte den Ephesern, daß dies nicht geschehen wird, wenn die Glieder des Leibes ordentlich verbunden sind:

> »Wir sollen nicht mehr unmündige Kinder sein, ein Spiel der Wellen, hin und her getrieben von jedem Widerstreit der Meinungen, dem Betrug der Menschen ausgeliefert, der Verschlagenheit, die in die Irre führt. Wir wollen uns, von der Liebe geleitet, an die Wahrheit halten und in allem wachsen, bis wir ihn erreicht haben. Er, Christus, ist das Haupt. Durch ihn wird der ganze Leib zusammengefügt und gefestigt in jedem einzelnen Gelenk. Jedes trägt mit der Kraft, die ihm zugemessen ist. So wächst der Leib und wird in Liebe aufgebaut« (Eph 4,14-16).

Die Kirche wird ständig von jedem neuen Wind der Lehre, der Täuschung, der Schläue und des Betrugs hin- und hergeworfen. Dies gelingt, weil wir nicht richtig miteinander verbunden sind.

Kein Ding ist bei Gott unmöglich. Wenn er es wollte, könnte er es so einrichten, daß wir bei jeder Lehre alle dasselbe für wahr halten. Doch das würde uns nicht wirklich zusammenschließen. Es ist dem Herrn wichtiger, daß wir einander lieben, als daß wir eine perfekte Übereinstimmung in allen Punkten der Lehre erreichen. *Einheitliche Lehrmeinungen sind keine Basis für die Einheit; sie sind vielmehr die Grundlage von Spaltungen.* Echte geistliche Einheit beruht auf einer Einheit in der Zusammenarbeit, in den Zielen und in der Liebe zueinander; nicht nur auf einer Übereinstimmung in allen Fragen der Lehre. Den Stämmen Israels war geboten worden, daß sie in nur zwei grundlegenden Bereichen eins sein sollten: im Gottesdienst und in der Kriegführung. Sie sollten Jahwe allein anbeten, und sie sollten ihn dort anbeten, wo er seine Wohnung aufgerichtet hatte. Und wenn einer der Stämme angegriffen wurde, sollten sie dies als eine geeinte Nation beantworten. In allen anderen Bereichen durfte Vielfalt herrschen. Ein guter Teil der Uneinigkeiten in der Kirche liegt darin begründet, daß wir versucht haben, Bereiche zu vereinheitlichen, in denen der Herr keine Gnade zur Vereinheitlichung gegeben hat.

Eins zu sein, bedeutet nicht, daß wir alle Bindungen an eine Denomination oder Bewegung aufgeben müssen. Wir müssen nicht Teil einer gigantischen Organisation werden oder alle Zugehörigkeiten zu bestimmten Organisationen aufgeben. Es mag die Zeit kommen, in der konfessionelle Organisationsformen nicht mehr nötig sind, doch im Moment dienen sie dazu, den Gemeinden die nötige Orientierung auf eine Vision zu vermitteln, ohne daß dabei der Druck entsteht, sie müßten in dem Bereich, den sie abdecken, genauso sein wie andere Glieder des Leibes. Wir brauchen Vielfalt, wenn die Kirche wie ein Leib funktionieren soll. Solange wir nicht alle Unsicherheit abgeworfen haben, die nach einer ungerechtfertigten Konformität ruft, sind die verschiedenen Denominationen und Bewegungen vermutlich notwendig. Wie Paulus bereits erklärt hat, gibt es eine Vielzahl von Ämtern und Gaben. Der Leib besteht aus vielen Gliedern, nicht nur aus einem, und der Fuß kann nicht zur Hand sagen, sie sei kein Fuß und deshalb auch kein Glied des Leibes (vgl. 1 Kor 12,4-15). Wir müssen die Unterschiede, die Gott gegeben hat, erkennen und verstehen, wie die verschiedenen Teile zusammenarbeiten können statt gegeneinander.

Wie die Welt zum Glauben finden wird

Im Neuen Testament werden die Gemeinden nach der Stadt benannt, in der sie sich befinden, weil Gott die Stadt liebt. Als Jesus nach Jerusalem kam, weinte er nicht über den Tempel; er weinte über die Stadt. Wenn wir an Städte denken, dann fallen uns vor allem Gebäude, Einkaufszentren und Büros ein. Jesus sieht die Stadt nicht mit solchen Augen; er sieht die Menschen. Die Kirche wurde den Städten gegeben als ein Licht und um die Menschen zu gewinnen, die dort leben. Evangelistische Feldzüge außerhalb der Städte gewinnen einige Menschen, doch der größte Evangelisationsfeldzug erreicht nur einen kleinen Prozentsatz der Stadt, in der er abgehalten wird. Jesus betete für seine Kirche, sie möge »vollendet sein in der Einheit, damit die Welt erkennt, daß du mich gesandt hast ...« (Joh 17,23). Die Welt wird dem Evangelium nicht glauben, solange die Kirche keine Einheit zeigt. Die wachsende Einheit der Kirche wird die größte evangelistische Kraft freisetzen, die es je gab. Die Kirche wird keine Vollendung oder Reife erleben, bevor sie nicht zur Einheit findet.

Echte Einheit entsteht nicht durch Kompromisse oder politische Bündnisse zwischen den Leitern unterschiedlicher Lager. Im Gebet unseres Herrn um die Einheit seines Volkes hat Jesus verkündet, wie Einheit entstehen kann: »Und ich habe ihnen *die Herrlichkeit* gegeben, die du mir gegeben hast; denn sie sollen eins sein, wie wir eins sind« (Joh 17,22; Hervorhebung durch den Autor). Wir werden verändert, wenn wir die Herrlichkeit des Herrn sehen (vgl. 2 Kor 3,18). Wenn das Lamm erscheint, werden alle Ältesten ihre Kronen zu seinen Füßen niederlegen (vgl. Offb 4,10). Wer könnte sich in Christi Gegenwart Herrlichkeit oder Rang anmaßen? Wenn wir ihm unsere Aufmerksamkeit widmen, werden Neid und eigensüchtiger Ehrgeiz von einer verzehrenden Leidenschaft ersetzt, die sich danach sehnt, Jesus verherrlicht zu sehen und den Lohn seines Opfers zu empfangen.

Der Psalm 133 trägt den Titel »Ein Lob der brüderlichen Eintracht«. Er spricht sehr einfach und schlicht davon, wie die Kirche zur Einheit finden wird:

> »Seht doch, wie gut und schön ist es, wenn Brüder miteinander in Eintracht wohnen. Das ist wie köstliches Salböl, das vom *Kopf* hinabfließt auf den Bart, auf Aarons Bart, das auf sein Gewand hinabfließt. Das ist wie der Tau des Hermon, der auf den Berg Zion niederfällt. Denn *dort* spendet der Herr Segen und Leben in Ewigkeit« (Hervorhebung durch den Autor).

Aaron steht als biblisches Sinnbild für Christus, den Hohenpriester Gottes. Wenn wir Jesus, das Haupt, durch unseren Lobpreis und unsere Anbetung salben, werden wir erleben, wie das Öl herabfließt, bis es den ganzen Körper bedeckt und uns in diese gute und angenehme Einheit führt. Die Kirche wird nie zu dem werden, wozu sie berufen ist, wenn sie ihre Aufmerksamkeit nicht von sich weg- und auf den Herrn hinwendet. Wir alle haben den Tempel des Herrn geehrt, statt den Herrn des Tempels zu ehren. Was nützt uns der herrlichste Tempel, wenn der Herr nicht darin wohnt? Wenn er darin wohnt, wird unsere Aufmerksamkeit nicht auf den Tempel gerichtet sein! Die Herrlichkeit führt die Veränderung herbei. Die Herrlichkeit führt zur Einheit. Es ist die Herrlichkeit des Herrn, für den der Tempel gebaut wurde, und seine Herrlichkeit wird diesen Tempel ausfüllen.

Das Vorbild für echte Dienerschaft

Johannes der Täufer war vielleicht das vollendetste Vorbild für echte geistliche Dienerschaft. Sein ganzes Leben war der Aufgabe gewidmet, auf das Lamm hinzuweisen und ihm den Weg zu bereiten. Nachdem Johannes der Täufer Johannes und Andreas auf Jesus hingewiesen hatte, gingen sie dem Herrn nach. Jesus wandte sich um und stellte ihnen eine Frage, die wichtigste Frage ihres Lebens: »Was wollt ihr?« (Joh 1,38). Was suchen wir, wenn wir Jesus nachfolgen? Heilung? Wohlstand? Anerkennung? Ewiges Leben? Suchen wir nur einfach inneren Frieden? Diese beiden ersten Jünger Jesu beantworteten seine Frage mit einer sehr passenden Antwort: »Rabbi, wo wohnst du?« (Vers 38).

Wo ist dieser Ort, an dem der Herr Wohnung nehmen kann? Es gibt viele Orte, die der Herr segnen kann. Es gibt noch ein paar mehr, wo Jesus wirklich erscheinen kann. Wo ist dieser Ort, an dem Jesus Wohnung nehmen kann? Der Menschensohn sucht immer noch nach einem Ort, an dem er sein Haupt niederlegen kann – einem Ort, an dem er das Haupt sein kann. Vieles, was wir als seine Kirche bezeichnen, ist in Wirklichkeit nicht mehr als ein Franchise-Unternehmen. In der Mehrzahl haben wir Tempel für Menschen gebaut, statt dem Herrn einen Tempel zu bauen. Wo ist sein Tempel? Wo ist seine Wohnung?

Woodrow Wilson hat einmal darüber gesprochen, wie man von seinen zweitrangigen Erfolgen geschlagen werden kann. Das Gute kann zum schlimmsten Feind des Besten werden. Wir können den Gesamtzweck eines einzelnen Aspektes der Kirche nicht verstehen, solange wir nicht verstanden haben, daß es nur eine Kirche gibt. Sie findet ihre Identität nicht durch Lehrmeinungen, sondern durch die geographische Lage. Die Vision von der »Stadt-Gottes-Kirche« breitet sich gegenwärtig fast im ganzen Leib Christi aus. Es wird Zeit, daß sich diese Vision erfüllt. Wenn der Herr wiederkehrt, wird es nur eine Braut geben und keinen Harem. Doch dies wird nicht geschehen, wenn die Vision von der Einheit der Kirche unser erstes Ziel ist. Wir müssen unseren Blick ganz auf die Vision des Vaters konzentrieren, für den alle Dinge in seinem Sohn – nicht in der Kirche – zusammengefaßt sind. Die Kirche ist nur Mittel zum Zweck; sie ist Gottes sekundäres Ziel. Die Kirche wurde geschaffen, um den Sohn zu erheben und um der Ort zu sein, an dem Jesus Wohnung nehmen kann.

Ich habe immer wieder die Vision eines Pfarrers. Wenn der Pfarrer seine Aufmerksamkeit auf den Herrn lenkt, versammelt sich eine große Menge um ihn. Jedesmal, wenn er seine Aufmerksamkeit vom Herrn weglenkt, um die Menschen anzuschauen, zerstreut sich die Menge. Die Menschen kommen, um Jesus zu sehen, nicht uns. Kämen sie unseretwegen, so wären sie betrogen und irregeführt. Vielleicht können wir durch unsere Persönlichkeit oder unsere Fähigkeiten Menschenmassen anziehen, doch Jesus allein kann Menschen aus den richtigen Motiven heraus versammeln und sie zu seiner Wohnung machen. Der Herr hat gesagt, er werde seine Kirche bauen. Nur eine Gruppe, die allein um des Herrn willen zusammengekommen ist, kann zur wirklichen Kirche werden.

Das Gelobte Land

Es gibt einen Grund dafür, daß wir aus Ägypten herausgerufen wurden. Wir sollen in der Wüste all das lernen, was wir brauchen, um das Gelobte Land zu erobern. Wir nehmen die Verheißungen Gottes normalerweise persönlich, und das ist sicherlich nicht falsch. Doch wenn wir an Reife gewinnen, wächst unser Interesse daran, daß der Herr sein Erbe durch die Kirche bekommt. Wir sind nicht mehr so sehr damit beschäftigt, was wir persönlich gewinnen können. Die Heiden sind die Erbschaft des Herrn, und die Enden der Erde sind sein Besitz (vgl. Ps 2,8). Wunderbarer noch als unser persönlicher Wohlstand ist es, die Erlösung der Verlorenen mitzuerleben. Es war kein Zufall, daß das Volk Israel in der Zeit der Ernte ins Gelobte Land übersetzte (vgl. Jos 3,15). Wenn die Kirche ihr Erbe antritt, wird die größte Ernte beginnen, die die Welt je gesehen hat.

Im Buch Josua finden wir eine Art Skizze, wie auch wir in unser Erbe eintreten und die Verheißungen Gottes einnehmen können. Der Jordan steht in der Bibel oft als Repräsentant des Todes, weil er sich in das Tote Meer ergießt. Darum haben sowohl Johannes der Täufer als auch Jesus dort getauft. Paulus sagt: »Das aber geschah an ihnen, damit es uns als Beispiel dient; uns zur Warnung wurde es aufgeschrieben, uns, die das Ende der Zeiten erreicht hat« (1 Kor 10,11). Die Bibel berichtet: »Der Jordan war aber während der ganzen Erntezeit über alle Ufer getreten« (Jos 3,15), als das Volk Israel den Fluß überquerte, um sein Erbteil zu betreten. Dies ist ein Zeugnis dafür, daß der Tod gerade in der Zeit der Ernte und in dem Moment, wo wir unser Erbe antreten, überfließend sein wird. Dies bekräftigt das Zeugnis des Herrn, daß am Ende der Zeiten die Ernte steht, daß dies aber auch die Zeit der schlimmsten Schwierigkeiten sein wird, die die Welt je gekannt hat (vgl. Mt 13,39; 24,1-44). Doch trotz der Warnungen vor Verfolgung dürfen wir Mut fassen. In dem Augenblick, als die Priester, die die Bundeslade trugen, mit ihren Füßen das Wasser des Jordans berührten, »da blieben die Fluten des Jordan stehen. Das von oben herabkommende Wasser stand wie ein Wall in weiter Entfernung, *bei der Stadt Adam*« (Jos 3,16; Hervorhebung durch den Autor). Wenn wir uns schließlich hinter der Bundeslade Gottes, das heißt hinter Jesus, einreihen, der den Jordan bereits zweitausend Ellen, das heißt Jahre, vor uns betreten hat (Vers 4), dann wird jede Folge der Sünde bis zurück in die Zeit Adams besiegt werden.

Demut kommt vor der Erhöhung

Nachdem Israel den Jordan überquert hatte, durfte das Volk erst weiterziehen, als alle jungen Männer, die in der Wüste geboren worden waren, beschnitten waren. Die Beschneidung deutet auf das Entfernen des Fleisches oder der fleischlich gesinnten Natur hin. Die Beschneidung wurde in Gilgal, nicht weit von den Mauern Jerichos, durchgeführt. Durch diese Beschneidung wurde Israel vor dem Feind gedemütigt und geschwächt. Bedenken Sie, was der Kirche in den letzten Jahren widerfahren ist! Es fällt nicht leicht, Demütigungen zu ertragen; doch was auch immer geschehen ist, es ist Teil des Plans. Bevor wir die Festungen erobern können, durch die wir unser Land einnehmen sollen, ist eine Demütigung unumgänglich. Petrus hat die frühen Christen ermahnt: »Beugt euch also in Demut unter die mächtige Hand Gottes, damit er euch erhöht, wenn die Zeit gekommen ist« (1 Petr 5,6).

Um seines Volkes willen hat der Herr die Israeliten immer wieder gedemütigt, bevor er sie erhöht hat. Er machte Josef zum Sklaven und brachte ihn ins Verließ, bevor er ihn zu einem der mächtigsten Männer der damaligen Zeit machte. Die Israeliten wurden jahrhundertelang von den Ägyptern versklavt, bevor Gott unter ihnen Wohnung nehmen und durch dieses Volk seine Macht erweisen konnte. David mußte in Höhlen leben und jahrelang vor dem Volk fliehen, über das er herrschen sollte. Die Demütigungen, die das Volk Gottes in jüngster Zeit erlebt hat, waren eine Beschneidung. Gott hat uns vor unseren Feinden gedemütigt und schwach gemacht, kurz bevor wir das Land einnehmen, in dem heute noch der Feind lebt. Wir sollten dieses Mal unsere Lektion lernen! Gott möchte uns Macht und Autorität geben. Doch wenn wir diese Autorität mit Stolz empfangen, wird sie nur zu unserem Fall führen.

Nach der Beschneidung feierten die Israeliten ihr erstes Paschafest im Gelobten Land. »Als unser Paschalamm ist Christus geopfert worden« (1 Kor 5,7). Durch das Paschaopfer wurden sie aus der Sklaverei in Ägypten befreit – und das Paschaopfer Christi wird auch uns von unserem inneren »Ägypten« befreien. Die Israeliten feierten das Paschafest, als sie in ihr Gelobtes Land einzogen. Das Paschaopfer Christi macht es uns möglich, in die Verheißungen Gottes einzutreten. Das Kreuz führt uns heraus und es führt uns hinein. Das Kreuz steht am Anfang unseres Weges und das Kreuz wird auch an dessen Ende stehen. Das Kreuz Jesu erreicht alles für sein Volk. Wenn wir wirklich soweit gekommen sind, werden wir bald in der ganzen Kirche entdecken, daß das Kreuz und die Tatsache, daß Jesus unser Paschalamm ist, wieder wichtig genommen werden.

Nach der Beschneidung und der Feier des Paschafestes war Israel soweit, daß es den befestigten Städten – den Festungen des Feindes in dem Land, das Israel besitzen sollte – entgegentreten konnte. Auch die Kirche ist bald an diesem Punkt. Jetzt ist die Zeit, in der wir die Festungen des Feindes, die Barrieren unserer geistlichen Städte, angreifen sollen. Randall Worley, ein Pfarrer aus Charlotte, North Carolina, machte einmal eine tiefsinnige Bemerkung über die Mauern, die wir einreißen sollen. Er sagte: »Wir überschreiten mit Leichtigkeit die physischen Mauern unserer Stadt, das heißt unsere Stadtgrenze, und gehen ein und aus. Doch wir durchdringen nur selten die geistlichen Mauern der Stadt wie Stolz, Vorurteile, Ablehnung, Rebellion, Zügellosigkeit und andere geistliche Barrieren. Wie die Israeliten Jericho umringt haben, ruft der Herr sein Volk heute, die Festungen des Feindes um unsere Stadt zu umringen und zum Einsturz zu bringen.«

Die Mauern werden fallen

Diese Mauern und geistlichen Festungen werden fallen, wenn wir die gleiche Strategie anwenden, die auch Josua benutzte. Erst umkreiste er die Stadt mit mächtigen Kriegern (vgl. Jos 6,3). Die »geistlichen Krieger« sind Menschen, die von Gott Autorität bekommen haben und mächtig im Gebet sind. (Einige der gewaltigen Krieger Gottes sind Frauen.) In Gottes Augen sind einige unauffällige Männer und Frauen, die verborgen in ihrer Kammer im Heiligen Geist und in der Kraft beten, gewaltiger als die auffälligen und wortgewandten Prediger, die vielleicht unsere Aufmerksamkeit auf sich lenken. Was immer auf der Kanzel erreicht wird, kann nur mit Hilfe des Gebetes hinter der

Kanzel geschehen. Wenn wir unsere Städte mit dem Evangelium erreichen wollen, das die Menschen aus den Festungen des Feindes befreit, so müssen wir zuerst unsere Stadt von denen umringen lassen, die in Gottes Augen mächtig sind. Die Fürbitte war schon immer eines der fruchtbarsten Unterfangen der Kirche, und dies wird auch immer so bleiben. Der Herr hat gesagt, seine Kirche werde »ein Haus des Gebetes für alle Völker« sein. Es ist gut, wenn wir lernen, für unsere eigenen Anliegen zu beten, aber wir müssen so viel Reife gewinnen, daß wir nicht nur für uns selbst, sondern für alle Völker beten – für unsere Städte, unsere Schulen, unsere Regierung und dann auch für die Städte, Schulen und Regierungen anderer Länder und so weiter ...

Nachdem Jericho von den Kriegern umkreist worden war, umkreiste Josua es noch einmal mit den Priestern (vgl. Vers 4). Die Fürbitte führt zu einer Einheit der Leiterschaft. Die Leiter der Gemeinden werden dann die Stadt umringen. Die Priester trugen ihre eigenen Trompeten und Widderhörner, ein Symbol für ihre Botschaft. Nun kam diese Botschaft von einer großen Gemeinschaft, nicht nur von einzelnen. Die Priester trugen auch die Bundeslade, Symbol für die Herrlichkeit und Gegenwart Gottes. Wenn der Herr nicht mit uns zieht, dann wird selbst die biblisch korrekteste Strategie nichts erreichen. Wir sind nicht dazu aufgerufen, Formeln und Prinzipien zu folgen – wir sind aufgerufen, dem Herrn zu folgen, der sie gegeben hat.

Nachdem die Priester Jericho umkreist hatten, schloß sich ihnen das ganze Volk an, jeder einzelne Stamm (vgl. Vers 7). Die Fürbitte, die die Stadt umringt, wird zu einer Leiterschaft führen, die ihrerseits die Stadt umringt. Diese beiden Dinge werden schließlich zu einem geeinten Ruf der Verkündigung führen, wenn das Volk den Fürbittern und Leitern folgt. Dieser vereinte Ruf der Proklamation durch das ganze Volk wird die geistlichen Mauern zum Einsturz bringen.

Er weint noch immer über die Städte

Wie gesagt, als Jesus nach Jerusalem kam, weinte er nicht über den Tempel, er weinte über die Stadt. Als Ezechiel in einer Vision nach Jerusalem geführt wurde, folgte er dem Befehl, diejenigen für die Erlösung zu kennzeichnen, die über die Greuel der Stadt weinten. Auch heute scheint der Herr diejenigen zu kennzeichnen, die über ihre Stadt weinen, und er gibt ihnen geistliche Autorität über die Stadt.

Es gibt heutzutage viele Zeugnisse darüber, welchen Einfluß das Gebet über die geistlichen Festungen in unseren Städten zu nehmen beginnt. In Iowa gibt es eine Stadt, in der sich alle Ärzte weigern, Abtreibungen durchzuführen. Dies gelang ohne irgendein Gesetz. Es gibt eine kleine Stadt in Kalifornien, in der eine kleine Gruppe von Verantwortlichen darum gebetet hat, daß der Herr dem Geschäft mit der Prostitution Einhalt gebieten möge. Einige Tage später schrieb die Lokalzeitung, daß die Prostituierten »aus unbekannten Gründen« die Stadt verließen. Eines Tages spürten Francis Frangipane und ich uns geführt, mit einer Gruppe von Leitern aus der Gegend von Washington, D. C. zu beten. Wir baten den Herrn, die Festungen des Betrugs in der Stadt Washington zu brechen, insbesondere, da der Betrug durch den Drogenhandel an Macht gewonnen hatte. In derselben Nacht wurde der Bürgermeister von Washington bei einer Drogenrazzia verhaftet. Am nächsten Morgen stand in den Zeitungen, daß die Drogenfahnder seit Jahren versucht hatten, den Bürgermeister zu verhaften, doch der hatte sich »geschickt hinter Betrügereien versteckt«. Wir nehmen nicht an, daß hier ein Herrschaftsreich zerstört wurde, aber das vereinte Gebet dieser Leiter riß den Mantel des Betrugs fort und enthüllte etwas von dem Betrug, der in der Stadt herrscht. Wenn die Gemeinden in diesem Gebiet weiterbeten und weiter zur Einheit finden, werden wir eines Tages erleben, daß in dieser Stadt eine leidenschaftliche Liebe zur Wahrheit herrscht, die den Geist des Betrugs, der heute in dieser Stadt die Macht hat, überwindet.

Wir sollen nicht anmaßend sein. Die gewaltigsten Fürstentümer sind noch nicht bezwungen. Einige Festungen wurden jedoch beschädigt, und viele Verantwortliche in den Gemeinden erkennen die große geistliche Autorität, die eine geeinte Kirche besitzt. Dies sind nur die kleinen Anfänge einer militanten Kirche, die die Pforten der Hölle angreift; Pforten, mit denen sich die Hölle zu unseren Städten, Gemeinden, Familien, zu unserem ganzen Leben Zugang verschafft. Der Herr hat Israel verheißen: »Fünf von euch werden hundert verfolgen, hundert von euch werden zehntausend verfolgen« (Lev 26,8). Die Einheit vervielfacht unsere geistliche Autorität.

Als Israel ins Gelobte Land einzog, durfte keiner der Stämme den Kriegsdienst verlassen, bevor nicht alle Stämme ihr Land eingenommen hatten. Für die Kirche gilt das gleiche. Wir sollen nicht aufhören zu kämpfen, bis alle unsere Brüder ihr Erbe erlangt haben, egal, zu welchem Stamm, zu welchem Bekenntnis sie gehören. Was die Kirche angeht, so trifft das Sprichwort mit Sicherheit zu: »Einer für alle, und alle für einen.«

Kapitel 8

Das himmlische Manna und die Sabbatruhe

Halten wir inne und betrachten wir noch einmal den Weg, den das Volk Israel bis hierhin zurückgelegt hat. Direkt nach der »Taufe« im Roten Meer folgten weitere wichtige Prüfungen. Erst mußte das Volk drei Tage ohne Wasser leben. Die erste Wasserstelle, an die sie kamen, hatte nur bitteres Wasser. Wie beim Volk Israel werden auch wir nach unserer Taufe zuerst einmal lernen müssen, das bittere Wasser in trinkbares zu verwandeln. Das ist typisch für den Weg, den der Heilige Geist mit uns geht. Wenn wir Dürre erleben, bekommen wir einen verzweifelten Durst nach dem reinen Wasser des Wortes Gottes. Wenn es so aussieht, als könnten wir nicht mehr, dann erreicht uns das Wort, aber es ist oft bitter oder hart. Dies kann mehr sein, als wir meinen, ertragen zu können. Nach großen Prüfungen wollen wir reine, erfrischende Ermutigung, doch das ist nicht immer das, was wir brauchen. Was immer Gott uns auch geben mag, es ist das, was wir wirklich brauchen. Je größer die Prüfungen, die wir durchstehen, um so schneller können wir ins Gelobte Land gelangen.

In der modernen westlichen Gesellschaft, wo Komfort, Bequemlichkeit, Sicherheit und Frieden inzwischen als Grundrechte gefordert werden, ist es fast unmöglich geworden zu verstehen, daß Gott zu unserem Wohl Schwierigkeiten einplant. Gottes immer wieder bezeugtes Handeln ist eine Herausforderung für die moderne Theologie, die zu dem Zweck entwickelt wurde, unsere vermeintlichen Rechte widerzuspiegeln. Selbst wenn die Menschen nach Frieden und Sicherheit schreien, werden am Ende dieses Zeitalters die bisher größten Schwierigkeiten über diese Welt hereinbrechen. Wer eine Theologie besitzt, die ihm versichert, er werde aus der großen Trübsal herausgenommen, sollte sich bewußt machen, daß der Herr gesagt hat, die kommenden Schwierigkeiten seien erst der Anfang der Geburtswehen. Selbst wenn wir aus der eigentlichen Zeit der großen Trübsal herausgenommen werden, so wird doch der Anfang der Geburtswehen mehr sein, als das theologische System dieser merkwürdigen neuen Art von Christen, die meinen, es dürfe ihnen nichts Böses passieren, fassen kann. Im allgemeinen dürfte die heutige Kirche der westlichen Welt unter allen Völkern auf Erden am wenigsten auf die Zeiten vorbereitet sein, die vor uns liegen.

Petrus hat erklärt: »Denn jetzt ist die Zeit, in der das Gericht beim Haus Gottes beginnt« (1 Petr 4,17). Das griechische Wort, das hier mit Gericht übersetzt wurde, heißt *krisis*. Von ihm stammt auch das Wort »Krise« ab. In einem Bedeutungswörterbuch wird unter anderem folgende Definition für Krise gegeben: »der Punkt bei einer Erkrankung, an dem sich entscheidet, ob der Patient leben oder sterben wird.« Alle Prophetien des Alten und des Neuen Testamentes über die Endzeit bezeugen, daß dieses Ende von den schlimmsten Schwierigkeiten seit Erschaffung der Welt begleitet sein wird. Diese Schwierigkeiten werden bei der Kirche beginnen! Diese Schwierigkeiten sind keine Bestrafung. Sie sollen uns vorbereiten, damit wir diese Zeit nicht nur durchstehen können, sondern auch als Lichter inmitten der großen Finsternis scheinen. Die Kirche ist dazu berufen, das Licht der Welt zu sein. Man braucht kein Licht, solange es hell ist. Je größer die Dunkelheit wird, um so heller scheint das Licht. Jesaja bestätigt dies:

> »Auf, werde licht, denn es kommt dein Licht, und die Herrlichkeit des Herrn geht leuchtend auf über dir. Denn siehe, Finsternis bedeckt die Erde und Dunkel die Völker, doch über dir geht leuchtend der Herr auf, seine Herrlichkeit erscheint über dir« (Jes 60,1-2).

Gerade in einer Zeit, in der Finsternis die Erde bedeckt und Dunkel die Völker, erscheint Gottes Herrlichkeit und leuchtet über seinem Volk. Wir können niemanden aus dem Treibsand herausziehen, solange wir selbst noch keinen festen Boden unter den Füßen haben. Das Gericht (oder die Krise), das bei der Kirche beginnt, soll unser Leben fest auf das Reich Gottes gründen, welches nicht erschüttert werden kann. Wenn dann die ganze Erde erschüttert wird, werden wir fest stehen wie ein Leuchtturm im Nebel oder ein Licht auf einem Berg. Die Kirche hat die Berufung, in der undurchdringlichen Finsternis den Weg zu weisen. Nur die Kirche wird das Licht besitzen.

Die Probleme haben einen Zweck! Der Herr hat uns nicht dazu berufen, daß wir es uns gemütlich machen und reich werden und dann als Bonus noch das ewige Leben bekommen. Wir sollen stark sein im Glauben und in der moralischen Integrität, durch die die Finsternis unserer Zeit zurückgedrängt wird, egal, ob wir in der großen Trübsal leben oder nicht. Durch unsere Wüstenerfahrungen wird unser Glaube an Gott so sicher gegründet und gestärkt, daß wir fest bleiben, weil nicht die Welt unsere Quelle ist. Lassen Sie es mich noch einmal sagen: Wenn wir durch die Wüste hindurchkommen und die Verheißungen erben wollen, dann dürfen wir unsere Chance der Prüfungen nicht vergeuden!

Der Herr antwortete voller Geduld, als sich das Volk Israel wegen des bitteren Wassers beklagte. Er gab ihnen einen Baum, damit sie das Wasser süßen konnten. Dann führte er sie zu den zwölf Wasserquellen und ließ sie dort rasten. Offensichtlich dachten nun einige, sie wüßten, wie man mit diesem Gott umgehen muß: Sie mußten einfach nur ein bißchen klagen und dann würden sie bekommen, was sie wollten. Doch da lagen sie falsch! Der Herr hat viel Geduld mit uns. Er wird uns oft geben, worum wir ihn bitten, selbst dann, wenn wir nicht auf die richtige Art gebeten haben. Doch das bedeutet nicht, daß wir die Probe bestanden haben. Wie Francis Frangipane beobachtet hat: »Es ist eigentlich nicht so, daß wir bei den Prüfungen Gottes durchfallen; wir wiederholen sie nur so oft, bis wir sie geschafft haben!« Ob man es nun ein Versagen nennen sollte oder einfach festhalten, daß die Israeliten die Prüfung nicht bestanden hatten, sie mußten die Prüfung auf jeden Fall wiederholen. Und so wird es auch bei uns sein, wenn wir auf unsere Prüfungen mit Klagen reagieren. Es wäre in Ordnung gewesen, wenn die Israeliten um Wasser gebeten hätten. Doch niemand kommt durch Murren ins Gelobte Land, selbst wenn die Situation noch so sehr dazu ermuntert. Im besten Fall führt Murren und Klagen zu einem Umweg, und wir müssen noch länger unterwegs sein.

Nachdem das Volk seinen Durst mit dem trinkbaren Wasser gestillt hatten fiel den Israeliten auf, daß sie auch Hunger hatten. Das Klagen schien beim letzten Mal funktioniert zu haben, also versuchten sie es wieder. Natürlich beklagten sie sich nicht direkt beim Herrn, sondern bei Mose und Aaron. Der Herr ließ sich dadurch nicht umgehen, ebenso wenig wie er sich von uns austricksen läßt, wenn wir dies versuchen. Mose antwortete dem Volk: »Wenn der Herr ... also euer Murren hört, mit dem ihr ihn bedrängt, was sind wir dann? Nicht uns galt euer Murren, sondern dem Herrn« (Ex 16,8). Unabhängig von unseren Schwierigkeiten ist der Herr der Herr über alle. Nichts kann uns geschehen, das er nicht zuläßt. Der Feind kann keinen einzigen Schlag landen, den Gott nicht sehen würde. Alle Klage richtet sich eigentlich gegen den Herrn, egal gegen wen oder was sie sich richtet. Alle Klage ist Rebellion gegen ihn und das Werk, das er in uns vollenden will.

Das Klagen mag vielleicht dazu führen, daß wir einer Prüfung entgehen, aber es bedeutet keinen Sieg. Der Herr gab dem Volk Manna und Fleisch, so wie sie es erbeten hatte, doch diese Generation ging den Weg weiter, der zu ihrem Tod führte, ohne daß sie auch nur einen Fuß in das Gelobte Land gesetzt hätte. Jede Prüfung in der Wüste war eigentlich eine Chance, um im Glauben zu wachsen. Wieder und wieder vergaben sie ihre Chancen.

Gottes wunderbare Fürsorge ist nicht immer eine Bestätigung dafür, daß wir auf dem richtigen Weg sind oder daß unser Glaube das Wunder erlangt hätte. Echter Glaube kann sogar dazu führen, daß Gottes Fürsorge eine Zeitlang ausbleibt. Denn die Prüfungen und die Läuterung des Glaubens sind wertvoller als die Sofortbefriedigung, die wir womöglich suchen. Die Schrift bezeugt, daß die Prüfungen der Gläubigen sogar noch intensiver sein können als die der Ungläubigen, weil Gott die, die Glauben haben, zu noch größeren Siegen und noch mehr geistlicher Reife führen möchte. Die große Masse, die »mit dem Herrn geht«, läuft oft nur im Kreis. Wir marschieren immer wieder durch die gleiche Wüste. Manche erkennen vielleicht, was vor sich geht, nachdem sie mehrere Male den gleichen Weg gekommen sind. Viele erkennen es jedoch nie und glauben vielleicht sogar, sie seien bereits im Gelobten Land, weil sie soviel Manna und wunderbar hervorgebrachtes Wasser empfangen. Die Zeichen, die den richtigen Weg kennzeichnen, sind für jemanden mit geistlicher Reife klar zu erkennen. Doch für den geistlich unreifen Menschen scheinen die gleichen Zeichen oft auf ein gefährliches Abweichen vom richtigen Kurs hinzudeuten, weil es auf dem richtigen Weg nur so wenige Fußspuren gibt. Der Herr Jesus hat uns gewarnt:

> »Geht durch das enge Tor! Denn das Tor ist weit, das ins Verderben führt, und der Weg dahin ist breit, und viele gehen auf ihm. Aber das Tor, das zum Leben führt, ist eng, und der Weg dahin ist schmal, und nur wenige finden ihn« (Mt 7,13-14).

Das Manna

Auch Jesus hat gezeigt, daß das Manna, das Israel bekam, als ein Sinnbild auf ihn selbst hinweist. »Ich bin das Brot des Lebens. Eure Väter haben in der Wüste das Manna gegessen und sind gestorben. So aber ist es mit dem Brot, das vom Himmel herabkommt: Wenn jemand davon ißt, wird er nicht sterben. Ich bin das lebendige Brot, das vom Himmel herabgekommen ist.

Wer von diesem Brot ißt, wird in Ewigkeit leben« (Joh 6,48-51). Jesus ist der einzige, der den eigentlichen Hunger des Herzens stillen kann. Er ist der Baum des Lebens, von dem wir uns eigentlich seit Anbeginn ernähren sollten. Die Wüste ist ein sehr schwieriger Ort, doch dort lernen wir, tagtäglich an Jesus Anteil zu haben.

Jeden Morgen gab Gott den Israeliten frisches Manna. Es mußte jeden Tag neu gesammelt werden und konnte nicht länger als einen Tag aufbewahrt werden, außer am Tag vor dem Sabbat, denn am Sabbat fiel kein Manna vom Himmel. Wenn jemand versuchte, das Manna länger als einen Tag aufzubewahren, so wurde es schlecht. Wer viel sammelte, hatte zuviel, und wer wenig sammelte, hatte genug. Jesus ist das Brot vom Himmel, und dies ist ein Zeugnis für uns, daß wir jeden Tag neu an ihm Anteil haben müssen. Es hat keinen Sinn, wenn jemand versucht, so viel von Jesus anzusammeln, daß es auch für die Tage reichen wird, an denen er Jesus nicht suchen möchte. Solches Brot vergammelt nur.

Was für das Brot gilt, das wir vom Himmel her sammeln, gilt ebenso für das Brot, das wir als Diener des Wortes austeilen. Wenn wir an dem frischen Manna vom Himmel Anteil haben, dann haben wir auch frisches Manna für die, denen wir dienen. Das soll nicht unbedingt heißen, daß wir bei jeder Predigt ein anderes Wort oder eine neue Botschaft haben müssen. Manche Botschaften müssen viele Male gepredigt werden, bevor sie geläutert sind. Der Psalmist verkündet: »Die Worte des Herrn sind lautere Worte, Silber, geschmolzen im Ofen, von Schlacken geschieden, geläutert siebenfach« (Ps 12,7). Manche Worte werden um so reiner und durchdringender, je öfter sie gepredigt werden. Doch wir müssen trotzdem jedesmal neu zum Herrn kommen und das Wort von ihm nehmen. Sonst wird es nicht frisch, sondern alt und verdorben sein. Wie frisch die Botschaft ist, die wir predigen, wird davon bestimmt, wie frisch die Salbung ist, die wir durch die Gegenwart Gottes erhalten. Unsere Botschaft wird nur dann frisch sein, wenn wir unser Leben mit dem Herrn immer wieder erfrischen. Wie geschieht dies? Einen Schlüssel dazu erkennen wir in der nächsten Lektion, die Israel in der Wüste bekam.

Die Sabbatruhe

Nachdem der Herr das Volk Israel mit Manna versorgt hatte, gab er ihnen zum ersten Mal Anweisungen, den Sabbat zu halten (vgl. Ex 16,22-29). Das war kein Zufall. Wenn wir lernen, die Ruhe des Herrn einzuhalten, so ist dies der Schlüssel, durch den wir frisches Manna vom Himmel erhalten.

Gott ruhte am siebten Tag der Schöpfung. Er richtete es so ein, daß auch sein Volk am letzten Tag der Woche ruhen sollte. Über viertausend Jahr lang ist die Einhaltung des Sabbats der Angelpunkt der jüdischen Religion und Kultur gewesen. Dies zeigt, wie wichtig der Sabbat ist. Der Herr sagte zu Israel: »Ihr sollt meine Sabbate halten; denn das ist ein Zeichen zwischen mir und euch von Generation zu Generation, damit man erkennt, daß ich, der Herr, es bin, der euch heiligt« (Ex 31,13).

Nachdem Gott die Schöpfung vollendet hatte, wird berichtet: »Und Gott segnete den siebten Tag und erklärte ihn für heilig; denn an ihm ruhte Gott, nachdem er das ganze Werk der Schöpfung vollendet hatte« (Gen 2,3). Das einzige, was den siebten Tag von den übrigen unterschied, war, daß Gott an diesem Tag ruhte. Nicht der Tag ist heilig; die Ruhe Gottes ist heilig. Hätte Gott beschlossen, an einem anderen Tag zu ruhen, so wäre dieser Tag heilig gewesen. Gott ist es, der heiligt, nicht irgendein Tag. Die Ruhe liegt nicht im Tag begründet, sondern in Gott. Wenn wir die Ruhe achten, so bleiben wir in ihm. Gott hat sich nicht ausgeruht, weil er müde war. Jesaja sagt: »Der Herr ist ein ewiger Gott, der die weite Erde erschuf. Er wird nicht müde und matt, …« (Jes 40,28). Gott gab dem Sabbat Ruhe, nicht der Sabbat Gott. Die Ruhe ist in Gott, sie liegt nicht am Tag.

Die Taufe ist ein Ritual, mit dem wir unsere Bereitschaft erklären, unser Leben und unsere eigenen Interessen hinzugeben, um für Gott zu leben. Auch der Sabbat hat eine symbolische Bedeutung, die tiefer geht als die, an einem Tag der Woche nicht zu arbeiten. Der Verfasser des Hebräerbriefs vergleicht das Eintreten in die Ruhe Gottes mit dem Einzug in das Gelobte Land (vgl. Kapitel 3 und 4). Er erklärt: »Denn wer in das Land seiner Ruhe gekommen ist, der ruht auch selbst von seinen Werken aus, wie Gott von den seinigen« (Hebr 4,10).

Der Mensch wurde am Ende des sechsten Tages geschaffen. Adam war das letzte Werk Gottes, bevor Gott ruhte. Adams erster Tag war eigentlich Gottes siebter Schöpfungstag. Daher mußte Adam in die Ruhe Gottes eintreten, um in die Gemeinschaft mit Gott eintreten zu können. Dies ist der Kernpunkt des Sabbats. Der Sabbat ist nicht nur zum Ausruhen gedacht. Wir sollen in die Gemeinschaft mit Gott eintreten und in die Ruhe und Erfrischung, die seine Gemeinschaft uns schenkt.

Als Adam geschaffen wurde, hatte Gott die Aufgabe der Schöpfung bereits vollendet. Es gab für Adam nicht anderes zu tun, als die Schöpfung zu genießen und sich am Herrn zu freuen. Wenn wir den Sinn, den das Gelobte Land für Israel gehabt hat, völlig verstehen wollen, müssen wir Gottes eigentliches Ziel verstehen: Er wollte den Menschen an den Ort zurückführen, an dem dieser gefallen war. Dieser Ort war das Paradies, in dem Gott herrschte und innige Gemeinschaft mit den Menschen und seiner Schöpfung hatte. Das Gelobte Land der Israeliten ist ein prophetisches Sinnbild für die Wiederherstellung der Erde, die während der Herrschaft Christi eintreten wird. Doch zuvor müssen wir noch einen Krieg führen, um das Land einzunehmen. Vieles an der heutigen Theologie des Wohlstands und des Friedens ist biblisch korrekt, doch es ist noch nicht der richtige Zeitpunkt dafür. Diese Theologie ermuntert zu dem Versuch, im Gelobten Land zu leben, bevor die Riesen vertrieben worden sind. Der Herr benutzt die Wüstenerfahrungen, um uns auf den Kampf vorzubereiten, der nötig ist, damit wir die Verheißungen und den darauffolgenden Frieden bekommen können. Sowohl die Wüste als auch der Kampf erfordert Glauben, geistliche Kraft, moralische Reinheit und eine innige Beziehung zum Herrn.

Wiederherstellung und Erlösung

Wir sind durch den Sohn und auf ihn hin (vgl. Kol 1,16) geschaffen sowie als sein Bild (Gen 1,26). Dies faßt den eigentlichen Zweck der Schöpfung zusammen. Als wir beschlossen, nicht für Gott, sondern für uns selbst zu leben, haben wir das Bild, auf das hin wir geschaffen wurden, verzerrt. Unser ganzes Ziel ist nun, wieder in das Bild des Sohnes verwandelt zu werden. Diesen Prozeß nennt man Wiederherstellung, und die Erlösung ist ein Teil davon. Dies müssen wir verstehen, wenn wir jemals aufhören wollen, aus eigener Anstrengung heraus zu leben, und in das eintreten wollen, was Gott bereits erreicht hat.

In der ersten Predigt, die in der Geburtsstunde der Kirche gehalten wurde, faßte Petrus die Wiederherstellung in einer kurzen Aussage zusammen:

> »Also kehrt um, und tut Buße, damit eure Sünden getilgt werden und der Herr Zeiten des Aufatmens kommen läßt und Jesus sendet als den für euch bestimmten Messias. Ihn muß freilich der Himmel aufnehmen bis zu den Zeiten der *Wiederherstellung von allem*, die Gott von jeher durch den Mund seiner heiligen Propheten verkündet hat (Apg 3,19-21; Hervorhebung durch den Autor).

Es ist Gottes Absicht, schließlich alle Dinge wiederherzustellen. Was bedeutet das? Wenn wir dies auch nur im Ansatz verstehen wollen, müssen wir das Gesamtbild der biblischen Erzählungen erfassen.

Die beiden ersten und die beiden letzten Kapitel der Bibel stellen eine zusammengehörige Geschichte dar. Im ersten Kapitel von Genesis besitzt der Mensch eine einzigartige Stellung und Beziehung zu Gott. Im Kapitel 3 verliert er diese Stellung und Beziehung durch seine Rebellion. Der gesamte Rest der Bibel, mit Ausnahme der beiden letzten Kapitel, befaßt sich damit, daß der Mensch wieder in diese Position und Beziehung zurückversetzt wird, die er verloren hat. In den letzten beiden Kapiteln ist diese Wiederherstellung vollendet. Die folgende Tabelle zeigt die wichtigsten Punkte der Trennung und der Wiederherstellung:

Trennung und Wiederherstellung

Genesis 1 Gott lebt mit den Menschen in einer innigen Beziehung.	**Offenbarung 21** Die Gemeinschaft wird wiederhergestellt und Gott wohnt wieder unter den Menschen.
Genesis 3 Der Mensch wird von der Schlange verführt, und der Satan wird auf Erden losgelassen, um die Herrschaft über das zu übernehmen, was von Rechts wegen dem Menschen zustand.	**Offenbarung 20** Der Satan wird gebunden, und Jesus, der letzte Adam, errichtet seinen Thron auf Erden.
Genesis 3 Der Mensch wird aus dem Garten vertrieben, damit der nicht vom Baum des Lebens essen kann.	**Offenbarung 22** Der Mensch bekommt wieder Zugang zum Baum des Lebens.
Genesis 3 Die Erde wird verflucht.	**Offenbarung 21** Der Fluch wird fortgenommen, und es gibt keine Trauer, kein Weinen und keinen Schmerz mehr.
Genesis 3 Der Tod kommt in die Welt, und alles, was auf Erden lebt, muß sterben.	**Offenbarung 20** Der Tod und die Unterwelt werden in den Feuersee geworfen. Es entsteht ein neuer Himmel und eine neue Erde, wo es keinen Tod mehr gibt.

Das Ziel ist Gemeinschaft

Das erste Privileg, das der Mensch durch den Sündenfall verlor, war die Gemeinschaft mit Gott. Diese Gemeinschaft zurückzugewinnen, ist das erste und wichtigste Ziel der Wiederherstellung. Dies ist der Sinn der Erlösung und sollte auch im Leben jedes erlösten Menschen das erste und wichtigste Ziel sein. Unsere Hauptberufung ist, mit dem Gemeinschaft zu haben, der uns erlöst hat (vgl. 1 Kor 1,9). Dies ist die erste Priorität echten christlichen Lebens und das wichtigste Thema, welches das Christentum von allen anderen Religionen unterscheidet. Das Christentum ist nicht nur eine Formel für ein moralisch anständiges Leben. Echtes Christentum ist die Wiederherstellung der Einheit mit Gott.

Echtes Christsein bedeutet, vom Geist Gottes wiedergeboren zu sein. Diese Wiedergeburt setzt einen Prozeß der Wiederherstellung der Einheit mit Gott in Gang. Die Neugeburt ist ein Neuanfang, nicht das Ende; sie ist der erste Schritt zu unserer Wiederherstellung. Echtes Christsein bedeutet, sich auf einen Weg zu machen, der zu einer innigen Gemeinschaft mit unserem Vater führt. Wenn man christliche Reife überhaupt messen kann, dann müßte man es am Grad unserer Intimität mit Gott messen. Wenn wir unseren Stand als Christen daran messen, wie lange wir schon dabei sind, wieviel wir wissen oder an unseren Glaubenstaten oder unserer Gerechtigkeit, so zeigt dies nur, daß wir bereits irgendwie vom Kurs abgekommen sind. Beim Glauben geht es nicht um das Wissen über Gott – es geht darum, wie gut es uns gelingt, in ihm zu bleiben.

Das griechische Wort, das im Neuen Testament am häufigsten mit »Gemeinschaft« übersetzt wird, heißt *koinonia*. Dieses Wort bezeichnet auch die »Fähigkeit, Gemeinschaft zu halten«. Wenn man von der Fähigkeit spricht, Gemeinschaft zu halten, so bedeutet dies auch, einander ähnlich zu werden und ein gemeinsames Ziel zu haben. Beide Bedeutungen treffen auch auf das Wesen unserer Gemeinschaft mit Gott zu. Durch unsere Gemeinschaft mit ihm werden wir wie er und teilen die Ziele, die er hat.

Die meisten von uns haben schon einmal ältere Ehepaare gesehen, die schon so lange zusammen sind, daß sie sich sogar bereits ähnlich sehen. Das ist ein bemerkenswertes Phänomen. Allein die Tatsache, daß wir mit jemandem über längere Zeit zusammenleben, genügt, daß wir in unserer Art und merkwürdigerweise auch in unserem Aussehen dem anderen ähnlicher werden. Ebenso werden wir in Gottes Bild verwandelt – einfach dadurch, daß wir mit ihm zusammen sind. »Wir alle spiegeln mit enthülltem Angesicht die

Herrlichkeit des Herrn wider und werden so in sein eigenes Bild verwandelt, von Herrlichkeit zu Herrlichkeit, durch den Geist des Herrn« (2 Kor 3,18). Indem wir den Herrn anschauen, werden wir in sein Bild verwandelt. Wir werden nicht verwandelt, *damit* wir Gemeinschaft mit ihm haben können, sondern *indem* wir Gemeinschaft mit ihm haben.

Unsere erste Berufung ist die Gemeinschaft, nicht die Werke. Das Wesen des Christentums wird dadurch am meisten verzerrt, daß wir diese Grundwahrheit vergessen. Gottes Ruhe dient nicht nur der Verjüngung. Sie dient dazu, daß wir Gott finden und in ihm bleiben. Jesus war einfach nur im Vater, und der Vater tat seine Werke durch ihn. So hat Jesus es auch erläutert: »Der Vater, der in mir bleibt, vollbringt seine Werke« (Joh 14,10). Obwohl Jesus mit der Not der Menschen Erbarmen hatte, war dies nie die Motivation für sein Handeln. Er antwortete auf das, was er den Vater tun sah.

Auf gleiche Weise sollen wir in Jesus bleiben. Wir können die Werke Gottes nicht ohne Gott tun. Paulus erklärte den Männern in Athen: »Gott, der die Welt erschaffen hat und alles in ihr, er, der Herr über Himmel und Erde, wohnt nicht in Tempeln, die von Menschenhand gemacht sind. Er läßt sich auch nicht von Menschen bedienen« (Apg 17,24-25). Nur der Heilige Geist kann das zeugen, was vom Geist ist. Der Hauptgrund für den »Burnout«, den wir heute in vielen Diensten erleben, liegt in unserer Tendenz, das Joch von Menschen auf uns zu nehmen statt das Joch des Herrn. Der Herr selbst hat uns inständig gebeten:

> »Kommt alle zu mir, die ihr euch plagt und schwere Lasten zu tragen habt. Ich werde euch Ruhe verschaffen. Nehmt mein Joch auf euch und lernt von mir; denn ich bin gütig und von Herzen demütig; so werdet ihr Ruhe finden für eure Seele. Denn mein Joch drückt nicht, und meine Last ist leicht« (Mt 11,28-30).

Wenn wir eine schwere Last tragen, dann liegt das daran, daß wir ein Joch auf uns genommen haben, das nicht vom Herrn ist. Erschöpfung in unserer Arbeit ist ein sicheres Zeichen, daß wir nicht im Herrn geblieben sind. Ein Joch ist dazu da, daß man damit eine Arbeit verrichtet. Doch wenn wir mit dem Herrn unter dem Joch gehen, tut er die Arbeit durch uns. Wenn wir mit ihm unsere Arbeit tun, werden wir nicht davon aufgerieben, wir finden sogar zur Ruhe. Wenn wir das Joch menschlicher Erwartungen von uns weisen würden, das fast jedem Dienst auferlegt wird, würden die Menschen viel mehr wirkliches Dienen erleben, als dies heute der Fall ist.

Wegen des Sündenfalls war der Boden, den der Mensch bearbeitete und auf dem er lebte, verflucht worden. Die Folge war: »Unter Mühsal wirst du von ihm [dem Ackerboden] essen alle Tage deines Lebens. Im Schweiße deines Angesichts sollst du dein Brot essen« (Gen 3,18-19). Zwischen Mühsal und Arbeit besteht ein Unterschied. Mühsal ist ein Fluch, Arbeit ist es nicht. Der Mensch hat auch vor dem Sündenfall im Garten gearbeitet (ihn kultiviert; vgl. Gen 2,15). Mühsal wird folgendermaßen definiert: »etwas durch große und schmerzhafte Anstrengung erreichen« oder »unter großen Schwierigkeiten vorwärtskommen«. Der Fluch der Mühsal wurde in Christus aufgehoben, aber die Arbeit blieb.

Wenn wir versuchen, geistlich etwas zu tun, ohne in die Ruhe Gottes eingetreten zu sein, so ist das, als wolle man einen Wagen fahren, der im Sand festsitzt. Wir können einen Zweihundert-PS-Motor haben und kommen trotzdem nicht vom Fleck. Wer die Ruhe Gottes nicht kennt, wird Aktivitäten und Energie an die Stelle echten Vorwärtskommens stellen. Egal, wie viele Tempel man auch von Menschenhand bauen mag, geistlich gesehen steckt man immer noch im Sand fest. Im Buch des Propheten Jeremia macht Gott eine noch ernüchterndere Feststellung:

> »Denn mein Volk ist wie eine verlorene Herde. Ihre Hirten haben sie verführt und auf den Bergen in die Irre gehen lassen, daß sie über Berge und Hügel gehen mußten und *ihren Ruheplatz vergaßen*« (Jer 50,6; Übersetzung nach Luther; Hervorhebung durch den Autor).

Viele Christen, die in die Irre gehen, werden auf die gleiche Weise verführt. Ihre Hirten führen sie über Berge und Hügel, von einer Sache, die sie aufputscht, zur nächsten, von einem Hoch zum andern. Doch sie werden nicht an ihren Ruheplatz geführt – zum Herrn des Sabbats selbst. Dies ist sicher einer der Hauptgründe für die Laodizäische Lauheit der heutigen Kirche. Die Menschen sind einfach ausgebrannt von all den Projekten und Aufregungen, die ihre Seele doch niemals befriedigen können. Wenn wir sie nicht zu Gottes Ruhe führen, machen wir, die Hirten, uns schuldig, Gottes Volk in die Irre zu führen.

Der Herr ermahnt uns auch heute noch: »Laßt ab und erkennt, daß ich Gott bin, erhaben über die Völker, erhaben auf Erden« (Ps 46,11). Wenn wir wahrhaft erkennen, daß er Gott ist, werden wir aufhören, uns abzumühen. Gott hält das ganze Universum in seinen Händen. Er ist durchaus in der Lage, seine Ziele in unserem Leben zu verwirklichen. Wir mühen uns nur ab, weil wir uns Sorgen machen, und Sorge ist das Gegenteil von Glaube. Wenn wir wirklich glauben, daß er Gott ist und alles unter seiner Kontrolle hat, wie können wir uns dann noch Sorgen machen? Wenn wir wirklich glauben, daß er Gott ist, werden wir in ihm Ruhe finden. Wenn wir uns »mühselig« abrackern, so liegt dies daran, daß wir unser Vertrauen in ihn verloren haben.

»Heute, wenn ihr seine Stimme hört, verhärtet euer Herz nicht wie beim Aufruhr, wie in der Wüste am Tag der Versuchung. Darum war mir diese Generation zuwider, und ich sagte: Immer geht ihr Herz in die Irre. Sie erkannten meine Wege nicht. Darum habe ich in meinem Zorn geschworen: Sie sollen nicht in das Land meiner Ruhe kommen. Gebt acht, Brüder, daß keiner von euch ein böses, ungläubiges Herz hat, daß keiner vom lebendigen Gott abfällt« (Hebr 3,7-8.10-12).

Hier hat Gott gesagt: »Immer geht ihr Herz in die Irre. Sie erkannten meine Wege nicht. ... Sie sollen nicht in das Land meiner Ruhe kommen.« Wenn wir nur mit dem Verstand glauben, so wird dies allein nichts erreichen, solange unser Wissen nicht in unser Herz gelangt. Der Weg vom Verstand ins Herz zeigt sich immer daran, wie wir leben – besonders in Situationen, in denen wir unter Druck stehen und mitten in Prüfungen stecken. Der Herr sagte, »ihr Herz geht in die Irre«; er sprach nicht von ihrem Verstand. Als Christen haben wir uns mit Eifer herausgefordert, darüber Rechenschaft zu geben, was wir glauben. Doch Gott ist die Frage viel wichtiger, wie wir glauben. Wenn wir in die Irre gehen, dann findet dies selten in unserem Verstand statt, sondern in unserem Herzen. Wir können die gesamte Lehre für wahr halten und doch keinen einzigen Lehrinhalt in unserem Leben umsetzen. Wir können die Bibel auswendig lernen und doch Rebellen bleiben. Viele von uns glauben nicht mit dem Herzen, sondern mit dem Verstand. »Wer mit dem Herzen glaubt und mit dem Mund bekennt, wird Gerechtigkeit und Heil erlangen« (Röm 10,10). Wenn wir vor dem Richterstuhl Christi stehen, wird er nicht unsere Lehrmeinungen untersuchen. Wenn wir die Wahrheit lieben, wird es uns auch am Herzen liegen, die richtige Lehre zu vertreten. Doch eine korrekte Lehre wird uns nicht viel nützen, wenn wir sie nicht auch im Leben umsetzen und wenn wir nicht in das Bild Christi verwandelt werden.

Gottes Wege erkennen

Der Herr sagte: »Sie erkannten meine Wege nicht. ... Sie sollen nicht in das Land meiner Ruhe kommen.« Gottes Wege zu erkennen, führt zu seinem Land der Ruhe. David hat geschrieben: »Er hat Mose seine Wege kundgetan, den Kindern Israels seine Werke« (Ps 103,7). Mose war geistlich gesehen einer der weitsichtigsten Männer, die je gelebt haben. Als der Herr fest entschlossen war, Israel wegen seines Ungehorsams zu zerstören, hatte Mose, als Sinnbild des kommenden Messias, das Vertrauen, sich zwischen den Herrn und das Volk zu stellen und um das Leben der Israeliten zu bitten. Als die Plage das Lager durchzog, wußte Mose genau, wie er sie stoppen konnte. Er schickte Aaron mit einer Räucherpfanne los, einem Sinnbild für das Gebet und die Fürbitte. »Aaron legte Weihrauch in die Pfanne und entsühnte das Volk. Er trat zwischen die Toten und die Lebenden, und da hörte die Plage auf« (Num 17,12-13). So etwas war noch nie vorgekommen. Es gab kein Gesetz, das besagt hätte, Weihrauch kann Plagen stoppen. Mose wußte intuitiv, was er zu tun hatte, weil er Gottes Wege erkannte. Nicht Formeln und Prinzipien machen Menschen zu wichtigen geistlichen Leitern, sondern dies geschieht, wenn sie Gott und seine Wege kennen. Im Buch Exodus bekommen wir einen Einblick in das Herz des Mose; dort liegt der Schlüssel für seine geistliche Einsicht verborgen:

Mose sagte zum Herrn: Du sagst zwar zu mir: Führ dieses Volk hinauf! Du hast mich aber nicht wissen lassen, wen du mitschickst. Du hast doch gesagt: Ich kenne deinen Namen und habe dir meine Gnade geschenkt. Wenn ich aber wirklich deine Gnade gefunden habe, so laß mich doch deinen Weg wissen! Dann werde ich dich erkennen, und es wird sich bestätigen, daß ich deine Gnade gefunden habe. Sieh diese Leute an: Es ist doch dein Volk! Der Herr antwortete: Mein Angesicht wird mitgehen, bis ich dir Ruhe verschafft habe. Mose entgegnete dem Herrn: Wenn dein Angesicht nicht mitgeht, dann führ uns lieber nicht von hier hinauf! Woran soll man erkennen, daß ich zusammen mit deinem Volk deine Gnade gefunden habe? Doch wohl daran, daß du mit uns ziehst. Und dann werden wir, ich und dein Volk, vor allen Völkern auf der Erde ausgezeichnet werden. Der Herr erwiderte Mose: Auch das, was du jetzt verlangt hast, will ich tun; denn du hast nun einmal meine Gnade gefunden, und ich kenne dich mit Namen. Dann sagte Mose: Laß mich doch deine Herrlichkeit sehen! (Ex 33,12-18).

Die große Weisheit Mose bestand in seiner Entschlossenheit, das Volk nicht länger führen zu wollen, wenn die Gegenwart Gottes nicht mit ihnen zog. Nur durch die Gegenwart Gottes unter uns wird die Kirche von all den anderen Gruppen oder Religionen zu unterscheiden sein, die auch behaupten, Gott nachzufolgen. Selbst wenn wir die richtige Lehre über Gott besitzen, wird uns dies wenig nützen, wenn Gott selbst nicht unter uns ist. Ein Unterscheidungsmerkmal zwischen echten, geistlichen Leitern und denen, die nur etwas vorgeben, ist die Weisheit, nicht weiterzugehen, wenn der Herr nicht gegenwärtig ist. Diese Weisheit haben nur echte Leiter.

Der Ort, an dem wir Ruhe finden

Der Herr antwortete Mose: »Mein Angesicht wird mitgehen, bis ich dir Ruhe verschafft habe.« Wenn wir Ruhe gefunden haben, so ist dies ein definitives Zeichen dafür, daß Gott wirklich in unserem Dienst mit uns ist. Wenn wir mit Gott unter dem Joch gehen, finden wir Ruhe für unsere Seele; wenn wir nicht unter seinem Joch gehen, mühen wir uns ab und machen uns Sorgen.

Unter dem Joch zu sein, bedeutet, für schwere Arbeit bereit zu sein. Doch wenn wir mit Gott unter dem Joch gehen, so wird seine Kraft die Aufgabe erfüllen. Der Apostel Paulus hat von sich behauptet, daß er mehr gearbeitet habe als jeder andere Apostel; und sicher waren sie alle eifrig in ihrem Dienst. Wer im Herrn bleibt, wird arbeiten, doch es wird keine Mühsal sein. Es wird ein Werk der Liebe sein, das unseren Seelen Erfrischung und Neubelebung schenkt.

Paulus hat gesagt: »Tut alles zur Verherrlichung Gottes!« (1 Kor 10,31). Als ich zum ersten Mal als Aushilfe bei einem Zimmermann arbeitete, war es die reinste Plage. Dann beschloß ich, alles so zu tun, als täte ich es für den Herrn. Ich baute jedes Haus so, als würde der Herr selbst darin einziehen. Ich bekam bald eine solche Liebe zu meiner Arbeit, daß ich abends gar nicht mehr aufhören wollte. Wenn ich abends nach Hause ging, freute ich mich schon auf den nächsten Tag. Die Arbeit forderte meine ganze Zeit, und ich konnte nicht ständig an den Herrn denken, aber weil ich alles für ihn tat, befand ich mich ständig in seiner Gegenwart. Jeden Tag verließ ich meine Arbeit, als wäre ich gerade aus einem Lobpreisgottesdienst herausgekommen. Die Arbeit hatte sich nicht verändert; ich hatte mich verändert. Obwohl ich hart arbeitete, erfrischte mich die Arbeit, weil sie ein Werk der Liebe war. Wir empfinden es nie als Mühsal, wenn wir für die arbeiten, die wir lieben.

Was für einen Job wir auch haben mögen – wenn wir unsere Arbeit dem Herrn zum Lob tun, wird dies unsere Perspektive für unsere Arbeit grundlegend verändern.

Ebenso wie die Veränderung meines Herzens die Plage der Arbeit als Zimmermann zu einer herrlichen Erfahrung für mich machte, gab es auch Zeiten, in denen »mein Herz in die Irre ging« und meinen Dienst zur Plage werden ließ. Jedesmal, wenn ich den Dienst nicht mehr aus der Leidenschaft zum Herrn und zu seiner Wahrheit tue, sondern aus anderen Gründen – um meinen Dienst herauszuheben, aus einer persönlichen Vorliebe für einen Menschen, wegen des Geldes oder aus Schuldgefühlen heraus –, verliere ich die Gegenwart des Herrn, und der Dienst wird zur Last. Wenn wir uns ein anderes Joch auflegen als das des Herrn, wird es dazu führen, daß wir im Dienst ermüden, und das, was wir tun, wird fade.

Es ist kein Zufall, daß der Herr den Sabbat einsetzte, als er Israel das Manna vom Himmel gab. Nur wenn wir in ihm und in seiner Ruhe bleiben, können wir jeden Tag neues Manna sammeln. Weder unser Leben, noch unsere Arbeit, noch unser Dienst sollten fade werden; wenn dies doch geschieht, sollten wir prüfen, wessen Joch wir tragen. Wenn wir mit dem Herrn unter dem Joch gehen, werden wir jederzeit erfrischt an unsere Aufgaben gehen, egal, wie sie aussehen mögen.

Kapitel 9

Wasser aus dem Fels

Ihr sollt wissen, Brüder, daß unsere Väter alle unter der Wolke waren, alle durch das Meer zogen und alle auf Mose getauft wurden in der Wolke und im Meer. Alle aßen auch die gleiche, gottgeschenkte Speise, und alle tranken den gleichen, gottgeschenkten Trank; denn sie tranken aus dem lebensspendenden Felsen, der mit ihnen zog. *Und dieser Fels war Christus«* (1 Kor 10,1-4; Hervorhebung durch den Autor).

Ein Fels zog auf dem Weg durch die Wüste mit dem Volk Israel und »dieser Fels war Christus«. Er war auch das Manna. Jesus ist die Quelle für das wirkliche Brot und das Wasser des Lebens. In der Wüste lernen wir dies und werden ganz von ihm abhängig. Wir lernen, nach ihm zu dürsten und zu hungern. Nur das Wasser, das aus der Gegenwart des Herrn selbst hervorsprudelt, kann den wirklichen Durst der menschlichen Seele stillen.

Pflanzen und Tiere leben von unterschiedlichen Arten von Nahrung, aber alle Lebewesen benötigen ausnahmslos Wasser. Dies ist eine Offenbarung Christi, die nur selten verstanden wird. Die Schöpfung ist nicht Gott, wie die Pantheisten behaupten. Doch die Schöpfung drückt etwas über Gott und sein Wesen aus. Wir beten nicht die Natur an, aber wir betrachten sie, um Gottes Wesen, seine ewige Kraft und göttliche Natur, mit der Vernunft zu erkennen. Paulus sagt dazu:

> »Seit Erschaffung der Welt wird seine unsichtbare Wirklichkeit an den Werken der Schöpfung *mit der Vernunft wahrgenommen*, seine ewige Macht und Gottheit. Daher sind sie unentschuldbar« (Röm 1,20; Hervorhebung durch den Autor).

> »Denn in ihm wurde alles erschaffen im Himmel und auf Erden, das Sichtbare und das Unsichtbare, Throne und Herrschaften, Mächte und Gewalten; alles ist durch ihn und auf ihn hin geschaffen. Er ist vor aller Schöpfung, in ihm hat alles Bestand« (Kol 1,16-17).

Ein gesunder Mensch kann in der Regel vierzig Tage ohne Nahrung auskommen, aber niemand kommt länger als ein paar Tage ohne Wasser aus. Das Manna repräsentierte Jesus als die frische Offenbarung und Erkenntnis Gottes, die wir jeden Tag neu empfangen müssen. Das Wasser redet von Jesus noch in einem viel tieferen Sinn. Paulus hat dies erklärt: »Denn in ihm leben wir, bewegen wir uns und sind wir« (Apg 17,28). Jesus ist der tiefste Sinn hinter dem Universum und allem, was erschaffen wurde. Die ganze Schöpfung spiegelt Jesus wider. Er ist das »lebendige Wasser«, oder das Wasser, das Leben spendet. Wie das Wasser über siebzig Prozent der Erdoberfläche ausmacht und jedes Lebewesen zu mehr als siebzig Prozent aus Wasser besteht, so füllt der Herr alles aus, was lebt, und in ihm hat es Bestand. Er ist nicht die Schöpfung, aber er durchdringt die Schöpfung mit seiner Gegenwart. Würde man Christus von der Welt wegnehmen, würde sofort alles Leben ersterben und zu Staub zerfallen. Selbst Atheisten, die nicht an die Existenz Gottes glauben, können nicht eine Sekunde ohne ihn leben!

»... in ihm hat alles Bestand.« Auf diese Weise durchdringt die besondere Gegenwart und Gnade des Herrn das Universum, und wir erkennen ihn häufig überhaupt nicht. Und selbst wenn wir ihn erkennen, so halten wir ihn vermutlich für eine Selbstverständlichkeit. Jedes Lebewesen hat tagtäglich Anteil an der Gegenwart des Herrn, ob ihm dies nun bewußt ist oder nicht. Das ist die Gnade, die Gott allen Menschen erweist. Er läßt seine Sonne, seinen Sohn, über den Gerechten wie den Ungerechten scheinen.

Elizabeth Browning hat einmal gesagt: »Die Erde ist übervoll vom Himmel, und jeder Busch steht von der Herrlichkeit Gottes in Flammen. Aber nur diejenigen, die sehen, ziehen ihre Schuhe aus; die übrigen pflücken einfach nur die Beeren.« Die besondere Gegenwart Christi erhält das Universum. Würden wir unsere Augen öffnen, so würden wir ihn in allen Dingen erkennen und ständig an dem reinen Wasser des Lebens teilhaben.

Wenn wir heute morgen aufgewacht wären und hätten Jesus neben unserm Bett stehen sehen, so wäre für die meisten von uns der Tag sicher völlig anders verlaufen! Doch Jesus war heute morgen wirklich da, als wir aufgestanden sind. Wären die Augen unseres Herzens offen gewesen, hätten wir ihn beim Aufwachen und auch durch den ganzen Tag hindurch gesehen. Wir müssen lernen, den Fels, der mit uns zieht, zu erkennen; er ist die Quelle allen lebendigen Wassers.

Die Schöpfung ist nicht Gott, doch sie spiegelt ihn wider, so wie ein Kunstwerk seinen Künstler widerspiegelt. Wenn wir die Kunstwerke betrachten, können wir bis zu einem gewissen Grad den Künstler kennenlernen, der sie gemacht hat. Doch wieviel besser würden wir ihn kennenlernen, wenn wir ihm persönlich begegnen und etwas Zeit mit ihm verbringen könnten? Das gleiche gilt für den Herrn. Wir können viel über ihn und sein Wesen lernen, wenn wir seine Schöpfung betrachten, und das allein ist schon eine wunderbare Beschäftigung. Doch wir können ihm auch jederzeit direkt begegnen. Wir sollten das Beste nie vergessen! Statt seine Schöpfung zu studieren, um ihn zu finden oder zu verstehen, laßt uns doch lieber seine Schöpfung zusammen mit ihm betrachten.

»Des Königs Ehre ist es, eine Sache zu erforschen« (Spr 25,2), doch es zeugt von Weisheit, wenn wir verstehen, daß unsere Offenbarung über Gott von ihm selbst kommen muß. Wir können seine Wege nicht durch eigenes Streben erkennen, weil seine Wege höher sind als unsere Wege und seine Gedanken höher als unsere Gedanken (vgl. Jes 55,8-9). Wir können dem Herrn nur unsere Hingabe und unser suchendes Herz geben. Wenn wir ihn suchen, werden wir ihn finden. Wenn wir anklopfen, wird er die Tür öffnen. Wenn wir bitten, so werden wir empfangen. Es gibt nichts in diesem ganzen Universum, das wertvoller wäre als der Herr selbst. Und er hat es möglich gemacht, daß wir Zugang zu ihm haben. Der Fels, der mit uns zieht, ist nicht nur ein Stein – er ist Christus. Wir sollten jede Chance unserer Wüstenerfahrungen nutzen und lernen, wie man aus Fels Wasser hervorbringen kann.

Auf den Fels einschlagen

Es gab zwei Begebenheiten, bei denen Mose den Befehl erhielt, aus einem Fels Wasser hervorzubringen. Die erste Begebenheit wird im Buch Exodus, Kapitel 17 berichtet, die zweite im Buch Numeri, Kapitel 20. Beim ersten Mal sollte Mose seinen Stab nehmen und damit gegen den Felsen schlagen. Dies war ein prophetisches Sinnbild dafür, daß Christus für unsere Sünden geschlagen wurde, damit die Gemeinde Gottes das lebendige Wasser empfangen kann. Beim zweiten Mal sollte Mose zu dem Felsen sprechen. Doch weil er wegen des Volkes so frustriert war, schlug er ein zweites Mal auf den Felsen ein. Wegen dieses Ungehorsams – weil er auf den Fels eingeschlagen hatte, statt zu ihm zu sprechen – durfte Mose das Gelobte Land nicht betreten. Diese beiden Vorfälle, bei denen es um den Fels, um Mose und um das Wasser für das Volk Gottes ging, illustrieren eine besonders ergreifende und bedeutsame Lektion für alle, die dazu berufen sind, geistliche Leiterschaft auszuüben.

Jesus sollte einmal, und nur einmal, für unsere Sünden geschlagen werden. Dies wird im Hebräerbrief eindeutig festgestellt: »... auch nicht, um sich selbst viele Male zu opfern, (denn er ist nicht) wie der Hohepriester, der jedes Jahr mit fremdem Blut in das Heiligtum hineingeht; ... so wurde auch Christus ein einziges Mal geopfert, um die Sünden vieler hinwegzunehmen; beim zweitenmal wird er nicht wegen der Sünde erscheinen, sondern um die zu retten, die ihn erwarten« (Hebr 9,25.28). Christus sollte nur einmal für unsere Sünden leiden; danach sollte er nie wieder geschlagen werden.

Wenn wir den Stab der Autorität, den der Herr uns gegeben hat, dazu benutzen, um das Haupt zu schlagen, um ihm gegenüber Ansprüche zu stellen, so sind wir einer sehr schlimmen Überheblichkeit verfallen, die auch uns das kosten könnte, was uns verheißen wurde. Wenn wir unsere geistliche Autorität gegen den Herrn einsetzen, bewegen wir uns, wie Mose, auf äußerst gefährlichem Terrain. Einige der größten Tragödien der jüngsten Kirchengeschichte sind darauf zurückzuführen, daß Männer Gottes versucht haben, das Wort Gottes dazu zu benutzen, um den Herrn zu schlagen. Sie haben Gottes Wort benutzt, um seine Zustimmung, seine Unterwürfigkeit zu erzwingen. Eine solche Handlungsweise ist kein Vertrauen in das Wort; es ist Vermessenheit in ihrer vielleicht tödlichsten Form.

Wie bei Mose drängt auch uns meist die Frustration über unreife Menschen zu einer solchen Handlungsweise. Wenn uns von Gott Autorität gegeben wurde, müssen wir darauf achthaben, wie wir sie benutzen. Wir dürfen unsere geistliche Autorität niemals aus Frustration heraus gebrauchen. Gottes Autorität wurde nur gegeben, damit wir sie im Gehorsam gegenüber dem Heiligen Geist gebrauchen. Der Heilige Geist läßt sich nicht frustrieren. Sein Wesen ist die Geduld. Viele Männer und Frauen Gottes sind nicht in der Fülle dessen gewandelt, wozu sie berufen wurden, weil sie ihre von Gott gegebene Autorität mißbraucht haben.

Der Herr ist voller Gnade und Wahrheit, und wir leben im Zeitalter der Gnade und nicht mehr unter dem Gesetz. Mose, der das Gesetz eingesetzt hatte, mußte den Preis für seine Verfehlung zahlen. Wir hingegen können vor den Thron der Gnade treten. Die wenigsten, denen geistliche Leiterschaft anvertraut wurde, haben diese Autorität auf vollkommene Weise ausgeübt. Die meisten von uns haben sie viele Male auf falsche Weise benutzt, oft ohne sich dessen bewußt zu sein. Doch je größer das Maß unserer Autorität, um so größer werden auch die Konsequenzen sein, wenn wir diese Autorität mißbrauchen.

Hätte einer der Ältesten aus dem Volk Israel denselben Fehler gemacht wie Mose, hätte Gott ihn vermutlich nur zurechtgewiesen. Wenn wir uns jedoch auf den höheren Ebenen der Autorität bewegen, können wir nicht mit Dingen davonkommen, die auf niedrigeren Ebenen noch ohne große Folgen geblieben sind. Je mehr Autorität und Einfluß wir besitzen, um so mehr Schaden kann unser Mißbrauch von Autorität anrichten. Größere geistliche Autorität verlangt auch höhere Maßstäbe, was unseren Gehorsam angeht. Die Leviten konnten im Vorhof vielleicht mit dem ein oder anderen Fehltritt davonkommen. Für die Priester, die im Allerheiligsten dienten, bedeutete der gleiche Fehltritt womöglich den Tod.

Die Reformation brachte zwei grundlegende Wahrheiten ans Licht: das Priestertum aller Gläubigen und die Tatsache, daß es nur einen Mittler zwischen Gott und den Menschen gibt, den Menschen Jesus Christus. Dennoch ermahnt die Bibel die Leiter der Kirche des Neuen Bundes, nach höheren Maßstäben zu leben als den für Glieder der Gemeinde im allgemeinen üblichen. Dies bedeutet kein Abweichen von den Wahrheiten der Reformation und ist auch kein Versuch, die Geistlichen noch weiter von den Laien abzugrenzen. Dies bedeutet einfach eine Anerkennung der Tatsache, daß größere geistliche Autorität auch größere Verantwortung mit sich bringt. Das Konzil von Jerusalem hat den Gläubigen nur eine einzige Pflicht auferlegt: »Denn der Heilige Geist und wir haben beschlossen, euch keine weitere Last aufzuerlegen als diese notwendigen Dinge: Götzenopferfleisch, Blut, Ersticktes und Unzucht zu meiden. *Wenn ihr euch davor hütet, handelt ihr richtig*« (Apg 15,28-29; Hervorhebung durch den Autor). Doch die Briefe dieser Apostel rufen solche Gemeindeglieder, die Diakone und Älteste werden sollten, zu sehr viel höheren Maßstäben auf. Wieder gilt: Je mehr wir zu geistlicher Autorität berufen werden, um so gehorsamer müssen wir sein, um unseretwillen, aber auch um des Volkes Gottes willen.

Daß Gott Menschen auch weiterhin soviel Macht und Autorität anvertraut, ist bemerkenswert. Doch dies sollte uns nicht anmaßend werden lassen. Unser Gott ist heilig; wir müssen seine Heiligkeit achten. Beachten Sie, wie der Herr Mose zurechtweist, nachdem dieser den Fels ein zweites Mal geschlagen hat: »Der Herr aber sprach zu Mose und Aaron: Weil ihr mir nicht geglaubt habt und mich vor den Augen der Israeliten nicht als den Heiligen bezeugen wolltet, darum werdet ihr dieses Volk nicht in das Land hineinführen, das ich ihm geben will« (Num 20,12). Egal, wieviel Autorität Gott uns gegeben hat, wir dürfen sie nie auf anmaßende Weise benutzen.

Eine der größten Tragödien der Kirchengeschichte besteht darin, daß so viele Männer Gottes, wie Mose, dem Herrn so gut gedient haben, nur um dann am Ende ihres Lebens zu straucheln und zu fallen. In fast all den Fällen, die ich persönlich miterlebt habe, hat mindestens ein verborgener Stolz dazu geführt, daß diese Menschen ihre göttliche Salbung aus anmaßenden oder eigennützigen Gründen heraus mißbraucht haben. Je größer und sichtbarer die Salbung eines Menschen war, um so tiefer war schließlich auch sein Fall.

In den Zeiten der frühen Kirche ein Ältester zu sein, war eine edle Berufung. Mit allergrößter Sicherheit riskierte man dabei sein Leben und vermutlich auch das Leben der eigenen Familienangehörigen. In der modernen Kirche der westlichen Welt gleichen die Ältesten meist eher Vorstandsmitgliedern als den biblischen Vorbildern. Wie viele geistliche Ämter haben wir vergeben, um Menschen zu ehren, und nicht entsprechend einer klaren göttlichen Berufung? Oft wurden unvorbereitete Menschen in eine sehr gefährliche Position hineingeworfen. Als Folge davon werden viele dafür in Ewigkeit teuer bezahlen. Wir wurden mit der Fürsorge für Gottes eigene Kinder betraut. Weh dem, der diese Verantwortung mit Anmaßung oder Trägheit wahrnimmt. Wir werden Rechenschaft darüber ablegen müssen!

Wer im Leib Christi Ämter sucht und gesehen werden will, erkennt nicht, daß aller Einfluß, der mit anderen Mitteln gewonnen wurde als durch den Heiligen Geist, zu einem Stolperstein werden wird. Wer geistliche Autorität versteht, wird, wie Christus, danach trachten, lieber gar kein Ansehen zu erlangen, als sich Ansehen zu verschaffen. Er wird danach trachten, demütig zu sein und aller Diener zu werden, statt als Leiter über allen zu stehen. »Denn wer sich selbst erhöht, wird erniedrigt, und wer sich selbst erniedrigt, wird erhöht werden« (Mt 23,12). So sehr wir uns selbst mit anderen Mitteln als durch die Führung des Heiligen Geistes erhöhen, so sehr werden wir mit großer Sicherheit schließlich auch erniedrigt werden.

Ein weiser Leiter wird sich um eine immer größere Demut bemühen und nicht darum, immer mehr Beachtung zu finden. Doch wir sollten Demut nicht mit Unsicherheit verwechseln. Als Mose zum ersten Mal von Gott berufen wurde, fühlte er sich dieser Aufgabe nicht gewachsen. Wir halten dies oft für Demut und meinen, es müsse Gott gefallen. Doch in Wirklichkeit ist dies eine schreckliche Vermessenheit! Das Gefühl, unwürdig oder untauglich zu sein, hat mit Demut nichts zu tun; es zeigt vielmehr, wie sehr wir noch auf uns selbst konzentriert sind. Von Mose wurde gesagt, er »aber war ein sehr demütiger Mann, demütiger als alle Menschen auf der Erde« (Num 12,3). Haben Sie einmal darüber nachgedacht, wer diesen Satz geschrieben hat?

Demut hat nichts mit einem Minderwertigkeitskomplex zu tun – echte Demut bedeutet einfach, sich in den Willen Gottes zu fügen. Es war echte Demut, als Paulus sein Apostelamt verteidigte, selbst wenn er dabei erklärte, er tue mehr als jeder andere Apostel. Es kann ein Zeichen von Stolz und Selbstbetrug sein, wenn wir uns zu Propheten erklären; es kann auch Stolz und Selbstbetrug bedeuten, wenn wir es nicht tun! Die Kernfrage lautet: Was hat Gott gesagt?

Wenn wir behaupten, wir wären untauglich für eine Aufgabe, zu der Gott uns berufen hat, dann sagen wir im Grunde, daß unsere Unfähigkeiten größer sind als Gottes Fähigkeiten. Wir sagen damit auch, daß diese Aufgabe von unseren Fähigkeiten abhängt und nicht vom Vermögen Gottes. Gottes Zorn entbrannte über die falsche Demut, die Mose zeigte. Wir werden niemals wirklich tauglich sein für die Aufgaben, zu denen Gott uns beruft. In dem Moment, in dem wir das Gefühl haben, wir wären solchen Aufgaben gewachsen, wird es gefährlich. Wir werden dem Werk Gottes nie gewachsen sein, und deshalb werden wir immer von ihm und seiner Gnade, Macht und Autorität abhängig sein. Falls Sie vorhaben sollten, so lange zu warten, bis Sie einer Aufgabe gewachsen sind, bevor Sie sich in den Dienst rufen lassen, dann werden Sie Ihre Berufung nie erfüllen.

Als Gott Mose befahl, seinen Stab, das Zeichen seiner Autorität, niederzuwerfen, wurde dieser Stab zu einer Schlange und verfolgte Mose so lange, bis dieser den Stab wieder in die Hand nahm! Uns wird das gleiche passieren, wenn wir uns weigern, die Autorität anzunehmen, zu der Gott uns berufen hat. Deshalb verkündet Paulus: »Weh mir, wenn ich das Evangelium nicht verkünde!« (1 Kor 9,16). Doch wenn wir die Autorität annehmen, zu der Gott uns beruft, können wir trotzdem noch vermessen oder unachtsam werden und diese Autorität mißbrauchen, selbst dann, wenn wir uns nicht selbst erhöht und unsere ganze Autorität wirklich von Gott empfangen haben. »Wer also zu stehen meint, der gebe acht, daß er nicht fällt« (1 Kor 10,12).

TEIL III

Gott gibt sein geschriebenes Wort

Kapitel 10

Das Wort muß Fleisch werden

Auf dem Berg Sinai schrieb Gott die zehn Gebote mit eigener Hand in den Stein. Dann überreichte er Mose die Steinplatten, damit dieser sie dem Volk geben sollte. Dies war die erste Rate des geschriebenen Wortes, die Gott den Menschen schenkte. Zuerst wurde das Wort in den Geboten gegeben. Die Gebote, oder das Gesetz, wurden in Stein gemeißelt, um zu zeigen, daß sie ihrem Wesen nach unverrückbar waren. Das Gesetz konnte in die verhärteten Herzen der Menschen eingemeißelt werden, aber es konnte ihre Herzen nicht in Herzen aus Fleisch und Blut verwandeln. Doch Gottes eigentliches Ziel bestand darin, das Wort Fleisch werden zu lassen. Das Wort wurde zum ersten Mal in Jesus Fleisch. Er machte es möglich, daß das Wort auch in jedem Menschen Fleisch werden kann. Das Wort wird in uns Fleisch, wenn es nicht mehr nur aus Ideen und Prinzipien besteht, sondern zu unserer eigentliche Natur wird, wenn es nicht mehr nur etwas ist, was wir für wahr halten, sondern den Kern dessen ausmacht, wer wir sind.

Die Aufgabe der Apostel bestand nicht nur darin, die Menschen zum Glauben an die richtige Lehre zu führen. Sie mußten darum ringen, daß Christus, das Wort Gottes, in seinem Volk Gestalt annimmt. Der apostolische Auftrag sollte nicht nur zur Gleichförmigkeit führen, sondern echte Form gewinnen. Humanisten versuchen, die Natur des Menschen zu verändern, indem sie seine Umgebung, seine Institutionen, Regierungsformen und Verhaltensregeln verändern. Das Christentum verändert die Institutionen, die Regierungen und das Verhalten, indem es die Herzen der Menschen verändert. Der eigentliche Zweck des Wortes Gottes ist nicht, uns dazu zu bringen, daß wir glauben und das Richtige tun, sondern uns dazu zu bewegen, daß wir glauben und aus der richtigen Motivation heraus das Richtige tun. Und diese Motivation ist unsere Liebe zu Gott und die Tatsache, daß wir uns mit seinen Zielen eins machen.

Gott rief Mose, er solle den Berg erklimmen und in Gottes Gegenwart treten, um Gottes Wort zu empfangen. In den folgenden 4 000 Jahren wurden Menschen auf diese Weise in Gottes Gegenwart gerufen, und Gott gab ihnen sein Wort für die Menschen. Diese Worte sind teurer als alle Schätze, die je auf der Erde gefördert wurden; sie sind Schätze, die im Himmel gefördert wurden. Schließlich wurden sie in einem Buch zusammengetragen. Die Bibel zeigt den Weg zur Brücke zwischen Himmel und Erde, damit wir alle in seine Gegenwart treten können.

Jesus ist das Wort

»Im Anfang war das Wort, und das Wort war bei Gott, und das Wort war Gott« (Joh 1,1). Jesus ist das personifizierte Wort Gottes. Das geschriebene Wort stellt die Offenbarung Jesu, seines Willens und seines Planes mit der Menschheit dar. Ich möchte es noch einmal betonen: Gottes eigentliches Ziel ist, daß alle Dinge in seinem Sohn vereint werden (vgl. Eph 1,10). Dies ist so wichtig, daß man es gar nicht oft genug wiederholen kann. Das geschriebene Wort Gottes wurde gegeben, um uns zu ihm zu führen. Es ist ein Ausdruck Jesu, und Jesus ist der Ausdruck des geschriebenen Wortes, das im Menschen Fleisch geworden ist. Jesus und das Wort sind nicht voneinander getrennt, sondern ergeben zusammen eine vollständige Offenbarung des Willens und des Herzens Gottes für die Menschen.

Unsere Fähigkeit, die Bibel richtig zu verstehen, wird entscheidend sein, wenn es darum geht, ob wir am Brot des Lebens teilhaben und zu dem Licht werden, zu dem Gott uns berufen hat. Diese Aussage läßt nicht außer acht, daß viele »Säulen des Glaubens« – sowohl in der Vergangenheit als auch heute –, die selbst im Angesicht der grausamsten Gegner die Wahrheit kompromißlos verteidigt haben, keinen oder nur wenig Zugang zur Bibel hatten. Obwohl viele aus dieser verfolgten Kirche keine Bibel besaßen, war der Autor der Bibel selbst in ihnen lebendig, wie dies auch bei uns der Fall ist. Doch wer die Bibel hat, dem ist viel anvertraut, und »wem man viel anvertraut hat, von dem wird man um so mehr verlangen« (Lk 12,48).

Die Bibel ist ein Geschenk Gottes von unschätzbarem Wert. Die Bibel soll uns helfen, unser Leben in Christus zu führen. Sie soll uns auf dem richtigen Kurs halten und uns einen Einblick in das Herz und das Denken Gottes geben. All dies geschieht, damit wir in sein Bild verwandelt werden können. Wenn wir die Bibel wirklich als das Wort Gottes achten, werden wir sie sicher mit der größten Vorsicht behandeln. Doch wir werden auch frei sein, uns ihres Inhalts zu bedienen.

So wie der Pharao ein Bild für den Satan ist, so war auch das Hauptziel des Pharao dem bleibenden Motiv des Satans gleich: Er wollte Gottes Volk in der Knechtschaft halten. Mose ist eines der großartigsten Sinnbilder der Bibel für Christus. Jesus ist gekommen, um uns aus der Sklaverei zu befreien und uns in das Gelobte Land zu führen, so wie Mose die Israeliten geführt hat. Der grundlegende Gegensatz zwischen dem Reich Gottes und dem gegenwärtigen Zeitalter des Bösen, das unter der Herrschaft des Satans steht, ist der zwischen Freiheit und Sklaverei. Der Satan weiß, daß wir Gott nicht wirklich dienen können, solange wir nicht frei sind.»Der Herr aber ist der Geist, und wo der Geist des Herrn wirkt, da ist Freiheit« (2 Kor 3,17). Wir können die wirkliche Substanz und Macht des geschriebenen Wortes Gottes nicht empfangen, solange wir nicht vom Heiligen Geist freigesetzt wurden, dieses Wort in unserem innersten Wesen zu empfangen und nicht nur mit dem Verstand. Deshalb sind die Gewissensfreiheit und die Religionsfreiheit die wertvollsten Freiheiten, die es gibt.

Die revolutionäre Macht des Wortes

Als Jesus von den Jüngern Johannes des Täufers gefragt wurde, ob er wirklich der sei, der kommen sollte, bezeugte er seinen Auftrag auch durch die Tatsache, daß »den Armen ... das Evangelium verkündet« wird (Lk 7,22). Gottes Herz schlug immer schon für die Armen und Unterdrückten, doch es gibt dafür auch einen strategischen Grund. Große soziale Veränderungen kommen erst zustande, wenn das einfache Volk von der Wahrheit bewegt wird. Es ist kein Zufall, daß schließlich die Demokratie und die freie Wirtschaft entstanden, nachdem die Bibel in die Sprache des einfachen Volkes übersetzt worden war. Der Herr versuchte nicht, unsere Regierungs- und Wirtschaftsformen zu ändern; die Veränderungen, die sich zutrugen, waren einfach das Ergebnis dessen, daß die Leute geistlich frei geworden waren.

Die Bibel ist das wichtigste geistliche und historische Schlachtfeld im Kampf zwischen Freiheit und Sklaverei. Wo die Bibel gepredigt wird, werden Menschen freigesetzt vom Joch des Bösen und kehren als Folge davon wieder in die Gemeinschaft mit Gott und zum Gehorsam ihm gegenüber zurück. Die Hauptstrategie des Satans im Mittelalter bestand darin, das einfache Volk von der Bibel fernzuhalten. Wer in jener Zeit mit einer Bibel erwischt wurde, wurde mit dem Tod bestraft. Wenn damals dem einfachen Volk die Bibel vorgelesen wurde, so geschah dies in der antiken lateinischen Sprache, die die meisten Menschen nicht verstanden. Dies führte zum »finsteren Mittelalter«, der bisher schlimmsten Zeit menschlicher Verderbtheit in der Geschichte. Als der Feind die Schlacht verloren hatte und die Bibel dem einfachen Volk nicht länger vorenthalten konnte, ersann er andere Strategien, um die Menschen davon abzuhalten, die Bibel zu lesen und zu verstehen.

Es gehörte zur Lehre der kirchlichen Autoritäten des Mittelalters, daß nur die geistlichen »Profis«, die Priester, die geistliche Weisheit besäßen, das Wort korrekt auszulegen. Sie behaupteten, wenn die einfachen Leute versuchen würden, das Wort auszulegen, würden sie nur der Häresie verfallen. Da ist etwas Wahres dran. Es birgt tatsächlich eine gewisse Gefahr, wenn man dem einzelnen die Freiheit gibt, die Schrift selbst zu interpretieren, weil einige dadurch wirklich zu Häretikern werden. Doch die Gefahr, die entsteht, wenn wir den Menschen diese Freiheit nicht geben, ist noch viel größer! In Wahrheit stammen die teuflischsten Lehren, die es je gab, aus Zeiten, als nur auserwählte, professionelle Geistliche Zugang zum Wort Gottes hatten.

Die Gnostiker

Einer der Hauptkonflikte in der frühen Kirche war die Auseinandersetzung mit den Gnostikern. Die Gnostiker vertraten die Ansicht, daß es in der Bibel eine verborgene Botschaft gibt, die nur von einer eingeweihten Elite verstanden werden kann. Obwohl einige ihrer häretischen Botschaften zu recht aus der Kirche entfernt wurden, setzte sich die Grundprämisse des Gnostizismus in der institutionellen Kirche durch. Im Kampf um die Bibel wurde diese subtile Form des Gnostizismus zu den schwersten Geschützen, die der Satan auffahren ließ. Der Geist des Gnostizismus hat sich zu einem gewissen Grad in fast jede christliche Bewegung und Denomination eingeschlichen. Doch seine wichtigsten Hochburgen sind das »ultra-konservative« und das »ultra-liberale« Lager sowohl in der katholischen als auch in den protestantischen Kirchen.

Das soll nicht heißen, daß alle Konservativen von dieser teuflischen Falle motiviert werden. Doch in der Regel trifft dies auf die Extremisten fast aller sektiererischen Lager zu. Extremismus gepaart mit Stolz und Elitedenken ist der beste Nährboden für den Gnostizismus. Das Hauptziel des Gnostizismus besteht darin, den einfachen Leuten das Wort Gottes zu nehmen; denn sie sind für den Feind die größte Gefahr, wenn sie erst einmal die Wahrheit erkannt haben. Die Reichen und die Mächtigen sind selten in der Lage, durch ihren dicken Schleier eigennütziger Interessen die Wahrheit zu erkennen. Und wenn sie sie erkennen, können sie selten angemessen reagieren, weil sie so mit der Welt verwoben sind. Die Armen, die Schwachen und die Unterdrückten haben in der Regel nichts zu verlieren, wenn sie sich auf radikale Weise auf die Wahrheit einlassen. Und sie werden dies auch meist tun. Mit einer prophetischen Vollmacht, die bisher seinesgleichen nicht gefunden hat, nagelte Martin Luther, ein einfacher Mönch, der von seinen Überzeugungen nicht abweichen konnte, seine fünfundneunzig Thesen an die Tür der kleinen Kirche in Wittenberg und veränderte damit die ganze Welt! Für das Lager des Feindes gibt es keinen furchteinflößenderen Anblick als das Wort Gottes in der Hand eines einfachen Mannes, der seine Überzeugungen nicht kompromittieren läßt.

Eine solche Integrität findet sich meist nur bei einfachen Leuten. Wenn den Armen das Evangelium gepredigt wird, verändert sich die Welt. Nachdem der Satan nicht länger verhindern konnte, daß die Bibel gedruckt und den Armen gegeben wurde, bestand seine nächste Strategie darin, den Armen einzureden, sie könnten die Bibel nicht verstehen. Nachdem die Bibel erst einmal in die Hände des Volkes gelangt war, eröffnete sich das nächste Schlachtfeld: Der Satan wollte verhindern, daß die Interpretation der Schrift in die Köpfe und Herzen der Menschen gelangte.

Es stimmt, daß es in der Bibel Geheimnisse und verborgene Einsichten gibt, die ohne göttliche Erleuchtung nicht verstanden werden können. Der Gnostizismus behauptet, daß Gott seine Erleuchtung nur einer Elite anvertraut. Die Wahrheit ist jedoch, daß Gott seine Offenbarung nur den Erwählten gibt; doch diese Erwählten sind die Demütigen, nicht die Elite. Nur die Demütigen werden von eigenen Interessen und Zielen frei sein, die den Stolzen daran hindern, die Wahrheit zu erkennen. Nur die Demütigen haben so wenig zu verlieren, daß sie bereit sind, der Wahrheit zu gehorchen. Gehorsam gegenüber der Wahrheit ist der Schlüssel, der die Bedeutung der Schrift eröffnet. Jesus selbst hat verkündet: »*Wer bereit ist, den Willen Gottes zu tun,* wird erkennen, ob diese Lehre von Gott stammt oder ob ich in meinem eigenen Namen spreche« (Joh 7,17; Hervorhebung durch den Autor). Die Bereitschaft, dem Wort Gottes kompromißlos zu gehorchen, scheidet diejenigen, die seine Lehre richtig verstehen können, von denen, denen dies nicht gelingt.

Intoleranz und Pharisäertum

Die Pharisäer liebten und achteten die Schrift mehr als jeder andere. Aufgrund dieser Hingabe übertrug man ihnen die Hauptverantwortung dafür, die Integrität der Schrift über die Jahrhunderte, in denen die Handschriften immer wieder abgeschrieben wurden, zu wahren. Dafür sind wir ihnen zutiefst zu Dank verpflichtet. Doch leider haben die Pharisäer in ihrem Eifer, die Schrift zu schützen, ein System der Schriftauslegung eingeführt, das auf Traditionen begründet ist. Ihr Netz von Traditionen führte sogar dazu, daß sie den verfolgten, der das Wort Gottes verkörperte. Heute gibt es im Christentum ultra-konservative Lager, in denen moderne Pharisäer ein gleiches tun. In ihrem Eifer, die Schrift vor dem Mißbrauch der Lehre zu schützen, haben diese modernen Pharisäer ein reaktionäres System der Interpretation errichtet, das eigentlich nur darauf hinarbeitet, den Menschen die Erkenntnis der Wahrheit zu verwehren.

Jedem, der die Wahrheit liebt, wird eine korrekte Lehre wichtig sein. Doch wenn wir vor den Richterstuhl Christi treten, werden wir nicht danach gerichtet werden, wie gut unsere Lehre war. Wir werden nach unseren Taten gerichtet werden und danach, wie sehr wir das Bild Jesu in uns tragen. Die richtige Lehre ist ein Mittel zum Ziel, nicht aber das Ziel selbst. Mit Hilfe der Lehre ermitteln wir den Willen Gottes, damit wir ihm gehorsam sein können. Wir können die Bibel auswendig lernen, ohne dabei die Wahrheit zu kennen. Die Pharisäer liebten die Schrift mehr als den Gott der Schrift, und auch heute erliegen viele dieser Falle. Wir können Gott nicht lieben, wenn wir sein Wort nicht lieben. Aber wir dürfen die Schrift nicht zum Götzen machen, der unsere Beziehung zum Herrn ersetzt.

Selbst nachdem der Satan die eine Schlacht verloren hatte und die einfachen Leute nicht von der Bibel fernhalten konnte, gelang es ihm doch, weite Teile der Kirche durch einen »geistlichen Totalitarismus« zu versklaven. So werden Menschen durch Angst und Einschüchterung kontrolliert und unterdrückt. Der Satan weiß nur zu gut: »Wer mit dem Herzen glaubt ..., wird Gerechtigkeit und Heil erlangen« (Röm 10,10). Furcht und Einschüchterung können Menschen dazu drängen, mit dem Verstand zu glauben, doch das Herz der Menschen wird davon nicht erreicht. Einschüchterung und Angst werden nie zu echtem Glauben führen. Angst ist das Gegenteil von Glaube. Angst ist die Macht, die das Reich der Finsternis besitzt; sie macht uns zu Sklaven. Glaube ist die Macht des Reiches Gottes; er macht uns frei, so daß wir Gott im Heiligen Geist und in der Wahrheit anbeten können. Die Angst beherrscht die Menschen durch Druck von außen; der Glaube regiert aus dem Herzen des Menschen heraus.

Man kann einem Papagei beibringen, das Richtige zu tun und zu sagen, doch es kommt nicht aus seinem Herzen – es ist nur bloßes Nachplappern. Wenn wir etwas »glauben«, weil wir dazu gedrängt oder eingeschüchtert wurden, so wird dieser »Glaube« nie zu wirklicher Gerechtigkeit führen, egal wie akkurat und wahr er auch sein mag. Dem Satan ist es ziemlich egal, was wir glauben, solange wir nur mit unserem Verstand glauben. Echtes, »lebendiges Wasser« kann nur aus dem Innersten kommen. Wir werden niemals in der Lage sein, Dinge zu lehren oder zu predigen, die Wahrheit vermitteln, solange wir nicht aus dem Herzen heraus predigen. Bis heute sieht es so aus, als habe der Satan dies besser begriffen als die Kirche.

Der eigentliche Konflikt besteht immer noch in der Auseinandersetzung zwischen Knechtschaft und Freiheit. Jesus hat gesagt: »Wenn ihr in meinem Wort bleibt, seid ihr wirklich meine Jünger. *Dann werdet ihr die Wahrheit erkennen, und die Wahrheit wird euch befreien*« (Joh 8,31-32; Hervorhebung durch den Autor). Die Wahrheit macht uns frei, und die Freiheit macht es uns möglich, die Wahrheit zu verstehen. Gehorsam Gott gegenüber ist wichtig, doch es geht Gott nicht nur um den Gehorsam. Er möchte, daß wir ihm aus der richtigen Motivation heraus gehorchen. Manche Frauen tragen im Gottesdienst einen Hut, um so ihre Unterordnung unter die Autorität (Gottes) auszudrücken. Doch die Unterordnung unter die Autorität besteht nicht im Tragen von Hüten; das ist nur ein Symbol für diese Unterordnung. Eine rebellische Frau mag vielleicht einen Hut tragen, aber das wird noch nicht dazu führen, daß sie sich unterordnen kann. Es könnte sogar sein, daß eine rebellische Frau einen Hut trägt, um ihren Mangel an Unterordnung zu verbergen. Der Herr bittet uns nicht, die Symbole der Unterordnung unter seine Herrschaft zu tragen. Er achtet vielmehr auf die Unterordnung des Herzens. Viel zu viele Lehren des Christentums haben mehr Wert auf das Tragen von dogmatischen »Hüten« gelegt als darauf, daß unser Herz verändert wird.

Das Wesen des Gehorsams

Wenn Gott von den Menschen nicht mehr verlangen würde als Gehorsam, hätte er Adam und Eva im Garten keine Entscheidungsfreiheit gelassen. Er hat den Baum der Erkenntnis nicht als eine Versuchung in den Garten gesetzt. Dieser Ort, an dem die beiden sich entscheiden konnten, Gott nicht zu gehorchen, war auch die einzige Möglichkeit, die sie hatten, um sich für den Gehorsam zu entscheiden. Wäre es Gott nur um absoluten Gehorsam gegangen, dann hätte er Adam und Eva so erschaffen können, daß sie gar keine Möglichkeit gehabt hätten, ihm nicht zu gehorchen. Doch Gott hat nicht einmal die Engel so erschaffen. Was ist schon die Anbetung eines Wesens wert, das gar nicht anders kann? Um den Menschen die Möglichkeit zu geben, ihn aus dem Herzen heraus anzubeten, mußte Gott ihnen die Wahl lassen. Je größer die Entscheidungsfreiheit, um so größer ist auch die Gefahr, sich falsch zu entscheiden, und um so größer ist der Gehorsam des Herzens Gott gegenüber. Wenn wir, wie die Pharisäer, um unsere Lehre herum Mauern und Barrieren der Angst und Einschüchterung aufbauen, dann erzeugen wir nur geistliche Roboter, die zwar vielleicht das Richtige tun und sagen, die aber auch niemals aus ganzem Herzen anbeten können.

Die Freiheit ist eine Vorbedingung für alle unsere Beziehungen. Wie die Pharisäer, die die Schrift mehr geliebt haben als jeder andere, zu den größten Feinden des menschgewordenen Wortes wurden, so sind auch heute manche von denen, die sich äußerlich am meisten um den Schutz der Integrität des Wortes bemühen, die schlimmsten Feinde der Wahrheit. Diese modernen Pharisäer arbeiten mit Angst und Einschüchterung, den Erzfeinden der Wahrheit. Wer von der Angst beherrscht wird, für den besteht der schlimmste Feind in solchen Menschen, die man nicht durch Einschüchterung beherrschen kann. Menschen, die mit dem Herzen an Gott glauben, kennen den, an den sie glauben. Wenn wir wissen, daß wir von Gott erkannt sind, werden wir uns nicht mehr über die Maßen darum sorgen, was die anderen über uns denken. Daher werden uns auch die Einschüchterungen derer, die auf Erden leben, nicht bedrohen. Wer so gelagert ist, wird seine Entscheidungen auf der Grundlage dessen fällen, was richtig ist, und nicht aus taktischem Druck heraus.

Jesus verhielt sich den Sündern gegenüber tolerant, doch er besaß wenig Toleranz gegenüber den Pharisäern und den Schriftgelehrten. Letztere traten nicht in das Reich Gottes ein und ließen es auch nicht zu, daß andere dies taten. Die modernen Pharisäer betrachten alle, die auch nur ein klein wenig von ihrer Lehre abweichen, als Feinde, falsche Lehrer oder falsche Propheten. Natürlich gibt es einige falsche Lehrer und Propheten. Doch man sollte diesen Stempel nur solchen aufdrücken, deren Lehren und Praktiken grundlegende Dogmen untergraben wie die Sündenvergebung durch Christus, die Gnade und das Wesen Christi. Paulus hat vor den »falschen Brüdern« gewarnt, vor »jenen Eindringlingen, die sich eingeschlichen hatten, um die

Freiheit, die wir in Christus Jesus haben, argwöhnisch zu beobachten und uns zu Sklaven zu machen« (Gal 2,4). Die Freiheit des menschlichen Geistes ist unerläßlich, wenn wir im Heiligen Geist und in der Wahrheit anbeten wollen. Auch heute noch tobt die Schlacht um die geistliche Freiheit der Gläubigen, wie bereits in den Tagen der frühen Kirche. Wenn wir im Heiligen Geist und in der Wahrheit anbeten wollen, dürfen wir keine Kompromisse eingehen, was die Freiheit der Gläubigen angeht, bei Lehren und Glaubensansichten, die nicht grundlegend sind, Meinungsverschiedenheiten zu haben. Wer diese Freiheit beschneidet, macht sich zum größten Feind der Wahrheit, selbst wenn das vermeintliche Ziel im Schutz der Wahrheit besteht.

Bei Gott ist kein Ding unmöglich. Es wäre ihm in der Tat ein leichtes, dafür zu sorgen, daß alle Christen in jeder Lehrfrage genau das gleiche glauben. Doch es wird keine echte Einheit der Herzens entstehen, wenn es nicht auch die Möglichkeit gibt, sich gegen das Einswerden zu entscheiden. Die geistliche Einheit gründet sich nicht auf identische Lehrmeinungen, sondern auf die Liebe – zuerst die Liebe zu Gott und dann die Liebe zueinander. Es ist Gottes Wille, daß wir momentan noch »wie durch einen Spiegel« erkennen. Jeder erkennt nur einen Teil des Ganzen, und wir werden das ganze Bild nie erkennen, wenn wir nicht lernen, unsere Teilbilder zusammenzufügen. Gottes Einheit besteht nicht in der Konformität, sondern in der Einheit vieler unterschiedlicher Teile. Echter Herzensglaube erweist sich in der Toleranz gegenüber denen, die anders sind. Sie ist eine Vorbedingung, wenn wir jemals echte Einheit des Herzens erleben wollen.

Jeder muß sein eigenes Manna sammeln

Als den Kindern Israels das Manna vom Himmel gegeben wurde, mußte jeder Haushalt den eigenen Bedarf selbst einsammeln. Das gleiche gilt für das himmlische Manna, das wir sammeln. Wir dürfen uns nicht nur auf das verlassen, was unsere Leiter an geistlicher Nahrung einsammeln. Dies soll nicht die Bedeutung der Leiter und Lehrer schmälern, die sich dem Wort und dem Dienst hingeben. Wie die Leviten für den Dienst am Volk Israel wichtig waren, so sind auch unsere Leiter heute wichtig. Doch die Leiter können nicht die Verpflichtungen des einzelnen oder der einzelnen Haushalte übernehmen. Es besteht ein Unterschied zwischen der allgemeinen Lehre durch diejenigen, die sich dem Dienst des Wortes gewidmet haben, und dem täglichen Brot vom Himmel, das jeder Haushalt selbst einsammeln muß.

Wie kann ein ungeschulter Christ in der Bibel nach einem neuen Wort vom Himmel suchen, ohne das Opfer von Mißverständnissen oder falscher Lehre zu werden? Dies ist eine der wichtigsten Fragen, mit dem sich das Volk Gottes seit 4 000 Jahren, seitdem das geschriebene Wort zum ersten Mal gegeben wurde, auseinandersetzen muß. Seit dem Beginn der Reformation war die Frage der Freiheit des einfachen Christen, selbst die Bibel zu lesen und zu interpretieren, eine der wichtigsten Auseinandersetzungen des Christentums. Selbst die Bewegungen, die sich am meisten um Wiederherstellung oder Erneuerung bemüht haben, entwickelten letzten Endes Systeme und Methoden der Schriftauslegung (Hermeneutik), die dazu tendieren, dem einfachen Christen diese Fähigkeit zu nehmen und sie allein Fachkräften zu überlassen. Die meisten dieser Systeme wurden aus dem edlen Motiv heraus geschaffen, Häresie und Fehlinterpretationen zu vermeiden. Unglücklicherweise haben sich die Behandlungsmethoden oft als schädlicher erwiesen als die Krankheit selbst.

Hermeneutische Probleme

Damit möchte ich mich nicht gegen die Schaffung und sachgemäße Anwendung von hermeneutischen Theorien aussprechen. (Hermeneutik bedeutet einfach die Wissenschaft von der Interpretation.) Ich spreche mich damit nur gegen Versuche aus, dem einzelnen die Fähigkeit abzusprechen, die Bibel selbst zu lesen und zu interpretieren. Sowohl die Hermeneutik des Katholizismus als auch die des konservativen Protestantismus haben sich dessen schuldig gemacht. Wie zuvor die Pharisäer haben einige der konservativsten Verantwortlichen christlicher Denominationen Barrieren errichtet, die dem einzelnen die Fähigkeit rauben, immer wieder neu Offenbarungen und Auslegungen der Schrift zu empfangen. Diese Barrieren werden nur aufgerichtet, um die eigenen, vorgefertigten Interpretationen zu schützen. Viele der Lehren und Auslegungen solcher konservativen Leute entsprechen der Wahrheit, doch sie sind nur eine begrenzte Teilerkenntnis. Ohne Zweifel gibt es noch viel mehr zu erkunden und zu verstehen als das, was wir bis heute von der Bibel verstanden haben. Viele Aspekte konservativer Hermeneutik verhindern das weitere Erforschen und Verstehen der Schrift. Oder sie nehmen dem einzelnen zumindest den Mut, dies zu tun.

Eines der außergewöhnlichsten Phänomene im Christentum ist die Fähigkeit von Christen, genau die gleiche Ausgabe oder Übersetzung der Bibel zu lesen und doch zu völlig unterschiedlichen Auslegungen zu gelangen. Teilweise hat dies Gott tatsächlich so beabsichtigt. Die unterschiedlichen Glieder des Leibes erkennen unterschiedliche Aspekte der Wahrheit, und all dies muß zusammengefügt werden, damit wir das Gesamtbild erkennen können. Nur reife Christen werden erkennen, wie diese verschiedenen Aspekte der Wahrheit zusammenpassen und einander ergänzen, statt gegeneinander zu konkurrieren. Doch es gibt auch viele Auslegungen, die tatsächlich miteinander im Konflikt stehen. Dies läßt sich teilweise darauf zurückführen, daß in weiten Teilen der Kirche mehrere ganz unterschiedliche Schriftauslegungen Geltung gefunden haben. Obwohl einige dieser Interpretationsmethoden Elemente enthalten, die immer extremer geworden sind, besitzen sie doch alle ein gewisses Maß an Gültigkeit und haben zumindest einen Teil ihrer Wurzeln in biblischen Vorläufern.

Bei all den unterschiedlichen theologischen Lagern entspricht die Kirche beinahe der Geschichte von den Blinden und dem Elefanten. Der Blinde, der das Bein des Elefanten gefunden hatte, war sich sicher, daß der Elefant wie ein Baum aussehen müßte. Der Blinde, der den Schwanz entdeckt hatte, fand dies lächerlich; der Elefant müßte wie ein Seil sein! Der Blinde, der das Ohr entdeckt hatte, dachte, die beiden anderen lägen völlig falsch; dieses Ding war wie ein großes Blatt. Jeder von ihnen hatte teilweise recht und lag doch völlig falsch. Sie konnten den Elefanten nicht identifizieren, solange sie nicht aufeinander hörten und das, was jeder einzelne verstanden hatte, zusammentrugen.

Selbst diejenigen, die eine extreme Methode der Schriftauslegung angenommen haben, benutzen fast immer auch Prinzipien aus dem Lager ihrer Gegner. Gewöhnlich merken sie dies nicht, oder sie geben es zumindest nicht zu. Zum Beispiel gibt es in der Bibel selbst eine ganze Reihe von Präzedenzfällen, die sowohl eine wortwörtliche als auch eine allegorische Auslegung zulassen. Obwohl diese beiden Methoden im Konflikt miteinander zu stehen scheinen, benutzen die meisten Christen in der Tat beide Methoden, um ihre Lehrmeinungen und Dogmen zu bilden. Obwohl beide Methoden von einigen ins Extrem gesteigert wurden, gibt es doch für beide Auslegungsarten eine gewisse Existenzberechtigung. Beide müssen angewandt werden, um die Bibel richtig zu verstehen. Wer nur eine der beiden Methoden benutzt, muß Barrieren errichten, um sich vor dem Eindringen der anderen Methode zu schützen und die eigene zu fördern. Solche Barrieren haben bereits genauso viel Verwirrung und Spaltung in der Kirche hervorgerufen wie die Fehler, vor denen sie schützen sollen. Gott hat eine gewisse Ambivalenz beabsichtigt, damit wir kein absolutes Gesetz und keine absolute Methode der Schriftauslegung einführen. Diese Ambivalenz soll uns davon abhängig machen, daß wir uns vom Heiligen Geist in alle Wahrheit leiten lassen. Viele Paradoxe in der Schrift bestehen deshalb, weil die Wahrheit in der Spannung zwischen den Extremen zu finden ist. Nur der Heilige Geist kann uns in die Lage versetzen, solche Wahrheiten zu erkennen und uns im richtigen Spannungsverhältnis zwischen den Extremen halten, die ohne das Eingreifen des Heiligen Geistes dazu führen würden, daß wir vom richtigen Kurs abkommen.

»Die *Summe deines Wortes* ist Wahrheit«, so hat der weise Psalmdichter gesagt (Ps 119,160; revidierte Elberfelder Bibel; Hervorhebung durch den Autor). Jeder von uns mag ein Stück erkannt haben, das wahr ist. Doch es ist nicht die ganze Wahrheit, bevor es nicht mit den anderen Teilen richtig zusammengesetzt wird. Ein Verständnis für die unterschiedlichen Lager biblischer Interpretation kann uns helfen, das Gute zu übernehmen, ohne über das Schlechte zu stolpern. Aus diesem Grund werden wir uns die Zeit für einen groben Überblick über die grundlegenden Methoden der Schriftauslegung nehmen, die in der Kirche angewandt werden. Doch zunächst werde ich erklären, was ich mit »Hermeneutik des Herzens« meine. Es geht dabei um die Charaktereigenschaften, die man nach Ansicht der Bibel haben muß, um die Wahrheit aufnehmen zu können. Ohne sie werden uns selbst die perfektesten Prinzipien biblischer Hermeneutik nicht zur Wahrheit führen und auf dem Pfad des Lebens leiten können.

Kapitel 11

Die Hermeneutik des Herzens

Es gibt allgemeine Prinzipien der Schriftauslegung, die denen, die ernsthaft nach Wahrheit suchen, helfen können (es gibt keine Garantie), innerhalb der Grenzen der biblischen Ansichten zu bleiben und vom Heiligen Geist geführt zu werden. Mit diesen Prinzipien sind eine Reihe von Herzensmerkmalen verbunden, die nach Sicht der Bibel für einen Wandel in der Wahrheit unabdingbar sind. Ich nenne diese Merkmale »Hermeneutik des Herzens«. Wenn es mit unserem Herzen nicht stimmt, wird uns auch die vollkommenste Hermeneutik nicht helfen, und unsere Auslegungen werden dem Bösen dienen, z. B. Spaltungen in der Kirche. In der folgenden Untersuchung werden wir sowohl die Merkmale des Herzens als auch die schriftgemäßen allgemeinen Prinzipien zur Auslegung der Bibel anschauen.

1. Wir müssen Gott anbeten, nicht das Wissen über Gott.

Eine wichtige Vorbedingung für eine korrekte Schriftauslegung besteht darin, daß wir uns nicht nur darum bemühen, die Worte des Herrn zu hören, sondern ihn selbst, das eigentliche Wort Gottes. Der Herr Jesus bezeugt im Johannesevangelium: »Ihr erforscht die Schriften, weil ihr meint, in ihnen das ewige Leben zu haben; gerade sie legen Zeugnis über mich ab« (Joh 5,39). Es reicht nicht, das Buch des Herrn zu kennen, wir müssen den Herrn des Buches kennen.

Wenn wir den Herrn lieben, werden wir auch die Bibel lieben, weil sie sein Wort ist. Wenn wir die Wahrheit lieben, werden wir uns auch um eine akkurate Auslegung der Bibel bemühen. Wenn wir die Bibel nicht angemessen achten, werden wir schließlich die Bibel dazu mißbrauchen, um unsere eigenen Vorurteile und Ambitionen zu rechtfertigen. Die Bibel wurde bereits zur Rechtfertigung fast aller Häresien benutzt. Doch dies ist nicht die Schuld der Bibel. Die Schuld liegt bei der Ichbezogenheit und dem Eigennutz derer, die das Wort Gottes für egoistische Zwecke mißbraucht haben. Wer die Wahrheit und das Wort Gottes wirklich liebt, wird das Wort nicht dazu benutzen, um seine eigenen Positionen zu rechtfertigen. Er ist bereit, vom Wort zu lernen, selbst wenn das Wort zeigt, daß er im Unrecht ist. Wenn wir diese Haltung nicht besitzen, dann lieben wir unsere Selbstachtung mehr als die Wahrheit.

2. Nur die Gnade der Demut kann das Gleichgewicht zwischen Pharisäertum und Fanatismus bewahren.

Der gerade und schmale Weg, der zum Leben führt, ist eben nun einmal gerade und schmal. Wir benötigen das richtige Gleichgewicht, um auf diesem Weg gehen zu können. Dieses Gleichgewicht können wir nur halten, wenn der Heilige Geist uns führt. Wenn wir auf äußeren Druck reagieren, so wird uns dies mit großer Sicherheit in die eine oder andere Richtung aus dem Gleichgewicht bringen.

Manchmal findet sich die Wahrheit in Ansichten, die von einigen, oder sogar den meisten, als extrem angesehen werden. Eine Ansicht ist nicht nur deshalb wahr, weil sie sich zwischen den Extremen befindet. Fast alle prophetischen Stimmen in der Bibel, wie auch in der Geschichte, galten in ihren Tagen als radikal und extremistisch, obwohl spätere Generationen sie meist als gemäßigt eingestuft haben. Zu diesen »radikalen« Propheten gehörten auch der Herr Jesus und seine Apostel. Und auch heute noch würden die selbsternannten Wächter des Wortes sie nicht gerade problemlos aufnehmen.

In der Wahrheit zu wandeln, verlangt eine außergewöhnliche Balance: zwischen der Ablehnung Veränderungen gegenüber und der Sucht nach ständigem Wandel. Viele Nicht-Traditionalisten sind nichts anderes als rebellische Menschen, und Rebellion führt nicht in die Wahrheit. Wenn der Satan uns nicht stoppen kann, wird er versuchen, uns dazu zu bringen, daß wir zu schnell zu viel wollen. Das Wort ohne den Heiligen Geist führt zum Pharisäertum. Der Heilige Geist ohne das Wort führt zum Fanatismus. Wir brauchen das richtige Gleichgewicht aus Wort Gottes und Heiligem Geist, um auf dem Weg bleiben zu können, der zum Leben führt. Dieser Weg ist schmal, und es warten viele Fallen auf die, die von diesem Weg abweichen.

Wie erreichen wir dieses angemessene Gleichgewicht? In unserer industrialisierten Zeit löst man Probleme meist mit Formeln. Im Falle der Bibelauslegung führen jedoch die Formeln erst zu Problemen. Um uns auf dem schmalen Pfad zum Leben zu bewahren, reichen Formeln selbst dann nicht aus, wenn sie viel geistliche Weisheit und Einsicht beinhalten. Ob wir auf dem Weg zum Leben bleiben, hängt nur von einem einzigen Faktor ab – der Gnade Gottes. Das bedeutet nicht, daß wir selbst nichts dazu tun könnten. Ganz im Gegenteil: Es gibt sehr viel, was wir tun können. Der Herr hat deutlich gezeigt, daß wir seine Gnade durch Demut erlangen können. »Gott tritt den Stolzen entgegen, den Demütigen aber schenkt er seine Gnade« (Jak 4,6). In Vers 10 werden wir ermahnt, uns vor dem Herrn zu demütigen. Wir müssen uns vor dem Herrn demütigen, wenn wir weiter in der Wahrheit wandeln wollen. Wer geistliche Reife besitzt, wird es lieber sehen, daß ihn die ganze Welt für einen Narren hält, als daß Gott ihn für stolz hält. Er weiß, daß er den Widerstand Gottes viel mehr zu fürchten hat als den Widerstand aller Menschen und Dämonen zusammen.

»Beugt euch also in Demut unter die mächtige Hand Gottes, damit er euch erhöht, wenn die Zeit gekommen ist« (1 Petr 5,6). Wenn wir uns danach ausstrecken, uns vor Gott zu demütigen, so wird Gott alles daran setzen, uns zu erhöhen. Wenn wir danach trachten, uns selbst zu erhöhen, wird er alles daran setzen, uns demütig zu machen. Wir haben die Wahl. Wenn wir versuchen, seinen Job zu machen, wird er unseren übernehmen, und wir können sicher sein, daß er beide Aufgaben besser erledigen kann als wir. Reife Christen müssen sich nach der niedrigsten Stellung ausstrecken und ihr Selbstbild so gering wie möglich halten, indem sie Gottes Gnade als wertvoller erachten als ihren eigenen Ruf. Wer sich selbst erhöhen will, wird sich in einem ständigen und zunehmend heftigen Kampf um die Erhaltung des eigenen Images und der eigenen Stellung wiederfinden. Denn Gott wird solchen Menschen zunehmend widerstehen, bis sie zur Demut gefunden haben.

3. »Selig, die ein reines Herz haben; denn sie werden Gott schauen« (Mt 5,8).

Das reine Wort Gottes kann man nur mit einem reinen Herzen sehen. Alle bösen Motive werden unsere Sichtweise verzerren, selbst wenn wir eine noch so perfekte Hermeneutik besitzen.

Eigensucht korrumpiert uns und hindert unsere Fähigkeit, die Wahrheit zu erkennen. Der Herr Jesus hat dies deutlich gemacht, als er sagte: »Wer im eigenen Namen spricht, sucht seine eigene Ehre [wörtlich: Anerkennung; Anmerk. d. Autors]; wer aber die Ehre dessen sucht, der ihn gesandt hat, der ist glaubwürdig, und in ihm ist keine Falschheit« (Joh 7,18).

Wenn wir erst einmal erkannt haben, wie zerstörerisch der Eigennutz sein kann, werden die meisten von uns versuchen, sich selbst davon frei zu machen. Doch auch dies kann dazu führen, die Gnade zu versäumen. Die Aussage: »Wir müssen geringer werden, damit er größer werden kann« gibt das biblische Zitat nicht richtig wieder. Johannes hat gesagt: »Er muß wachsen, ich aber muß kleiner werden« (Joh 3,30). Auf die richtige Reihenfolge kommt es an. Wenn wir kleiner werden, bevor er in unserem Leben wächst, wird dies zu nichts führen, außer zu einer Leere in unserm Innern! Indem wir uns darum bemühen, daß Christus in unserem Leben wächst, werden wir kleiner werden. Das Evangelium besteht aus einem einzigen »Ja und Amen«, das bedeutet, es ist positiv, nicht negativ ausgerichtet. Wenn wir danach trachten, Jesus die Ehre zu geben, werden wir seine Herrlichkeit sehen und von ihm verändert werden. Die Leidenschaft für den Sohn Gottes wird die Ichbezogenheit vertreiben, die uns so sehr verbogen hat.

Eine ganz zentrale Bibelstelle des Neuen Testamentes findet sich im Galaterbrief: »*Ich bin mit Christus gekreuzigt worden;* nicht mehr ich lebe, sondern Christus lebt in mir« (Gal 2,20; Hervorhebung durch den Autor). Wenn wir in ihm gekreuzigt werden, finden wir das Leben; wenn wir versuchen, uns selbst ans Kreuz zu nageln, werden wir nur Selbstgerechtigkeit ernten, die zerstörerischste Form von Stolz. Wir müssen lernen, täglich unser Kreuz auf uns zu nehmen und unser Leben hinzugeben. Doch dies geschieht nicht um der Veränderung willen, sondern als ein Dienst an dieser Welt.

Es steht geschrieben: »Henoch war seinen Weg mit Gott gegangen, *dann war er nicht mehr da*; denn Gott hatte ihn aufgenommen« (Gen 5,24; Hervorhebung durch den Autor). Indem Henoch mit Gott lebte, war er nicht mehr. Er wurde immer geringer, bis Gott ihn aufnahm. Diese Schriftstelle spricht von der leiblichen Verwandlung Henochs, doch in gewissem Sinne meinen wir eben dies, wenn wir davon sprechen, in das Bild des Sohnes Gottes verwandelt zu werden. Dies geschieht, während wir mit Gott leben. Es geschieht nicht dadurch, daß wir herumsitzen und darauf warten, völlig leer zu werden. Indem wir danach trachten, daß der Herr in unserem Leben größer wird, werden wir geringer, und wir werden es kaum bemerken. Wenn wir uns darauf konzentrieren, uns ganz leer zu machen, bleiben wir bei unserer Ichbezogenheit und geben so dem Dämon Raum, den wir doch eigentlich austreiben wollten.

4. Das Ziel unseres Bibelstudiums muß die Liebe sein.

»Das Ziel der Unterweisung ist *Liebe aus reinem Herzen,* gutem Gewissen und ungeheucheltem Glauben« (1 Tim 1,5; Hervorhebung durch den Autor). Wer Gott aus reinem Herzen liebt, kann ihn sehen, ohne ihn zu verzerren. Das Ziel jedes Bibelstudiums muß darin bestehen, in der Liebe zu wachsen und nicht nur mehr Wissen anzuhäufen. Wir können aus vielen falschen Gründen heraus die Wahrheit suchen: um uns selbst als würdig zu erweisen, um Macht und Einfluß über andere zu gewinnen oder sogar, um andere mit der Wahrheit zu attackieren. Wenn wir mit unserem Lernen etwas anderes erreichen wollen, als in der Liebe zu wachsen und ein reines Herz und einen ungeheuchelten Glauben zu haben, dann sind wir von der Wahrheit abgewichen oder zumindest benutzen wir sie nicht mehr richtig.

Jesus hatte alle Verbote des Gesetzes zusammengefaßt, als er sagte: »Du sollst den Herrn, deinen Gott, lieben mit ganzem Herzen, mit ganzer Seele und mit all deinen Gedanken« und: »Du sollst deinen Nächsten lieben wie dich selbst« (Mt 22,37.39). Die Liebe macht den Samen und das Einzigartige des Neuen Bundes aus. Jesus hat all die Negativanweisungen (die Verbote) des Gesetzes durch eine einfache Positivanweisung ersetzt: durch das Gebot der Liebe. Wenn wir lieben, werden wir all das Verbotene, Negative nicht tun. Wenn wir den Herrn lieben, werden wir keine Götzen anbeten. Wenn wir unseren Nächsten lieben, werden wir ihn nicht beneiden, ermorden, … Wenn wir auf das Positive ausgerichtet bleiben, werden wir automatisch das lassen, was uns verboten wurde.

5. »Studiert die Bibel so, daß ihr Gottes Anerkennung gewinnt, nicht die von Menschen.«

Je mehr wir von Menschenfurcht getrieben werden, um so mehr zerstören wir unsere Fähigkeit, die Wahrheit zu empfangen. Das Maß, in dem wir menschliche Anerkennung suchen oder auf menschliche Ablehnung reagieren, wird bestimmen, wie weit wir die Wahrheit erkennen können.

»Wer Menschen fürchtet, gerät in eine Falle« (Spr 29,25; Gute Nachricht). Im Galaterbrief schreibt Paulus: »Wollte ich noch den Menschen gefallen, *dann wäre ich kein Knecht Christi*« (Gal 1,10; Hervorhebung durch den Autor). Der Herr Jesus hat gesagt: »Weh euch, wenn euch alle Menschen loben; denn ebenso haben es ihre Väter mit den falschen Propheten gemacht« (Lk 6,26).

Sollten wir die Bibel aus irgendeinem anderen Grund studieren als aus dem Wunsch heraus, Gott zu erkennen und ihm zu gehorchen, so öffnen wir einer subtilen, aber tiefgreifenden Verzerrung der Wahrheit Tür und Tor. Der einzige Weg zu einer echten Erkenntnis des Wortes Gottes besteht darin, Gott selbst zu kennen. Wir werden sein Wort nicht wirklich verstehen, solange wir ihn nicht wirklich kennen. Der Herr hat verkündet: »Meine Gedanken sind nicht eure Gedanken, und eure Wege sind nicht meine Wege – Spruch des Herrn. So hoch der Himmel über der Erde ist, so hoch erhaben sind meine Wege über eure Wege und meine Gedanken über eure Gedanken« (Jes 55,8-9). Solange wir die Dinge aus menschlicher Perspektive betrachten, werden wir weder Gottes Gedanken noch seine Wege verstehen.

6. Wir müssen unseren Blick auf das eigentliche Ziel Gottes richten, sonst werden wir fortwährend von den zweitrangigen Zielen Gottes abgelenkt.

Viele Extremformen und Verzerrungen biblischer Wahrheiten kommen von unserer Tendenz, sich vom eigentlichen Strom des Lebens durch die vielen kleinen Zuflüsse, die in diesen Strom münden, ablenken zu lassen. Das große Ziel Gottes besteht darin, alle Dinge in das Bild seines Sohnes verwandelt zu sehen. Die Vision der Apostel hatte wenig mit der Frage zu tun, welche Gestalt die Kirche annehmen würde. Die Sorge der Apostel galt eindeutig der Frage, wessen Bild die Kirche tragen würde. Sie haben sich nicht abgemüht, damit die Kirche bestimmten Formen entspricht, sondern, wie Paulus gesagt hat, für »euch erleide ich von neuem Geburtswehen ..., bis Christus *in euch* Gestalt annimmt« (Gal 4,19; Hervorhebung durch den Autor). Paulus hat auch geschrieben: »Ich fürchte aber, wie die Schlange einst durch ihre Falschheit Eva täuschte, könntet auch ihr in euren Gedanken von der aufrichtigen und reinen Hingabe an Christus abkommen« (2 Kor 11,3). Wir werden nicht danach beurteilt werden, wieviel wir über die Wahrheit wissen, sondern danach, wie treu wir uns der Wahrheit gegenüber verhalten, die wir erkannt haben. Für den Vater wird eine der wichtigsten Fragen darin bestehen, wieviel vom Ebenbild seines Sohnes wir in uns tragen.

7. Die Wahrheit wird uns nicht offenbart, damit wir *wissen*, sondern damit wir *werden*. Wenn uns die Wahrheiten, die uns immer wieder neu gegeben werden, nicht mehr verändern, dann sind wir vom Weg abgewichen.

Das Ziel aller biblischen Wahrheit ist, uns in das Bild Jesu Christi zu verwandeln. Thomas à Kempis hat gesagt: »Ich möchte lieber Reue empfinden, als nur die Definition derselben zu kennen. Was nützt es einem Menschen, daß er tiefschürfend über die Trinität diskutieren kann, wenn ihm jegliche Demut fehlt und er dadurch die Mißgunst der Dreieinigkeit auf sich zieht?«

8. Wir können das ewige Wort Gottes nur verstehen, wenn wir es aus der Perspektive der Ewigkeit betrachten.

Ganz eindeutig besitzen das Wort Gottes und die Vollmacht, die aus ihm kommt, praktische Umsetzungsmöglichkeiten für unseren Alltag. Dennoch werden wir, wie Abraham, nicht Tag für Tag im Glauben stehen können, wenn wir die Verheißungen des Wortes nicht auch »aus weiter Ferne« betrachten können.

Im 11. Kapitel des Hebräerbriefs gibt es eine lange Aufzählung treuer Zeugen, die auf außergewöhnliche Weise erlöst wurden oder großartige Verheißungen erhielten. Dies ist ein wichtiger Aspekt des Glaubens: Wir müssen in der Lage sein, die Kraft und das Leben, die von Gott kommen, in unserem Leben umzusetzen, wenn unser Glaube echt sein soll. Doch es gibt in dieser Aufzählung noch eine weitere Gruppe von Menschen, von denen nur selten die Rede ist. Da heißt es: »Einige nahmen die Freilassung nicht an und ließen sich foltern, um eine bessere Auferstehung zu erlangen« (Vers 35). Hier wird angedeutet, daß einige auf die Erfüllung der Verheißungen in diesem vergänglichen Leben verzichtet haben. Statt dessen bewahrten sie ihre Schätze für das ewige Leben auf. Wollen wir unseren Lohn schon heute verbrauchen, oder wollen wir ihn für die Ewigkeit aufsparen? Wenn wir wirklich Glauben für die Auferstehung gewinnen, und zwar mit dem Herzen und nicht nur mit dem Verstand, so werden wir für das Ewige weit mehr Hingabe besitzen als für das Zeitliche. Wenn wir anfangen, uns mehr um unsere Seele zu sorgen als um unsere Finanzen, wird der Herr uns auch eine größere finanzielle Verantwortung anvertrauen können.

Im Philipperbrief, Kapitel 3, Verse 10-11, betet der Apostel Paulus, er möge vom Tod des Herrn geprägt werden, damit er auch zur Auferstehung von den Toten gelangt. Das Gebet des Paulus wurde erhört; er starb allein – ganz so wie der Herr – die meisten seiner Anhänger hatten sich in alle Winde zerstreut. Es ist gut möglich, daß die letzten Gedanken des Paulus auf Erden um die Frage kreisten, ob er denn überhaupt irgend etwas erreicht hatte mit all seinen Leiden und Opfern. Vermutlich hatte er keine Ahnung davon, daß die Briefe, die er aus dem Gefängnis geschrieben hatte, noch existierten. Doch diese Briefe blieben erhalten und gehörten bald zu den mächtigsten Worten, die je ein Mensch geschrieben hat. Vermutlich erntet Paulus durch seine Briefe immer noch mehr Frucht für das ewige Leben als all die heutigen Apostel zusammengenommen! Seine Worte haben Ewigkeitswert, weil sein Herz auf die Ewigkeit ausgerichtet war.

Der Dienst des Paulus trägt auch heute noch Frucht, weil er das Wort Gottes redete. Geht es beim Dienen nicht vor allem darum? Es spielt keine Rolle, wie viele Bücher wir verkaufen, wie viele Leute zu unseren Versammlungen kommen oder wie groß unser Einfluß auf die Menschen ist. Es geht nur um die eine Frage: Dienen wir mit dem ewigen Wort Gottes?

9. Die Fähigkeit, Korrektur anzunehmen, ist unbedingt notwendig, wenn wir in der Wahrheit wandeln wollen.

In den Sprüchen werden denen, die nach der Wahrheit der Schrift trachten, einige wichtige Anweisungen gegeben:

»Denn eine Leuchte ist das Gebot und die Lehre ein Licht, ein Weg zum Leben sind Mahnung und Zucht« (6,23).
»Rüge den Zuchtlosen nicht; sonst haßt er dich. Rüge den Weisen, dann liebt er dich« (9,8).
»Den Weg zum Leben geht, wer Zucht bewahrt; wer Warnung mißachtet, geht in die Irre« (10,17).
»Ein Ohr, das auf heilsame Mahnungen hört, hält sich unter den Weisen auf« (15,31).
»Gibst du es auf, mein Sohn, auf Mahnung zu hören, so entziehst du dich den Worten der Einsicht« (19,27).

Die Fähigkeit, Korrektur anzunehmen, ist eines der untrüglichsten Zeichen geistlicher Reife und echter geistlicher Autorität. Der reife Christ hat gelernt, daß Gott den züchtigt, den er liebt. Seine Züchtigung ist unabdingbar, wenn wir auf dem Weg des Lebens bleiben wollen. Wer seine Autorität von oben empfangen hat, wird sich nicht bedroht fühlen, wenn er Korrektur erfährt. Der reife Christ wird Fehler schnell zugeben können, egal was andere sich dabei denken. Er erkennt, daß echte geistliche Autorität nur von Gott gegeben und erhalten werden kann und nicht davon abhängt, was die Menschen denken.

10. Mangelnde Flexibilität zerstört unsere Fähigkeit, Wahrheit zu empfangen.

Neuen Wein kann man nicht in alte Schläuche füllen (vgl. Mt 9,17). Weinschläuche werden aus Leder gemacht und können mit dem Alter brüchig und hart werden. Da der neue Wein gärt und so ein Druck entsteht, können alte Weinschläuche bersten. Neuen Wein muß man in neue Schläuche füllen, die noch flexibel und dehnbar sind. Mit Menschen ist das genauso. Wenn wir unsere Flexibilität verlieren, können wir keine geistliche Wahrheit mehr aufnehmen. Die Wahrheit ist immer etwas, das lebendig ist und sich ausbreitet. Kein menschliches Wesen hat auch nur die einfachsten Wahrheiten der Bibel in ihrer ganzen Tiefe verstanden. Wenn biblische Wahrheiten aufhören, vor unseren Augen an Größe zuzunehmen, dann geben sie uns auch kein Leben mehr. Wir müssen ständig damit befaßt sein, unsere geistlichen Wurzeln noch tiefer in das Wort Gottes hineinzugraben.

Die Braut Christi soll »ohne Flecken und Runzeln« sein. Die Flecken bedeuten Sünde, die Runzeln einen Alterungsprozeß. Die wahre Kirche soll ewig jung bleiben; sie soll keine Runzeln bekommen, wie sie beim Menschen im Alter unabwendbar sind. Das, was die Jugend vom Alter unterscheidet, ist das Wachstum. Wenn wir aufhören, geistlich zu wachsen, so hat bei uns der Sterbeprozeß begonnen, ein Prozeß, der dazu führen könnte, daß wir nicht zu der Braut gehören werden, die Christus zu sich nehmen wird.

Kürzlich betete ich bei einem Spaziergang über der Frage, wie wir den Dienst an Kindern fördern könnten. Da überraschte mich der Herr mit einer dieser Einsichten, die einem förmlich den Atem rauben. Sanft ließ er mich wissen, er wolle nicht, daß wir versuchen, Kinder zu »reifen« Christen zu machen. Er wolle den Kindern helfen, die »reifen« Christen kindlicher zu machen! Der Dienst an den Kindern, wie ihn mir der Herr zeigte, war weniger ein Dienst an den Kindern als vielmehr eine Freisetzung der Kinder für den Dienst. Wenn wir in das Reich Gottes kommen wollen, müssen werden wie die Kinder – wir dürfen nicht die Kinder uns angleichen. Wir haben von ihnen mehr zu lernen als sie von uns!

11. Um nicht getäuscht zu werden, müssen wir von unserer Furcht vor der Täuschung befreit werden.

Jemand hat einmal gesagt, Furcht ist der Glaube an die Dinge, die wir nicht wollen. Mit der Zeit habe ich erkannt, daß meine Kinder Furcht erst lernen mußten. Sie war ihnen nicht angeboren. Es gibt nur eine Furcht, die von der Bibel gutgeheißen wird – die reine und heilige Furcht des Herrn. Wenn wir den Herrn wirklich fürchten, gibt es nichts auf dieser Welt, das wir darüber hinaus noch fürchten sollten. Viele wandern in geistlicher Finsternis umher, obwohl sie jeden Tag stundenlang in der Bibel lesen. Doch sie haben mehr Glauben an die Fähigkeit des Feindes, uns zu täuschen, als an die Kraft des Herrn, uns in alle Wahrheit zu leiten.

In der Bibel werden die Menschen oft mit Schafen verglichen, weil sie ähnliche Merkmale aufweisen. Schafe sind scheue Tiere, die sich leicht von der Macht der Gewohnheit überwältigen lassen. Sie lehnen instinktiv jede Veränderung in ihrer Umwelt ab. Menschen sind genauso. Selbst Neubekehrte können innerhalb von wenigen Monaten zu »alten Schläuchen« werden – zu hart und zu unbeweglich, um neue Wahrheiten aufzunehmen.

Ohne den Hirten würden Schafe einen Weideplatz so lange abgrasen, bis er völlig ruiniert ist, weil sie die Gräser bis zu den Wurzeln abfressen. Sie würden eher an den Grasstummeln auf einer gewohnten Weide herumbeißen, als auf eine neue, üppige Weide zu wechseln. Sind wir nicht manchmal genauso? Wir predigen dieselben Wahrheiten und singen dieselben Lieder, bis wir den letzten Tropfen Salbung herausgepreßt haben. Dann bekommen wir Angst vor denen, die nicht so sind wie wir, und lehnen sie ab. Wir werden schwach vor Auszehrung, bevor wir uns dazu aufraffen, neue Weideplätze zu suchen oder uns mit Gläubigen auszutauschen, die vielleicht ein wenig anders glauben als wir. Die Bindung an das Gewohnte hat schon in so mancher Gemeinde das Leben und die Kraft schwinden lassen. Es zerstört auch unsere Fähigkeit, Wahrheit aufzunehmen.

Ein guter Hirte wird seine Herde auf eine neue Weide treiben, bevor die alte völlig abgewirtschaftet ist. Dies macht es möglich, daß wir auch in Zukunft zu den gleichen Weideplätzen zurückkehren können. Wir müssen lernen, unsere geistlichen Weidegründe zu verlassen, solange sie noch frisch sind – will heißen: wenn die »Salbung« noch da ist. Dann haben wir die Möglichkeit, dorthin zurückzukehren, wenn wir frische Nahrung brauchen. Wenn wir zu lange auf denselben Schwerpunkten herumkauen, werden wir sie wurzeltief auslaugen. Dann können wir niemals wieder zu ihnen zurückkehren.

Wenn bei Schafen die genetische Linie intakt bleiben soll, müssen die Tiere immer wieder mit Schafen aus einer anderen Herde gekreuzt werden. Jede geistliche Bewegung, die sich in sich selbst zurückgezogen hat und keinen Austausch mehr mit anderen christlichen Gruppen pflegt, verliert unausweichlich ihre Leben, ihre Kraft und ihre Vision. Isolierte Gruppen werden unabwendbar den Extremen zuneigen und ernsthafte Fehler begehen. Eine mit Sicherheit todbringende Macht ist der Geist, der versucht, das eigene Territorium zu schützen. Früher oder später wird jeder geistliche Leiter von diesem Geist auf die Probe gestellt werden. Dieser Geist öffnet dem Geist des Kontrollierens die Tür, der zu wachsender Inflexibilität führt. Dies nimmt dem Gläubigen die Fähigkeit, das frische, lebendige Wasser des Herrn zu empfangen, was dann wiederum zum geistlichen Stillstand oder Tod führt.

Ein weiterer Grund, warum Flexibilität und Veränderungen wichtig sind, findet sich beim Propheten Jeremia.

> »Ungestört war Moab von Jugend an, ruhig lag es auf seiner Hefe. Es wurde nicht umgeschüttet von Gefäß zu Gefäß: Nie mußte es in die Verbannung ziehen. Darum blieb ihm sein Wohlgeschmack erhalten, sein Duft veränderte sich nicht. Darum kommen Tage – Spruch des Herrn , da schicke ich Kellermeister zu ihm; sie gießen es um, entleeren seine Gefäße und zerschlagen seine Krüge« (Jer 48,11-12).

In biblischer Zeit wurde Wein dadurch gereinigt, daß man ihn in einem Gefäß ruhig lagerte, bis sich die Hefe auf dem Boden abgesetzt hatte. Dann wurde er in ein anderes Gefäß umgefüllt und blieb dort so lange, bis sich weiterer Bodensatz abgelagert hatte. Dieser Vorgang wurde so oft wiederholt, bis alle Verunreinigungen aus dem Wein verschwunden waren. Der Herr sagte, Moab sei nie in ein neues Gefäß umgefüllt worden und würde noch immer von seinem ganzen Bodensatz verunreinigt. Die Veränderungen in unserem Leben helfen uns, von der Knechtschaft des Gewohnten frei zu werden und von unserem Herrn abhängig zu sein statt von unserer Umgebung.

Unser geistliches Leben wird auf die gleiche Weise gereinigt. Der Herr läßt uns an einem Ort, bis sich der ganze Bodensatz unseres Lebens gesetzt hat. Dann gießt er uns in ein neues Gefäß um – eine neue Situation oder Umgebung. Diese neue Situation kann in einem neuen dogmatischen Schwerpunkt bestehen, den er uns lehrt. Vielleicht versetzt er uns in eine andere Gemeinde oder gibt unserer Gemeinde eine neue Leitung, so daß wir eine neue Aufgabe oder einen neuen Leiter bekommen. Veränderungen sind äußerst wichtig, wenn unser Leben rein bleiben soll. Wir sind gerufen, auf unserer geistlichen Reise als Gäste zu verweilen, nicht aber als Hausbesetzer.

Damit will ich nicht Veränderungen als reinem Selbstzweck Vorschub leisten. Die Kirche tendiert dazu, jede Wahrheit auf die Spitze zu treiben. Viele haben es mit den Veränderungen sicher übertrieben. Wir sollen nicht von einer Gemeinde zur nächsten hüpfen wie die Männer von Athen, denen es nur darum ging, ständig etwas Neues zu hören. Wenn Veränderungen zu früh einsetzen, haben sich die Verunreinigungen noch nicht am Boden abgesetzt und nichts wird damit erreicht. Wir müssen bei einer Sache bleiben, bis die Wahrheit fest in uns verwurzelt ist. Dann müssen wir bereit sein, die Veränderungen anzunehmen, die der Herr schickt, und wissen, wie wichtig diese neuen Wahrheiten für unsere geistliche Reife sind.

Es gibt viele Lehrmeinungen und hermeneutische Positionen, die eigentlich Unbeweglichkeit und mangelnde Flexibilität fördern und so echte christliche Reife zunichte machen. Dies führt zu dem gleichen Pharisäertum, von dem auch der Herr verfolgt worden ist. Solche Positionen entstammen isolierten Schriftstellen wie: »Es gibt nichts Neues unter der Sonne« (Koh 1,9). Diese Stelle wird dann zum Beispiel so verstanden, daß es keine neue Erkenntnis mehr gibt. Dies mag in manchen Bereichen stimmen. Doch wenn wir es als allgemeine Wahrheit verstehen, so ist dieses Verständnis falsch und irreführend. Wie viele völlig neue Dinge hat der Herr getan, seit dieser Vers niedergeschrieben wurde? Was ist mit anderen Schriftstellen, die sagen, Gott werde »ein Neues machen« (Jes 43,19), »Neues ankündigen« (Jes 42,9) und einen »neuen Himmel« und eine »neue Erde« erschaffen (Jes 66,22)?

Damit das Wort der Wahrheit angemessen verstanden werden kann, muß es regelrecht »zerlegt« werden. Isolierte, aus dem Kontext gerissene Schriftstellen können in die Irre führen und zerstörerisch wirken. Die einzelnen Schriftstellen sind nicht Gottes Wort im Sinn einer Aussage Gottes. Einige Passagen der Bibel sind Ausdruck des menschlichen Geistes, die der Herr in die Bibel mit aufgenommen hat, weil sie zu den Dingen gehören, für die wir ein Verständnis gewinnen müssen.

Es gibt in der Bibel sogar Aussagen, die von Satan stammen. Nur weil etwas in der Bibel steht, ist es noch nicht automatisch »Gottes Wort« oder sein Standpunkt. Manche Dinge stehen in der Bibel, damit wir die Intrigen des Satans besser verstehen, nicht jedoch, damit wir daraus eine Lehrmeinung ableiten. Die Schrift enthält außerdem Dinge, die Menschen in ihrer Bitterkeit und Ablehnung gesagt haben. Auch sie geben nicht Gottes Ansichten wieder. Zum Beispiel hat der Psalmist gesagt, wer die kleinen Kinder der Babylonier gegen Steine schmettern würde, wäre gesegnet. Aus dem Kontext herausgerissen könnte man aus dieser Schriftstelle schließen, wer die Babys von Feinden zerschmettert, würde den Segen des Herrn erlangen. Jesus ruft uns jedoch dazu auf, unsere Feinde zu lieben.

Das Buch Kohelet enthält wichtige Offenbarungen. Doch wenn wir sie richtig verstehen wollen, müssen wir beachten, daß dieses Buch »unter der Sonne« geschrieben wurde, das heißt aus einer irdischen Perspektive heraus. Aus dieser Perspektive erscheint alles eitel – ohne Sinn und Ziel. Es gibt im Kohelet Aussagen die absichtlich den Aussagen der Bibel widersprechen. Sie sollen zeigen, wie unser Blick verzerrt wird, wenn wir nur aus einer irdischen Perspektive heraus erkennen. Wie viele von denen, die predigen, es gebe nichts Neues unter der Sonne, predigen auch, daß der Geist des Menschen und der Geist der wilden Tiere der gleiche ist, daß der Mensch ein wildes Tier ist und daß niemand gegenüber anderen im Vorteil ist, weil alle an den gleichen Ort kommen, wenn sie sterben? Dies wird im Kohelet, Kapitel 3, Verse 18-22 gesagt. Manche Übersetzer haben vor den wilden Tieren das Wort »wie« eingefügt, weil sie ganz offensichtlich nicht verstehen konnten, wie die Bibel zu der Behauptung kommt, Menschen seien Tiere. In solchen Übersetzungen wird das »wie« dann in der Regel kursiv gesetzt, weil es sich in den Originalmanuskripten nicht nachweisen läßt. Vom irdischen Standpunkt aus gesehen sind Mensch und Tier gleich. Das ist die zentrale Aussage des Buches Kohelet, aber nicht die Aussage der Bibel.

Wer behauptet, er besitze die gesamte Wahrheit Gottes, täuscht sich. Man kann ihn mit einem primitiven Menschen vergleichen, der sagt, er wisse alles über Astrophysik. Wir haben die Tiefen des Reichtums und der Weisheit und der Erkenntnis noch nicht ergründet, nicht einmal, was die einfachsten geistlichen Wahrheiten angeht. Wie viele Menschen haben auch nur eine Ahnung von der Bedeutung solcher Wahrheiten wie dem Priestertum Melchisedeks, das im Hebräerbrief erwähnt wird? Doch der Verfasser des Briefes schreibt, nachdem er von solch großen Dingen gesprochen hat, es handle sich nur um geistliche Milch für geistliche Kleinkinder! Wenn der Hebräerbrief für die Urkirche nur Milch war, wo bleibt dann die gebildete Kirche des zwanzigsten Jahrhunderts? Wir sind vermutlich noch im Mutterleib. Wir haben über die Jahrhunderte viel gelernt, aber wenig verstanden. Solange wir die Vorurteile und falschen Lehren nicht abwerfen, die uns so leicht in alte Schläuche verwandeln, werden sie uns auch weiterhin davon abhalten, als wahre Kirche echte geistliche Reife zu erfahren.

Wenn wir unseren Stolz nur lange genug überwinden könnten, um uns selbst im Licht des biblischen Zeugnisses zu sehen, so wären wir schockiert. Selbst die geistlichsten und vollmächtigsten Gemeinden, die es heute gibt, sind weit entfernt von der geistlichen Statur und Reife selbst der unreifsten und ungeistlichsten Gemeinden des ersten Jahrhunderts. Die Kirche des ersten Jahrhunderts besaß die zusammengefügte Bibel noch nicht; auch fehlten ihr Bücher, Kassetten, Fernsehsendungen und die Berge von Hilfsmitteln, die wir als selbstverständlich ansehen. Wir sollten Bücher und Lehrmaterialien begrüßen. Aber bei aller Lernerei – fehlt uns nicht trotzdem noch die eigentliche Erkenntnis der Wahrheit? Wer die Wahrheit und den Willen Gottes ernsthaft sucht, wird in seiner geistlichen Reife durch nichts so sehr behindert wie durch die Neigung, Veränderungen abzulehnen.

Der Konservatismus hat eine Berechtigung, wo er die Ordnung aufrechterhält und das richtige Klima für Wachstum schenkt, aber nicht dort, wo er dazu ermuntert, schwächende Fesseln anzulegen, die der Kirche die notwendige Entwicklung unmöglich machen. Der notwendige Konservatismus bedeutet Stabilität und Reife. Wenn der Wein der Wahrheit Gottes gärt, braucht es reife und feste Leiter, um die Kirche davor zu bewahren, von jedem neuen Wind der Lehre umhergetrieben zu werden. Petrus hat in seinem zweiten Brief davon geschrieben, daß Menschen, denen es an Festigkeit und Unterweisung fehlt, die Schrift verfälschen werden (vgl. 2 Petr 3,16). Es gibt Menschen, die jede Wahrheit auf die Spitze treiben. Wir dürfen es nicht zulassen, daß unreife Extremisten die Suche und das Wachstum der Kirche in der Wahrheit beeinträchtigen, weder indem wir das Extreme begrüßen, noch indem wir unmäßig darauf reagieren.

Wenn wir davon sprechen, daß der Wein der Wahrheit Gottes gärt oder daß wir neue Offenbarungen erhalten, reden wir weder davon, den Kanon der Bibel zu erweitern, noch davon, die Wahrheiten, an die die Kirche des ersten Jahrhunderts geglaubt hat, zu ergänzen. Die modernen Offenbarungen der Wahrheit Gottes, die das Leben und die Reife der fortschreitenden Kirche gefördert haben, sind allesamt nur eine Wiederherstellung der Wahrheiten, an die die Urkirche geglaubt hat und die im finsteren Mittelalter verlorengegangen sind. Jede Generation hat für sich den Eindruck, bereits im Besitz aller wesentlichen Wahrheiten zu sein. Doch der Heilige Geist schenkt weiterhin Erkenntnis und hat so in der Geschichte oft und oft das Gegenteil bewiesen. Jedesmal, wenn wir im Licht des Heiligen Geistes eine Wahrheit zurückgewinnen, wundern wir uns, daß wir etwas in der Bibel so Offensichtliches übersehen konnten. Was den geistlichsten und klügsten Köpfen verborgen blieb, wird nun deutlich. Wieviele Wahrheiten müssen erst noch wiederhergestellt werden? Wieviele Wahrheiten können wir noch nicht erkennen, weil uns die Erleuchtung des Heiligen Geistes dafür noch nicht gegeben wurde? Wir können uns nicht anmaßen, diese Wahrheiten bereits erkannt zu haben, solange uns eine schwächende, geistliche Arroganz von ihnen fernhält.

12. Wir müssen unsere erste Liebe bewahren, wenn wir in der Wahrheit wandeln wollen.

Obwohl sich Gottes Wahrheit weiter ausbreitet, ist der Kanon der Schrift abgeschlossen. Dies wird von der Bibel selbst bestätigt. Die Bibel ist, so wie sie ist, eine abgeschlossene Geschichte mit einer Auflösung am Schluß. Wer hat die Tiefe selbst der grundlegendsten Bücher der Bibel ergründet? Wie könnten wir mehr benötigen als das, was darin geschrieben wurde?

Zu glauben, wir besäßen bereits die ganze Wahrheit, ist hochmütig. Gott widersteht den Hochmütigen und vielleicht muß er sogar einen Bogen um uns machen, um andere zu finden, die seinen neuen Wein aufnehmen können. »Der Geist ergründet nämlich alles, auch die Tiefen Gottes« (1 Kor 2,10). Wenn wir die Bibel unter der Anleitung des Heiligen Geistes lesen, werden wir bei jedem neuen Lesen mehr entdecken. Obwohl es nichts Neues unter der Sonne gibt, ist für uns doch vieles neu!

Das Wort Gottes ist ein Strom, kein Teich! Es fließt, bewegt sich, hat ein Ziel. Im Epheserbrief, Kapitel 5, Vers 26 wird das Wort mit dem Wasser verglichen, weil beide einander ähnlich sind. Beide müssen im Fluß bleiben, um rein zu bleiben. Wenn Gottes Wort nicht mehr durch und durch fließt, wird es sich in Pfützen sammeln und bald zum Stillstand kommen.

Offenheit für die neuen und erfrischenden Einsichten in das Wort Gottes zu besitzen, bedeutet nicht, daß wir ohne Sorgfalt mit dem umgehen dürfen, was wir empfangen. Wir müssen den geistlichen Edelmut der Leute von Beröa bewahren, die sorgfältig in der Schrift forschten, um alles Neue, was sie hörten, zu prüfen (Apg 17,11). Wir suchen nicht nach Neuem, wir suchen nach der vernünftigen Wahrheit der Bibel. Wir müssen tolerant und offen sein, aber auch weise.

Wie wir bereits besprochen haben, verlor der Mensch durch den Sündenfall als erstes das Privileg der Gemeinschaft mit Gott. Diese Gemeinschaft ist das Hauptziel der Wiederherstellung, verbunden mit der Wiederherstellung der Wahrheit. Die Wiederherstellung der Gemeinschaft ist das Ziel der Erlösung und sollte im Leben jeder erlösten Seele das erste und wichtigste Ziel sein. Unsere Gemeinschaft mit Gott ist die erste Priorität echten Christseins und das wichtigste Thema, das das Christentum von allen anderen Religionen unterscheidet. Echtes Christsein ist die Wiederherstellung der Einheit mit Gott. Die Wiederherstellung der Gemeinschaft des Menschen mit Gott zieht sich durch die gesamte Bibel. Wenn wir aus anderen Gründen nach Wahrheit suchen, kann dies zu einer Verzerrung dessen führen, was wir empfangen. Die Qualität der Erkenntnis, die wir empfangen, läßt sich daran ablesen, wieviel Nähe zum Herrn wir dadurch gewinnen. Bei der Frage der Wahrheit geht es nicht um unser Wissen über Gott – es geht darum, wie gut es uns gelingt, in Gott zu bleiben.

Unsere Tendenz, diese Grundwahrheit zu vergessen – daß wir zu allererst zur Gemeinschaft berufen sind –, ist einer der wichtigsten Faktoren, durch den das Wesen des Christseins verzerrt wird. Wir sind nicht zu Werken berufen, nicht zur Erkenntnis. Echte Erkenntnis der Bibel hängt von unserer Verbundenheit mit dem Autor ab.

Kapitel 12

Das Wort ist ein Samen

Im Gleichnis vom Sämann erklärt Jesus: »Der Samen ist das Wort Gottes« (Lk 8,11). Der Samen ist nicht die Pflanze, doch er enthält bereits den genetischen Code für das, was die Pflanze einmal sein wird. Wenn wir den Samencharakter des Wortes verstehen, so wird uns dies in die Lage versetzen, sowohl das Wesen des Wortes, das in uns gepflanzt wurde, zu verstehen als auch das, was daraus werden wird, wenn das Wort zu wachsen beginnt.

Ebenso wie der natürliche Samen den genetischen Code der ausgewachsenen Pflanze enthält, wird auch der geistliche Samen, der ursprünglich in das Leben eines Menschen hineingelegt wurde, um Glauben zu wirken, bestimmen, welche Qualität das geistliche Leben dieses Menschen haben wird. Deswegen hat der Herr Jesus, wenn es um die Bedingungen der Nachfolge ging, keine Kompromisse zugelassen. Er wußte, daß die Qualität unseres Glaubens abhängig ist von der Qualität des Wortes, dessen Ruf wir zuerst gefolgt sind. Wenn wir die Maßstäbe für die erste Entscheidung heruntersetzen, um unsere Versammlungen oder unsere Evangelisationsberichte zu füllen, schwächen wir damit auch das ganze geistliche Gewebe der Kirche.

Ein weiteres wichtiges Merkmal von Samen ist, daß sie einen eingebauten Mechanismus besitzen, der verhindert, daß der Same aufgeht, bevor die richtigen Bedingungen für das Wachstum gegeben sind. Die Bedingungen für das Wachstum sind Licht, Wasser und Wärme. Alle drei müssen ausreichend vorhanden sein. Wenn nur zwei der drei Bedingungen gegeben sind, wird der Samen nicht aufgehen. Auf diese Weise soll der Samen davor geschützt werden, auf eine verfrühte Wärmeperiode mit ausreichender Feuchtigkeit zu reagieren, solange es noch Winter ist. Wenn nicht auch genügend Licht vorhanden ist, wird der Samen nicht sprießen. Auch in kalten oder trockenen Perioden im Frühling wird die Saat nicht aufgehen, obwohl genügend Licht vorhanden wäre. Der Herr hat diese geniale Funktion in den Samen hineingelegt, weil sie die Grundlage allen Lebens ist.

Dies gilt auch für den geistlichen Samen. Gott hat auch hier einen Mechanismus eingebaut, der verhindert, daß der Samen aufgeht, bevor die Bedingungen für das Wachstum günstig sind. Auch beim geistlichen Samen braucht es die gleichen Merkmale im richtigen Maß: Wasser, Wärme und Licht. Das Wasser steht für das Wort Gottes. Das Licht ist ein Symbol für die Offenbarung, die das Wort Gottes erleuchtet. Die Wärme ist ein Bild für die richtigen Umstände. Solange nicht alle drei Bedingungen gegeben sind, wird der Samen ebenfalls nicht aufgehen. Wir können einen Menschen zur Entscheidung drängen, solange die Bedingungen noch ungünstig sind, aber das wird das Leben dieses Menschen nicht verändern, außer auf einer oberflächlichen Ebene als ein Nachgeben gegenüber dem Druck, den wir ausgeübt haben.

Ein Mensch muß von neuem geboren werden, um in das Reich Gottes zu gelangen. Der Samen, das Wort Gottes, muß in diesem Menschen aufgehen, damit die Bekehrung echt sein kann. Deshalb hat Jesus nur sehr wenige Menschen zu einer sofortigen Entscheidung aufgerufen. Er rief nur die, bei denen er sehen konnte, daß sie bereit waren. Doch der Hauptteil seines Dienstes bestand darin, Samen zu säen, die erst später die Kirche als Ernte einbringen sollte. Im ersten Korintherbrief, Kapitel 3, Vers 6 schreibt der Apostel Paulus, er habe gepflanzt, Apollos habe begossen, und Gott habe die Ernte hervorgebracht. Wenn unser Dienst Erfolg haben soll, müssen wir diese Unterscheidungsgabe auch besitzen. Wir müssen wissen, wann es Zeit ist zu pflanzen, wann Zeit zu ernten oder wann es einfach nur darum geht, die Samen zu begießen, die bereits in den Boden gelegt wurden, und Gott zu vertrauen, daß er einen anderen senden wird, der zur rechten Zeit die Ernte einbringen wird.

In der Evangelisation herrscht eine starke »Ernte-Mentalität« vor, die für das echte Werk der Evangelisation oft verheerende Folgen hat. Bei uns scheinen nur die zu zählen, die sich »für Jesus entscheiden«. Dabei spielt es keine Rolle, ob die Entscheidung echt ist oder nicht. Es hat sich gezeigt, daß die große Mehrzahl der Bekehrungen auf evangelistischen Veranstaltungen nicht echt ist. Doch ein Evangelist, der nur sät und keine tolle Statistik über die Zahl der Bekehrungen vorweisen kann, wird nur selten die nötigen Zuwendungen bekommen. Doch wenn wir so arbeiten, übersehen wir ein wichtiges biblisches Prinzip. Wer erntet, kann nur deshalb ernten, weil zuvor jemand so treu gewesen ist zu säen. Die Evangelisation ist ein Prozeß: Die Saat wird ausgestreut, dann mit genügend Wasser, Wärme und Licht versorgt und zur richtigen Zeit wird die Ernte eingebracht.

Das Wesen der Wahrheit findet sich im Buch Kohelet, Kapitel 3, Verse 1-8: »Alles hat seine Stunde. Für jedes Geschehen unter dem Himmel gibt es eine bestimmte Zeit: eine Zeit zum Gebären und eine Zeit zum Sterben, eine Zeit zum Pflanzen und eine Zeit zum Abernten der Pflanzen, ...« Das Ernten ist eine Wahrheit und ein wichtiger Teil unseres Auftrags, doch wenn wir in der Zeit der Aussaat zu ernten versuchen, so haben wir uns täuschen lassen. Diese Täuschung entspricht nicht dem Willen Gottes. Wenn wir nicht nach Gottes Willen handeln, wird uns auch »das richtige Timing« fehlen.

Gleiches gilt für den Dienst der Lehre. Auch hier gibt es eine Zeit zu säen, eine Zeit zu wässern und eine Zeit zu ernten. Wir dürfen nicht immer ein sofortiges Ergebnis erwarten, wenn wir lehren. Wir können nur in Treue pflanzen, wässern oder ernten, so wie der Herr uns leitet. Er muß seine Saat beobachten und den richtigen Zeitpunkt für die Ernte herbeiführen. Viel von der Frustration, die Pfarrer heute erleben, rührt daher, daß sie dies nicht verstehen. Auch ein Gutteil der Frustration, die Gemeinden gegenüber ihren Pfarrern empfinden, rührt daher. Wenn die Hirten oder Lehrer die Gemeinde dazu drängen, zu früh Frucht zu tragen, so wird dies bestenfalls zu künstlichen Früchten führen. Haben Sie schon einmal versucht, in einen künstlichen Apfel zu beißen? Den gleichen Geschmack besitzen für die Welt und für den Herrn die meisten Früchte der Kirche!

Das Saatgut muß geprüft werden

Im Gleichnis vom Sämann (vgl. Mt 13,1-9.18-23) erklärt der Herr, daß jedes Wort Gottes auf dreierlei Weise getestet wird, bevor es Frucht bringen kann. Wenn wir dieses Gleichnis verstehen, kann uns dies bei den Wahrheiten, die uns gegeben werden, zu mehr geistlicher Frucht verhelfen.

1. Die Vögel des Himmels

Bei seiner Auslegung bezeichnet der Herr die Vögel als den Satan. »Immer wenn ein Mensch das Wort vom Reich hört *und es nicht versteht*, kommt der Böse und nimmt alles weg, was diesem Menschen ins Herz gesät wurde« (Vers 19; Hervorhebung durch den Autor). Eine persönliche Erkenntnis der Wahrheit ist wesentlich, wenn das Wort in uns Frucht bringen soll. Wenn Menschen unter Druck versuchen, Frucht zu bringen, wird das Ergebnis nicht in den Früchten des Heiligen Geistes bestehen.

Jesus fragte einmal seine Jünger, wer er, nach Aussage der Menschen, sei. Sie antworteten, einige sagten, er sei ein Prophet, andere dächten, er sei Elija und wieder andere betrachteten ihn als den auferstandenen Johannes den Täufer. Dann forderte er sie heraus, indem er fragte: »Ihr aber, für wen haltet ihr mich?« (Mt 16,15). Wenn sie seine Jünger sein wollten, dürften sie nicht nur nachplappern, was andere über Jesus sagten. Sie selbst mußten ihn kennen.

Dies gilt auch heute noch. Es ist egal, was unser Pfarrer, unser liebster Lehrer, Autor oder Fernsehprediger auch über Jesu Identität sagen mag. Wir müssen jeder eine persönliche Offenbarung über Jesus vom Vater empfangen. Keiner wird durch den Glauben eines anderen Erlösung oder Gnade erlangen. Wir können uns nicht zu dem Jesus eines anderen bekehren; es muß unser eigener Jesus sein. Wir müssen jeder eine eigene Offenbarung empfangen – über ihn und jede Wahrheit, die er gegeben hat –, damit wir Frucht bringen. Sonst sind wir eine leichte Beute für die Vögel des Himmels, die mit Sicherheit kommen werden, um unseren Samen zu stehlen.

Wer eine Leitungsaufgabe wahrnimmt, sollte auf diese Prüfung besonders acht haben. Ohne eine beständige persönliche Hingabe an Jesus wird es keine echte Frucht in unserem Dienst geben. Wir dürfen uns nicht mit dem »Amen« der Menschen, denen wir dienen, zufriedengeben. Wenn die Zeit der Prüfung kommt, wird von unserem Werk nichts bleiben, wenn uns die, denen wir dienen, ohne eine eigene Erkenntnis des Wortes folgen. Wer lehrt, sollte immer den Geist der Männer von Beröa fördern, die selbst in der Schrift geforscht haben, nachdem sie eine Botschaft gehört hatten, um deren Wahrheitsgehalt zu prüfen. Ein Leiter, dem es darum geht, daß andere ihm in blindem Gehorsam folgen, wird auch nur blinde Anhänger haben. Echter Glaube ist nicht blind; er ist der Kern aller Erleuchtung und Erkenntnis. Denen, die das Wort nicht verstehen, wird es gestohlen werden. Wer echte geistliche Autorität besitzt, hat keine Angst, von seinen Leuten herausgefordert zu werden – er wird es begrüßen, weil er weiß, daß dies ein Zeichen dafür ist, daß das Wort ernst genommen wurde. Nur wem das Wort im Grunde egal ist, wird die Unterweisungen, die er erhält, niemals in Frage stellen.

Ich betone noch einmal: Echtes Christsein besteht nicht nur darin, daß wir Wahrheiten korrekt darlegen können oder daß wir uns den biblischen Ermahnungen gemäß ordentlich verhalten. Echtes Christsein ist nichts weniger als Einheit mit Christus. Diese Einheit findet nicht im Kopf, sondern im Herzen statt. »Wer *mit dem Herzen glaubt* und mit dem Mund bekennt, wird Gerechtigkeit und Heil erlangen« (Röm 10,10; Hervorhebung durch den Autor). Christus in uns ist die Hoffnung der Herrlichkeit. Wissen wird nur dann zu echter Erkenntnis, wenn es unser Herz erreicht hat. Nur wenn es unser Herz erreicht hat, wird es Teil unseres Lebens werden. Nicht derjenige wird vor Täuschungen bewahrt, der heutzutage um die Wahrheit weiß, sondern derjenige, der die Wahrheit liebt. Wir werden die Wahrheit nur dann lieben, wenn sie in unser Herz gelangt ist.

2. Oberflächlichkeit

Oberflächlichkeit ist der nächste, wichtige Test, dem der Samen unterzogen wird. Manche nehmen das Wort voller Freude auf, doch sobald schwere Zeiten oder Verfolgung um des Wortes Willen kommen, geben sie das, was sie gerade erst empfangen haben, wieder auf.

Unsere Tendenz, denen die höchste Achtung zu erweisen, die am schnellsten wachsen, trägt zum Ruin des modernen Christentums mit bei. Doch gerade solche Menschen gehören oft zu den Werken, vor denen uns der Herr in diesem Gleichnis warnt. Einige Samen sprießen sehr schnell, weil sie nur wenig Wurzeln oder Tiefgang besitzen. Größe und schnelles Wachstum sind nicht unbedingt Zeichen für Gottes Zustimmung. Die bleibenden Werke gehören nicht notwendigerweise zu den Werken, die ihre Äste schnell überallhin ausgebreitet haben. Die bleibenden Werke haben vielmehr ihre Wurzeln sorgfältig und tief in die Erde gegraben. Wenn das Fundament schwach ist, spielt es keine Rolle, wie stark der Rest des Gebäudes ist. Es steht trotzdem in der Gefahr zusammenzubrechen. Je größer das Gebäude ist, um so größer wird die Gefahr, weil auf dem Fundament ein immer größerer Druck lastet.

Wir sollen »Eichen der Gerechtigkeit« genannt werden. Dies ist eine sehr passende Metapher, weil es ein Merkmal wiedergibt, das Gott von uns erwartet. Eine gesunde Eiche wird in Trockenperioden kräftiger. An einem normalen Sommertag gibt eine ausgewachsene Eiche durch den Verdunstungsprozeß etwa einhundertfünfzig Liter Wasser an die Atmosphäre ab. In Dürrezeiten wird dieser Verdunstungsprozeß gestoppt, damit das Wasser zurück in die Wurzeln gelangt. Die Wurzeln können auf diese Weise tiefer in die Erde hineinwachsen und dort Wasser finden. Wir müssen aufhören, Dürrezeiten zu beklagen, sie dienen uns zum Besten. Wie die Eichen müssen wir Dürrezeiten als einen Anlaß nutzen, tieferliegende Wasserquellen anzuzapfen. Gott hat uns allen einen nie versiegenden Brunnen des lebendigen Wassers geschenkt. Wir werden niemals austrocknen, wenn wir lernen, wie wir diesen Brunnen nutzen können.

Jesus hat gesagt: »Wer an mich glaubt, wie die Schrift sagt, von dessen Leib werden Ströme lebendigen Wassers fließen« (Joh 7,38). Wenn wir austrocknen, so liegt dies daran, daß wir zu oberflächlich nach Wasser gesucht haben. Sein lebendiges Wasser kommt aus unserem Innersten. Wenn wir den Brunnen des lebendigen Wassers, den er in uns hineingelegt hat, anzapfen, werden wir niemals austrocknen. Jede Dürre soll uns helfen, diese Quelle zu finden, die nie versiegt.

3. Die Sorgen dieser Welt

Die Sorgen dieser Welt stellen die letzte, große Prüfung des Wortes in uns dar. Wie der Herr Glauben benutzt, um in unserem Leben zu handeln, so nutzt der Feind die Angst. Angst ist eigentlich eine Form von Glauben; sie ist der Glaube an die Dinge, die wir nicht wollen und öffnet diesen Dingen eine Tür. Noch zerstörerischer ist die Tatsache, daß Angst und Sorgen unsere Aufmerksamkeit auf die Welt richten, statt auf den, dessen Reich nicht erschüttert werden kann.

Das unerschütterliche Reich Gottes, ist »nicht von dieser Welt«. Wenn unsere Aufmerksamkeit auf diese Welt gerichtet ist, können wir sein Reich nicht sehen. Wenn wir in Christus sind, so sollen wir dieser Welt abgestorben sein. Wenn wir für diese Welt tot sind, was kann die Welt uns dann noch anhaben? Ein Toter kennt keine Furcht, er läßt sich nicht beleidigen und er spürt keine Ablehnung. Ein Toter hat keine Sehnsucht oder Lust mehr nach den Dingen dieser Welt. Daher gerät er auch nicht in die Gefahr, sich zu sehr um das zu sorgen, was er auf dieser Welt gewinnen oder verlieren könnte.

Im Lukasevangelium stellt der Herr Jesus selbst ganz nüchtern fest: »Darum kann keiner von euch mein Jünger sein, wenn er nicht auf seinen *ganzen* Besitz verzichtet« (Lk 14,33; Hervorhebung durch den Autor). Bedeutet dies, daß wir alles verkaufen müssen, um ihm nachzufolgen? Nicht unbedingt. Dies wurde ja auch nicht von all denen wortwörtlich verlangt, die ihm nachfolgten, während er auf Erden lebte. Also sollten auch wir aus dieser Aussage nicht schließen, daß dies für uns alle wortwörtlich gemeint ist. Doch es galt damals einigen als eine wortwörtliche Aufforderung, und es wird auch heute von manchen so verlangt werden, die ihm nachfolgen. Doch ob nun im wortwörtlichen Sinn oder im geistlichen, verlangt wird es von allen. Der Herr hat deutlich gesagt, »keiner« könne sein Jünger sein, der nicht »auf seinen ganzen Besitz verzichtet«. Dieser Aufforderung müssen wir alle nachkommen, egal in welchen Sinn der Herr sie uns abverlangt. Für manche wird dies im wörtlichen Sinn gemeint sein wie damals für den reichen Jüngling. Bei anderen wird es eine radikale Abwendung bedeuten von ihrer Hingabe an den Besitz, der ihr Leben fest im Griff hat, ob es nun ums Gewinnen oder ums Verlieren geht. Wir müssen uns von Dingen trennen können, wenn wir wirkliche Jünger sein wollen. Denn wo unser Schatz ist, da wird auch unser Herz sein. Mit dem Herzen glauben wir. So hat uns der Apostel Paulus in seinem Brief an Timotheus gewarnt:

> »Die Frömmigkeit bringt in der Tat reichen Gewinn, wenn man nur genügsam ist. Denn wir haben nichts in die Welt mitgebracht, und wir können auch nichts aus ihr mitnehmen. Wenn wir Nahrung und Kleidung haben, soll uns das genügen. Wer aber reich werden will, gerät in Versuchungen und Schlingen, er verfällt vielen sinnlosen und schädlichen Begierden, die den Menschen ins Verderben und in den Untergang stürzen. Denn die Wurzel aller Übel ist die Habsucht. Nicht wenige, die ihr verfielen, sind vom Glauben abgeirrt und haben sich viele Qualen bereitet. Du aber, ein Mann Gottes, *flieh vor all dem*. Strebe unermüdlich nach Gerechtigkeit, Frömmigkeit, Glauben, Liebe, Standhaftigkeit und Sanftmut. Kämpfe den guten Kampf des Glaubens, ergreife das ewige Leben, zu dem du berufen worden bist und für das du vor vielen Zeugen das gute Bekenntnis abgelegt hast« (1 Tim 6,6-12; Hervorhebung durch den Autor).

Die Bindung an das Materielle zeigt, daß wir nur mit dem Verstand glauben, nicht mit dem Herzen. Wenn wir mit dem Herzen glauben, werden die ewigen Dinge für uns realer als die zeitlichen. Das Vergängliche kann uns nicht mehr unter seinem Joch halten. Wenn unser Schatz wirklich im Himmel ist, so wird unser Herz auch dort sein.

Doch nicht alle Ängste und Sorgen dieser Welt hängen mit unserem materiellen Besitz zusammen. Einige beruhen auf der erdrückenden Bindung an die Anerkennung der Menschen. Dabei gewinnt auch das Zeitliche Vorrang vor dem Ewigen. Jesus fragte: »Wie könnt ihr zum Glauben kommen, wenn ihr eure Ehre voneinander empfangt, nicht aber die Ehre sucht, die von dem einen Gott kommt?« (Joh 5,44). Ehre oder Anerkennung bei Menschen zu suchen, und seien es geistliche Menschen, statt bei der schlichten Hingabe an Christus zu bleiben, erweist sich als ein leidbringender Feind echten Glaubens.

Wenn wir etwas dafür tun wollen, daß wir im Glauben wachsen, so bietet sich eine positivere Lösung an: nämlich, daß wir eine verborgene Leidenschaft für unseren Vater im Himmel entwickeln. Der Herr ermahnt uns, im Verborgenen Almosen zu geben und zu beten. Wenn wir Dinge um der Anerkennung anderer Menschen willen tun, dann haben wir bereits durch diese vergängliche, flüchtige Anerkennung unseren ganzen Lohn empfangen.

Wenn wir Dinge tun, die nur unser Vater sieht, dann nimmt unser Schatz im Himmel zu. »Wo euer Schatz ist, da wird auch euer Herz sein.« Wenn unser Schatz im Himmel zunimmt, wird auch unsere Aufmerksamkeit auf die ewigen Dinge zunehmen. Wir werden nicht mehr so sehr von all dem aufgefressen, was vergänglich ist.

Es stimmt, daß diejenigen, die für einen Dienst beten oder ihn finanziell unterstützen, auch an der ewigen Frucht dieses Dienstes teilhaben werden. Doch wir sollten unseren Lohn nicht vergeuden, indem wir eine vergängliche Anerkennung für unsere Leistungen erstreben. Wenn wir denen, die diesen Dienst tun, sagen, wie häufig wir für sie beten oder wieviel wir spenden, so ist diese menschliche Anerkennung unser ganzer Lohn gewesen. Eine solche Anerkennung begrenzt unseren Blick auf das Vergängliche.

Mangel an echter geistlicher Frucht läßt sich oft auf unsere Sorge um die Dinge dieser Welt zurückführen. Dies ist nicht erstrebenswert, darüber hinaus ist es für einen echten Jünger Christi aber auch völlig inakzeptabel. Wenn unser Schatz bei Christus im Himmel ist, wird auch unser Herz dort bei ihm sein. Dann wird unser Herz zu einem fruchtbaren Boden, der die Frucht echten Glaubens hervorbringen kann: bei den einen dreißigfältig, bei den anderen sechzig- oder hundertfältig. Der Herr hat gesagt, wenn wir auch nur Glauben von der Größe eines Senfkorns hätten, so könnten wir Berge versetzen. Der Samen mag das kleinste sein, was wir besitzen, aber er kann übergroße Resultate hervorbringen, wenn wir ihn Gott hingeben.

Elija verlangte von der Witwe, daß sie ihm alles Mehl und alles Öl gab, das sie besaß. Das war nicht einmal genug für eine Mahlzeit. Doch als sie es ihm gegeben hatte, gingen ihr Mehl und Öl nie aus. Hätte sie das wenige, das sie besaß, zurückgehalten, so wäre sie mit ziemlicher Sicherheit verhungert. Das wenige, das sie Gott übergab, wurde ein endloser Vorrat. In unserem Leben ist das genauso. Verglichen mit der Ewigkeit ist jeder von uns nur ein Hauch. Warum sollten wir ihm nicht alles geben und abwarten, was er daraus machen kann? Wenn wir das tun, bekommen wir die Möglichkeit, mit der Ewigkeit in Berührung zu treten.

Kapitel 13

Grundlagen der Schriftauslegung

In diesem Kapitel werden wir die Grundlagen einer sachgemäßen Schriftauslegung untersuchen. Wir werden auch kursorisch einen Blick auf die beiden grundlegendsten, aber gegensätzlichen hermeneutischen Systeme werfen, die es gibt, und die Vorteile und Stolpersteine beider Systeme betrachten.

Das erste Prinzip einer sachgemäßen Schriftauslegung besteht darin, daß wir der Schrift »zur Belehrung, zur Widerlegung, zur Besserung, zur Erziehung in der Gerechtigkeit« die letztgültige Autorität beimessen, denn »so wird der Mensch Gottes zu jedem guten Werk bereit und gerüstet sein« (2 Tim 3,16-17).

Selbst unsere Ansicht über die Bibel muß von dem bestimmt werden, was die Bibel über sich selbst sagt. Für uns kann nur ein System der Schriftauslegung Gültigkeit besitzen, das solche Prinzipien anwendet, die auch von den Verfassern der Bibel benutzt worden sind, wenn diese auf andere Schriftpassagen Bezug genommen haben.

Die Behauptung, daß die Bibel die letztgültige Autorität ist, wird manchmal zu Protesten führen: »Nein, Jesus ist der Herr der Kirche und damit letzte Autorität.« Doch selbst Jesus hat sich wiederholt auf die Autorität der Schrift als Basis seines Handelns und seiner Lehre bezogen. In Situationen, in denen er vom Satan oder von Menschen herausgefordert wurde, hätte er auch antworten können: »Ich bin der Sohn Gottes und ich handle gemäß meiner eigenen Autorität.« Statt dessen war er sehr darauf bedacht, die Grundlage seiner Ansichten deutlich zu machen: »Es steht geschrieben …«

Wenn schon Jesus der Schrift so ergeben war, wieviel mehr sollten wir sie achten!

Was sagt die Bibel?

Nur wenige, die wirklich auf der Suche nach Wahrheit und Erkenntnis sind, zweifeln daran, daß die Bibel die letztgültige Autorität in Fragen der Lehre darstellt. »Die Schrift sagt, ...« – diese Aussage setzt allen Fragen ein Ende, außer vielleicht der einen großen Frage: Was sagt die Bibel denn nun wirklich? An diesem Punkt scheiden sich die verschiedenen Schulen der Schriftauslegung. Die Auslegung einer einzigen Bibelstelle kann zu einer Vielzahl voneinander abweichender Meinungen führen, und dies selbst innerhalb einer hermeneutischen Schule. Wir sollten die Unterschiede zwischen den beiden extremsten Schulen verstehen, um zumindest ein grobes Raster zu haben, mit dem wir die meisten anderen Methoden und ihre Schlußfolgerungen verstehen und bewerten können.

Unser Hauptziel beim Studium der Hermeneutik besteht darin, das Wort der Wahrheit richtig zu analysieren. Wir wollen korrekt feststellen, was die Bibel sagt, damit wir danach leben und in diesem Sinne andere unterweisen können.

Das zweitwichtigste Ziel besteht darin, dem heranreifenden Christen oder den sich herausbildenden Aufträgen wie auch den Menschen, die im Leib Christi in Leitungsverantwortung stehen, ein Verständnis dafür zu vermitteln, wo die vielen verwirrenden Lehren und zerstörerischen Häresien ihren Ursprung haben, mit denen sie unweigerlich hin und wieder konfrontiert werden. Wenn wir kein Verständnis über die Quellen unaufrichtiger Lehren besitzen, so wird es uns sehr viel schwerer fallen, sie zu bekämpfen.

Wenn wir nun die beiden Interpretationssysteme betrachten, die den extremsten Gegensatz bilden, so müssen wir uns vor übermäßigen Verallgemeinerungen hüten. Ebenso müssen wir uns davor hüten, andere als »extrem« zu verurteilen, nur weil sie einige Grundsätze benutzen, die wir als extrem einstufen. Die meisten Lehrer, Pfarrer und Gläubigen stehen in ihrer Haltung gegenüber der Schrift zwischen diesen Extremen. Die meisten Menschen, die die Bibel lesen, benutzen Elemente beider Positionen, selbst wenn ihnen dies nicht bewußt ist oder sie es nicht zugeben. Beide Positionen haben ihre Vorzüge. Wir wollen sie beurteilen, um das, was daran wertvoll ist, zu nutzen und die Stolpersteine zu meiden. Wir müssen uns auch bewußt machen, daß nicht alle, die die Grundsätze einer der beiden Extrempositionen befürworten, bei einzelnen Schriftpassagen zu identischen Schlußfolgerungen kommen.

Die Methode, die Bibel wörtlich auszulegen

Die wörtliche Auslegung der Bibel ist die Methode, die von den meisten ultra-konservativen, protestantischen beziehungsweise evangelischen Schulen vertreten wird. Ich bezeichne diese ultra-konservativen Schulen als »evangelisch«, um sie von den ultra-konservativen, katholischen Schulen zu unterscheiden. Dies hat nichts mit der Bezeichnung »evangelikal« zu tun; die meisten Christen, darunter auch hochkirchliche Christen und viele Katholiken, bezeichnen sich heute dem Sinn nach als »evangelikal«.

Ich unterscheide an dieser Stelle auch zwischen dem ultra-konservativen Lager und solchen Lagern, die nur »einfach« konservativ sind. Die Konservativen erkennen die Inspiration der Bibel durch den Heiligen Geist sowie die Unfehlbarkeit der Bibel an, bewahren aber eine größere Freiheit bei der Schriftauslegung. Es sollte auch festgehalten werden, daß viele Lager, die von Ultra-Konservativen als liberal angesehen werden, in Wahrheit konservativ sind. Diese konservativen Christen glauben an die göttliche Inspiration und die Unfehlbarkeit der Bibel und benutzen unter anderem auch die wörtliche Auslegung bei der Interpretation der Schrift. Doch sie geben auch anderen Auslegungsmethoden Raum, wenn dies im Sinne einer sachgemäßen Exegese notwendig erscheint. Das eigentliche liberale Lager hingegen glaubt nicht an die Unfehlbarkeit und die göttliche Inspiration der Schrift. Deshalb benutze ich den Begriff »ultra-konservativ«. Ich möchte denen Raum geben, die tatsächlich konservativ sind, aber nicht unter diese extreme Kategorie fallen.

Der wörtlichen Auslegung liegt der Glaubenssatz zugrunde: »Die Inspiration des Lesers durch den Heiligen Geist macht eine sachgemäße Auslegung biblischer Texte nicht überflüssig. Keine Passage der Schrift offenbart uns ihren Sinn ohne eine gründliche Exegese.« Dies klingt nach einer sicheren und praktikablen Methode, und es ist als erster Schritt zu einem richtigen Verständnis der Bibel auch durchaus eine solche. Probleme entstehen dann, wenn sich zeigt, daß die Bibel selbst dieses Prinzip immer wieder verletzt. An Stellen, an denen biblische Autoren andere Schriftstellen auslegen, weichen sie manchmal von dieser Regel ab. Auch gibt es Situationen, in denen die wörtliche Exegese zu keiner sinnvollen Auslegung führt, weil die Passage offensichtlich allegorisch zu verstehen ist.

Betrachten wir zum Beispiel die Verse 21-31 im 4. Kapitel des Galaterbriefs, wo Paulus erklärt: »*Dies hat einen bildlichen Sinn;* denn diese [Frauen; Sara und Hagar] bedeuten zwei Bündnisse« (Vers 24; revidierte Elberfelder; Hervorhebung durch den Autor). Dieser Vers ist der größte Dorn im Fleisch der ultra-konservativen Theologen, die einen Feldzug gegen bildliche oder mystische Auslegungen der Schrift führen. Es gibt in der Bibel viele Passagen, die etwas ähnliches ausdrücken, wenn auch meist nicht so direkt. Wenn Jesus als das »Lamm Gottes« bezeichnet wird, so ist dies bildlich gemeint. Man kann nicht wirklich verstehen, warum er Mensch geworden ist, wenn man seine Funktion als das »Lamm« nicht erfaßt hat. Hier ist der Ausdruck »Lamm« sicher nicht wörtlich gemeint. Wir könnten ferner die Bezeichnung Jesu als den »Hohenpriester«, als »ewigen Priester nach der Ordnung Melchisedeks« anführen, oder auch die Stelle, an der es heißt, er sitze »auf dem Thron Davids«. Es gäbe noch viele weitere Beispiele.

Eine starre, unbewegliche Haltung, die nur die wörtliche Auslegung der Bibel zuläßt, führt zu Verwirrungen und grenzt beinahe an Lächerlichkeit. Wir müßten annehmen, daß Jesus wiederkehrt, um wahrhaftige Schafe und Böcke zu richten, oder daß das Gras zur Hölle fahren wird. Der einzige Ausweg besteht darin, Auslegungen zuzulassen, die sich an das halten, »was der Verfasser einer Bibelstelle gemeint hat«. Dies ist hilfreich, läßt jedoch noch eine beträchtliche Meinungsvielfalt darüber zu, was der Verfasser sagen wollte. Ohne Zweifel wußten oder verstanden selbst die Verfasser der Bibel nicht immer, was sie da geschrieben haben. Dies gilt in besonderem Maße für biblische Prophetien.

Das generelle Problem mit »geistlichen Prinzipien«

Geistliche Prinzipien verlieren ihren praktischen Wert nicht dadurch, daß sie nicht auf jede Situation anwendbar sind. Wir müssen wachsam sein, daß wir nicht ins andere Extrem verfallen, nur weil bei unseren Grundprinzipien Probleme auftauchen. Wir neigen zu der Ansicht, Prinzipien müßten völlig stimmig und in jeder Situation gültig sein, doch die wenigsten Prinzipien sind jemals so perfekt. Mit der gleichen Demut, die wir brauchen, um zur Erkenntnis der Wahrheit zu gelangen, müssen wir auch eingestehen, daß selbst besonders liebgewonnene Prinzipien manchmal modifiziert oder gar völlig geändert werden müssen. Aus meiner eigenen Suche heraus bin ich zu dem Schluß gekommen, daß es keine absoluten Prinzipien für die Schriftauslegung gibt und daß dies vom Herrn durchaus beabsichtigt ist. Er möchte nicht, daß sich sein Volk bei der Suche nach Erkenntnis allein auf Prinzipien verläßt. Er möchte, daß wir uns auf ihn verlassen und uns von ihm abhängig machen, um zur Erkenntnis der Wahrheit zu gelangen. Doch, um es noch einmal zu betonen, das entbindet uns nicht von der sachgemäßen Anwendung einiger Prinzipien, solange wir begreifen, daß diese Prinzipien ihre Grenzen haben.

Wenn wir verstehen, daß selbst die besten und stimmigsten Prinzipien der Schriftauslegung ihre Grenzen haben, so befreit dies die Kirche von einer schrecklichen Bürde der Gesetzlichkeit. Wenn wir Wahrheit erlangen wollen, so muß uns der Heilige Geist leiten. Es gibt Prinzipien, die uns helfen können, im großen und ganzen auf dem Weg des Lebens zu bleiben und nicht so weit vom Kurs abzuweichen, daß wir den Heiligen Geist überhaupt nicht mehr hören können. Wenn wir jedoch unser Vertrauen allein auf Prinzipien gründen, dann sind wir bereits aus diesem Bereich herausgetreten, in dem wir den Heiligen Geist hören können; und dabei spielt es auch keine Rolle, wie biblisch unsere Prinzipien aussehen mögen.

In den letzten Jahren habe ich versucht, pro Jahr wenigstens ein oder zwei Bücher über Hermeneutik zu lesen. Alle Autoren legten das obligatorische Bekenntnis ab, sie seien in ihrer persönlichen Suche »vom Heiligen Geist geführt«. Doch in ihren Deutungssystemen fand ich keinen Raum für die Möglichkeit, daß jemand den Heiligen Geist hört oder von ihm geführt wird. Viele der in den Büchern dargestellten Prinzipien könnten sogar die Fähigkeit des Gläubigen, bei der Schriftauslegung auf den Herrn zu hören, zerstören. Ich habe sicher nicht alle Bücher über Hermeneutik gelesen, daher möchte ich nicht behaupten, dies träfe auf alle verfügbaren Bücher zu. Und obwohl dieses Element in allen Büchern, die ich gelesen habe, vorherrschend war, habe ich dennoch von ihnen profitiert. Um dieses Fleisch essen zu können, müssen wir die Knochen herauslösen – und da gibt es ein paar sehr große Knochen!

Einige aus der Schule der wörtlichen Auslegung haben das Problem im Umgang mit offensichtlichen biblischen Allegorien gelöst, indem sie ein zusätzliches Prinzip eingeführt haben: »Nur die Verfasser der Bibel haben die Autorität, die Allegorien der Schrift auszulegen.« Doch selbst dieses Prinzip widerspricht bereits ihrer eigenen Grundprämisse, daß die Schrift nicht bildlich, sondern immer wörtlich zu verstehen sei. Außerdem öffnet die zweite Prämisse – nur der, dem die Autorität gegeben ist, die Schrift niederzuschreiben, besitzt auch die Autorität, die Allegorien der Schrift zu interpretieren – einer weiteren, noch viel gefährlicheren Annahme Tür und Tor.

Daniel war befohlen worden, seine Worte geheimzuhalten und sein Buch zu versiegeln bis zur Zeit des Endes (vgl. Dan 12,4). Die Teile der Offenbarung Daniels, die ihm erklärt wurden, bestätigten, daß das von ihm Geschaute bildlich zu verstehen war. Zum Beispiel: »Der Widder mit den zwei Hörnern, den du gesehen hast, *bedeutet* die Könige von Medien und Persien« (Dan 8,20; Hervorhebung durch den Autor). Oder: »Diese großen Tiere, ... bedeuten vier Könige, die sich auf der Erde erheben werden« (Dan 7,17). Wenn nur die Verfasser der Bibel die Autorität haben, die Bilder der Bibel auszulegen, wer wird dann das interpretieren, was vom Buch Daniel noch nicht ausgelegt wurde? Der Großteil des Buches ist bis heute ein Geheimnis. Und wer wird darüber hinaus all die übrigen prophetischen Bücher (zum Beispiel die Offenbarung des Johannes) auslegen, die viele ausgesprochen bildhafte Passagen enthalten? Die Apostel haben sie uns noch nicht ausgelegt. Hat Gott uns all diese Bilder nur gegeben, um sich einen Scherz mit uns zu erlauben? Sicher nicht! Wenn nun jemand die offensichtlichen Auslegungen hervorbringt, hat er damit auch das Recht, biblische Schriften zu verfassen? Natürlich nicht! Viele Prinzipien, die geschaffen wurden, um die Schriftauslegung sicher zu machen, öffnen noch schlimmeren Problemen die Tür.

Bei jedem Prinzip der Schriftinterpretation, das ich untersucht habe, lassen sich leicht einige Widersprüche ausmachen. Viele ehrliche Theologen geben dies zu. Es scheint bei jeder Regel eine Ausnahme zu geben, doch das raubt der Regel noch lange nicht ihre Gültigkeit. Wer alle Regeln verwirft, ist einer der zerstörerischsten Häresien verfallen, die es gibt. Um sich von der Gesetzlichkeit freizumachen, haben sich solche Menschen auf eine völlige Gesetzlosigkeit im Umgang mit der Bibel eingelassen. Das richtige Maß an Einschränkungen spielt eine ähnliche Rolle wie die Gleise beim Schienenverkehr. Bei beiden handelt es sich um Grenzen, die eine unkontrollierte Bewegung in jede beliebige Richtung verhindern. Doch ohne diese Einschränkung wäre überhaupt keine Bewegung möglich! Die Schienen, die den Zug einschränken, geben ihm gleichzeitig die Freiheit, das zu sein, wozu er konzipiert wurde, und mit großer Sicherheit und Schnelligkeit vorwärtszukommen. Sinnvolle Einschränkungen bei der Schriftauslegung geben Menschen die Freiheit, die Schrift zu erkunden und zur Erkenntnis der Wahrheit zu gelangen, ohne daß sie Angst haben müssen, sie könnten sich in schlimme Fehlannahmen verirren.

Die wörtliche Auslegung der Bibel ist die Basis einer sachgemäßen, biblischen Exegese, und es ist auch die Methode, die in der Bibel selbst am häufigsten Anwendung findet. Doch die wörtliche Interpretation der Schrift war nie als allein gültige Methode gedacht. Extreme Haltungen führen unweigerlich zu Widersprüchen und völlig nutzlosen Überreaktionen. Viele dieser Ansichten wären nicht extrem gewesen, wenn sie mit etwas Flexibilität dargestellt worden wären. Es gibt viele herausragende Prinzipien der Schriftauslegung, die bei der Herausbildung der konservativ-evangelikalen Hermeneutik beleuchtet wurden. Wir müssen das Gute, das dieses System zu bieten hat, nehmen und die zerstörerischen Elemente, die darin enthalten sind, zurückweisen.

Gefahr von Seiten reaktionärer Vertreter

Wir haben das Gegenteil zur wörtlichen Schriftauslegung das System der »allegorischen« oder bildlichen Interpretation genannt. Es besteht kein Zweifel, daß die Bibel viele Bilder enthält, daher muß die allegorische Methode hin und wieder angewandt werden, damit wir die Schrift richtig verstehen können. Wer jedoch das allegorische System als Grundsatzmethode verwendet, läuft Gefahr, viel mehr Bibelstellen bildlich auszulegen als gedacht war. Die Schrift von Anfang an aus einer bildhaften Perspektive zu betrachten, kann wichtige Grundlehren des Glaubens verwässern. Dieses System führt in der Regel zur »freien Assoziation« oder zur willkürlichen Auslegung isolierter Verweisstellen und Passagen, um eine bereits vorgefertigte Ansicht oder Lehre zu rechtfertigen. Wo diese Methode zu ihrem logischen Schluß geführt wurde, entstanden oft zerstörerische Häresien. Trotzdem ist auch eine Überreaktion problematisch, bei der diese Methode völlig verworfen wird. Das System zu verwerfen bewahrt uns vielleicht davor, auf der einen Seite vom Pferd zu fallen, doch es könnte sein, daß wir statt dessen auf der anderen herunterfallen. Reaktionäre Vertreter beider Positionen haben zu einer Pervertierung des Wortes Gottes geführt.

Wie gesagt benötigt ein neuer Wein auch neue Schläuche, die flexibel und dehnbar sind. Bei aller Entschlossenheit der Vertreter der ultra-konservativen, evangelikalen bzw. evangelischen Hermeneutik, die Schrift zu achten und ihre Integrität zu wahren, kann dies doch zu einer tödlichen und alles durchdringenden Form des Humanismus führen. Dieser Humanismus kann sogar an die Stelle Gottes treten. Der Mensch oder die Wissenschaften, die der Mensch entwickelt hat, werden dann zum Ausleger der Bibel. Das Resultat ist eine Unbeweglichkeit und eine reflexartige Paranoia, die jedes neue Handeln Gottes lähmt, so wie damals Gott selbst schachmatt gesetzt werden sollte, als er unter uns auf Erden weilte. »Denn der Buchstabe tötet, der Geist aber macht lebendig« (2 Kor 3,6).

Wer auf die wörtliche Auslegung übertrieben reagiert und einer extremen Anwendung der allegorischen Methode verfällt, beugt sich in der Regel einer modernen Form des Gnostizismus. Er geht schließlich in der Regel so weit zu meinen, nur einige wenige Auserwählte könnten die verborgene Bedeutung der Schrift verstehen. Dies ist eine schreckliche Variante des Stolzes, und der Jakobusbrief erinnert uns daran, daß Gott dem Stolzen entgegentritt, dem Demütigen aber Gnade schenkt (vgl. Jak 4,6).

Allein auf hermeneutische Prinzipien der Exegese zu vertrauen, entfernt den Suchenden völlig von der notwendigen Begegnung mit dem Herrn, die wir brauchen, damit wir die Wahrheit mit unserem Herzen aufnehmen und nicht nur mit dem Verstand. Wer sich nur auf Prinzipien verläßt, erkennt die Fähigkeit des Heiligen Geistes, uns in alle Wahrheit zu führen, nicht mehr an. Viele konservativ-evangelikale Prinzipien haben ebenso viel dazu beigetragen, den Gläubigen das lebendige Wort zu entziehen wie die lateinische Messe im Mittelalter. Dieses konservativ-evangelikale System macht den Gläubigen von »Profis« abhängig, die eine eigene Priesterkaste bilden. Es stimmt, daß die Kirche manche der destruktivsten Häresien hätte vermeiden können, wenn sie einige der hermeneutischen Prinzipien der Ultra-Konservativen beachtet hätte. Doch hätte sie dies getan, so hätte sie vermutlich auch fast jede Heimsuchung durch den Herrn verpaßt. Genau dies ist den ultrakonservativen Vorfahren, den Pharisäern, passiert. Viele Heilmittel, die entwickelt wurden, um die Kirche vor der Häresie zu schützen, haben sich als schlimmer erwiesen als die Krankheit, die sie ausrotten sollten.

Die allegorische Methode der Schriftauslegung

Die allegorische Methode der Schriftauslegung ist im Grunde ein Versuch, die verborgenen oder tieferen Aussagen der Schrift zu verstehen. Ohne Frage gibt es an manchen Stellen der Schrift eine verborgene Bedeutung. Einige der offensichtlicheren Beispiele für Allegorien finden sich in den prophetischen Büchern wie dem Buch Daniel oder der Offenbarung. Der Hebräerbrief erklärt, daß viele Rituale und Erlebnisse des Alten Bundes Vorbilder oder »Sinnbilder« für das sind, was sich im Neuen Bund erfüllt. Das Bild Jesu als dem »Hohenpriester« ist ein Beispiel dafür. Auch viele andere Bücher des Neuen Testamentes sind mit Beispielen übersät, wie der erste Korintherbrief, in dem Jesus als unser »Pascha« und der »Fels, der mit Israel durch die Wüste zog« (dies haben wir ja bereits im 4. Kapitel des Galaterbriefs festgestellt) bezeichnet wird.

Viele Theologen haben die Typologie [das heißt die Lehre von den Urbildern oder Sinnbildern; Anmerk. des Übers.] unabhängig von der allegorischen Interpretation zu einer eigenen Methode der Auslegung gemacht. Dies hat seine Berechtigung, doch die biblischen Sinnbilder sind im Grunde Allegorien. Die Typologie wurde oft dazu benutzt, um die offensichtlichen Beispiele für Allegorien, die sich in der Schrift finden, unterzubringen und gleichzeitig die Anwendung der allegorischen Methode weiter anzugreifen. Dies ist sowohl geistlich als auch intellektuell gesehen unaufrichtig. Ich habe daher beschlossen, diese Unterscheidung zwischen Allegorie und Typologie nicht zu machen.

Viele, die die allegorische Methode benutzen, behaupten, sie versuchten, sich ganz vom Heiligen Geist abhängig zu machen; er solle ihnen die Schriftauslegung liefern. Dies ist sicher ein edles Motiv. Probleme entstehen jedoch bei der Unterscheidung zwischen dem, was der Heilige Geist lehrt, und dem, was dem Denken dessen entspringt, der die Schrift studiert (oder bei weitem schlimmer: was von einem bösen Geist beeinflußt wird). Nur wenige, die sich mit der Fähigkeit gebrüstet haben, im Heiligen Geist zu erkennen, was wahr und was falsch ist, konnten diesem Anspruch auch gerecht werden.

Der Herr selbst hat gesagt, seine Schafe würden seine Stimme erkennen. Die Fähigkeit, seine Stimme zu erkennen, ist eines der wichtigsten Elemente echten Christseins. Tragischerweise kommen nur wenige Christen dahin, daß sie die Stimme des Herrn zu jeder Zeit aus den vielen anderen Stimmen heraushören können; wenn überhaupt kommen sie erst am Ende ihres Lebens an diesen Punkt. Doch die meisten Christen entwickeln die Grundlehren und die Methode ihrer Schriftauslegung bereits am Anfang ihres geistlichen Lebens. Dies ist vermutlich einer der Hauptgründe, warum der Herr Lehrer eingesetzt hat als einen der Dienste, die der Zurüstung dienen sollen, und Älteste als wichtigste Quelle geistlicher Autorität.

Ein Lehrer ist nicht einfach jemand, der die richtigen Prinzipien der Schriftauslegung kennt und anwendet. Er ist auch nicht bloß jemand, der eine Lehre korrekt darlegen kann. Ein wirklicher Lehrer ist jemand, der zu einem Gefäß geworden ist, durch das der wahre Lehrer, Christus, sich zeigen kann, um auf die Bedürfnisse seiner Kirche zu antworten.

Ein Ältester ist nicht nur einfach weise; er ist jemand, der älter ist. Die Bedeutung des Alters für diejenigen, die in der Kirche in einer Leitungsaufgabe stehen, hat seinen Grund darin, daß Alter Erfahrung repräsentiert. Es hat einmal jemand gesagt: »Nur die Erfahrung kann uns davor bewahren, Fehler zu machen, und die Erfahrung entsteht daraus, daß wir Fehler machen.« Der Herr hat nicht gesagt, seine Lämmer würden seine Stimme kennen. Er hat gesagt, seine Schafe kennen seine Stimme – diejenigen also, die geistlich zur vollen Reife gelangt sind, die Erfahrenen. Natürlich garantiert das hohe Lebensalter nicht automatisch Reife oder Erfahrung. Einige der schlimmsten Häresien der Kirche sind am Lebensende von Christen entstanden, die bis dahin ein fruchtbringendes Leben geführt hatten. Dennoch helfen Alter und Erfahrung, wenn es darum geht, auf dem richtigen Kurs zu bleiben und die Stimme des Herrn herauszuhören. Der Grund, warum Schafe die Stimme ihres Hirten erkennen, liegt darin, daß sie schon lange bei ihm gewesen sind.

Wir brauchen ein Fundament

Paulus erklärt: »Von Verwaltern aber verlangt man, daß sie sich treu erweisen« (1 Kor 4,2). Der Herr hat uns befohlen, nur die aufzunehmen, deren Glaubwürdigkeit erwiesen ist, die sich als treu erwiesen haben. Der Prophet Jeremia fragte: »Aber wer hat im Rat des Herrn gestanden, daß er sein Wort gesehen und gehört hätte?« (Jer 23,18; Übersetzung nach Luther). Dieser Ausdruck »gestanden« spiegelt sowohl Treue als auch eine langewährende Gottesbeziehung wider; diese sind notwendig, um Gott zu hören und das Wort Gottes zu erkennen.

Als man Jesus fragte, aus welcher Autorität heraus er seine Werke tue, bestand seine Antwort aus einer Frage an die, die ihn zur Rede stellten: »Aber wer hat im Rat des Herrn gestanden, daß er sein Wort gesehen und gehört hätte?« (Jer 23,18; Übersetzung nach Luther). Er wollte damit die Frage nicht umgehen. Die Antwort auf seine Frage war auch die Antwort auf ihre Frage. Obwohl er der Sohn Gottes und der Schöpfer der Universums selbst war, bezog sich Jesus auf die Menschen, die von ihm Zeugnis ablegen konnten. Dies war wichtig, denn als Erlöser der Menschen mußte er als der »Menschensohn« zu ihnen kommen. Johannes war der letzte, der die alte Ordnung repräsentierte – das Gesetz und die Propheten. Vom Anbeginn der Zeiten hatten die, die mit Gott gelebt hatten, auf den kommenden Messias hingewiesen. Johannes war ihrer aller Stellvertreter, um auf den hinzuweisen, von dem sie alle geredet hatten. In gewissem Sinn hatten sie alle den Weg des Herrn bereitet und Menschen in die Erwartung des Messias hineingetauft. Jesus beschimpft Johannes nicht als einen, der »zur alten Ordnung« gehört. Er ehrt ihn und die, für die Johannes stellvertretend steht, indem er sich von

Johannes taufen läßt. Damals erkannte er die Taufe als die Autorität an, aus der heraus er handelte.

Das Leben und Handeln der Herrn selbst sind die grundlegendste Lehre des christlichen Glaubens. Sollten wir ihm nicht nachfolgen und uns denen unterstellen, die uns vorangegangen sind? Wenn wir nicht in die Lehre und die Werke derer eintauchen, die vor uns gewesen sind, so wird unsere geistliche Autorität begrenzt bleiben – im günstigsten Fall. Dies soll nicht bedeuten, daß wir jede Lehre und Praktik vorangegangener geistlicher Generationen einfach akzeptieren sollen. Johannes der Täufer war nicht vollkommen, und es steht außer Frage, daß er den Herrn nicht völlig verstanden hat. (Selbst nachdem er Jesus getauft hatte, fragte er später, ob Jesus wirklich der sei, nach dem er suche.) Dennoch, Gott hat es so geordnet, daß wir uns erst denen unterstellen müssen, die uns vorausgegangen sind, bevor wir vorankommen können. Dies verschafft uns Wurzeln, Stabilität und ein starkes Fundament, auf das wir sicher bauen können.

Diejenigen, die in ihrem geistlichen Leben starr und unbeweglich werden, finden oft Trost und auch eine Rechtfertigung für ihren erstickenden Zustand in der Bibelstelle, die besagt: »Es gibt nichts Neues unter der Sonne« (Koh 1,9). Diejenigen, die mit dem Herrn und seiner Kirche keine Geduld mehr haben und rebellisch reagieren, werden aus all den Verheißungen Trost schöpfen, die verkünden, der Herr werde »ein Neues schaffen«. Dies liefert ihnen eine Rechtfertigung ihrer Kritik am bestehenden System. Doch wer wirklich weise ist, wird sowohl im Althergebrachten als auch im Neuen Schätze entdecken.

Wir könnten auf die Unterweisungen Luthers zurückblicken und sagen, sie seien so grundlegend, daß sie schon fast archaisch wirken. Und wenn man sie am heutigen Wissen mißt, so trifft dies auch auf manches zu, was Luther lehrte. In manchem irrte Luther. Doch er stand als ein großartiges Licht der schrecklichen Finsternis seiner Zeit gegenüber. Was er mit dem ihm zur Verfügung stehenden Licht erreicht hat, sucht bis heute seinesgleichen, und in der gesamten Kirchengeschichte hat sich noch keine gewaltigere Prophetenstimme erhoben. Martin Luther besaß vielleicht nicht so viel geistliche Erkenntnis wie die, die nach ihm kamen, doch er bereitete ihnen den Weg, so daß sie noch mehr Licht empfangen konnten. Viele andere taten das gleiche, um es uns zu ermöglichen, daß wir heute die Tiefe der Erkenntnis besitzen können, die uns geschenkt ist. Wir sollten diese Menschen achten wie Jesus Johannes geachtet hat. Wenn wir wahrnehmen, wie sie uns den Weg bereitet haben, werden wir auch Klarheit gewinnen über die Ziele Gottes, die mehr und mehr offenbar werden. Dies gibt uns ein größeres Vertrauen, weil wir wissen, wo wir stehen und wohin wir gehen.

Eine große Schwäche der modernen Kirche

Eine bedeutende und behindernde Schwäche der heutigen Kirche besteht in unserer unverständlichen Unwissenheit über die Geschichte. Es gibt einen Ausspruch, der besagt:»Die sich des Vergangenen nicht erinnern, sind dazu verurteilt, es noch einmal zu erleben«. Wie wahr dieser Ausspruch ist, läßt sich, im Licht der Kirchengeschichte betrachtet, nur allzu gut nachweisen. Jede geistliche Generation neigt dazu, die gleichen allgemeinen Fehler zu machen wie die vorherige. Dieser tragische Kreislauf wird wohl solange nicht unterbrochen werden, solange wir nicht von unserer Arroganz erlöst werden, die dazu führt, daß wir die Lehren derer ablehnen, die vor uns gewesen sind. Das Alte zu verstehen verbietet uns ja nicht, das Neue zu empfangen, das Gott tun möchte; es gibt uns aber ein solideres Fundament, so daß wir das Neue empfangen können, ohne gleich ins Extrem zu verfallen. Wenn wir neues Licht empfangen, so muß es aus der Perspektive dessen betrachtet werden, was wir bereits wissen. Ohne Fundament wird jede neue Offenbarung den Verzerrungen unserer eigenen Vorurteile und persönlichen Schwächen unterworfen sein. Dies führte zum Ruin des allegorischen Systems der Schriftauslegung.

Die fremdartigsten und destruktivsten Verzerrungen der Schrift kommen von Leuten, die dazu neigen, die allegorische Methode der Schriftauslegung anzuwenden. Wer kann schon der Aussage widersprechen: »Das hat Gott mir gezeigt«? Ich kann dem widersprechen, und jeder von uns sollte dies tun! Petrus wurden die »Schlüssel des Reiches Gottes« gegeben, und er galt als der unumstrittene Leiter der Kirche. Als er etwas Neues tat (er ging zu den Heiden), wurde selbst er von den Ältesten der Kirche zu einer Stellungnahme herausgefordert. Seine neue Lehre wurde von den übrigen Leitern so lange geprüft, bis sie festgestellt hatten, ob diese Handlungsweise wirklich von Gott war. Paulus ging aus demselben Grund mit seiner Offenbarung nach Jerusalem. Wenn diese beiden Leiter es so nötig hatten, daß man ihre Lehre prüfte, wieviel mehr sollten wir dann voneinander Rechenschaft fordern, wenn wir behaupten, wir hätten etwas Neues vom Herrn vernommen? Wer aus echter geistlicher Autorität heraus handelt, läßt sich dadurch nicht einschüchtern. Wie Paulus wird er, wenn es sein muß, einen langen Weg auf sich nehmen, um diejenigen zu finden, die von ihm eine Stellungnahme fordern. Dies ist die biblische Methode, den Wahrheitsanspruch einer Lehre zu prüfen.

Wir müssen einander die Gnade zubilligen, des Herrn Wort direkt und auf neue Weise zu empfangen, doch wir dürfen keine neue Offenbarung akzeptieren, bevor sie nicht gründlich im Licht dessen geprüft wurde, was bereits offenbart wurde. Als die Apostel die Frage der Heidenmission prüften, erinnerten sie sich an viele Schriftstellen und an einiges, was der Herr selbst gesagt hatte. Dies half ihnen, die Gültigkeit dessen, was Petrus gehört und getan hatte, weiter zu untermauern. Petrus war zu den Heiden gegangen, weil er in einem Traumzustand gesehen hatte, wie sich ein Tuch mit lauter unreinem Getier herabsenkte und ihm gesagt wurde, er solle diese Tiere töten und essen. Man hätte dies auf vielerlei Weise auslegen können. Doch als die Heiden den Heiligen Geist empfingen, besaß Petrus eine direkte Bestätigung, und seine Auslegung wurde glaubwürdiger. Sein wachsendes Vertrauen in die Richtigkeit seiner Auslegung gab ihm auch mehr Vertrauen in sein weiteres Vorgehen. Nachdem das Konzil die Sache im Licht der Schrift geprüft hatte, gab es keinen Zweifel mehr. Die Folge war die größte, strategische Kurskorrektur in der Geschichte der Kirche – den Heiden sollte von nun an das Evangelium gepredigt werden, und so begann die Zeit der Heidenmission.

Es war offensichtlich richtig gewesen, daß Petrus sich zu den Heiden aufgemacht hatte, bevor er letzte Sicherheit über diesen Schritt besaß. Die Kirche hat fast immer Neues angefangen und eine neue Richtung eingeschlagen, bevor sie völlige Sicherheit besaß. Das gehört zum »Leben im Glauben« dazu. Doch bevor etwas Neues als neue Lehre in der gesamten Kirche verbreitet wird, sollte es eine Frucht geben, nach der dieses Neue beurteilt werden kann (wie die Heiden, die den Heiligen Geist empfangen hatten) und außerdem eine Bestätigung durch die Schrift. Die Schriftstellen, die zur Bestätigung herangezogen werden, sind zunächst, bevor wir konkrete Erfahrungen gemacht haben, häufig mehrdeutig und unklar. Doch die Erfahrungen sollten ihre Bedeutung deutlich machen. Wenn die Bestätigung durch die Schrift klar wird, kann diese Wahrheit vertrauensvoll als Lehre etabliert werden.

Der gesamte geistliche Prozeß der Reformation hat zunehmend Licht und biblische Erkenntnis hervorgebracht. All dies Licht und diese Erkenntnis sind jedoch nur eine Wiedergewinnung der Wahrheit, die die Kirche während des finsteren Mittelalters verloren hat. Selbst ein grober Überblick über die Kirchengeschichte offenbart ein systematisches Muster, wie der Kirche über einen Zeitraum von etwa 1 200 Jahren Wahrheit und Erkenntnis entzogen wurde. Vor etwa sechshundert Jahren setzte eine systematische Entwicklung ein, durch die die Wiederherstellung dieser verlorengegangenen Wahrheit und Erkenntnis begann und die offensichtlich noch heute andauert. Es wäre eine Anmaßung mit möglicherweise katastrophalen Folgen, wenn wir annehmen würden, wir besäßen bereits die gesamte Wahrheit, die die Kirche zurückerlangen muß. Es ist sicherer zu sagen, daß jede »neue« Wahrheit die Wiederherstellung einer »alten« Wahrheit ist, die biblisch begründet werden kann, selbst wenn wir erst nach der Wiederherstellung erkennen können, wie diese »neue« Wahrheit in der Schrift offenbart wurde.

Das wichtigste Problem bei der allegorischen Methode der Schriftauslegung liegt darin begründet, daß sie ihrem Wesen nach zur Subjektivität neigt. Sie wird leicht durch persönliche Vorurteile, Lehrmeinungen, Unsicherheiten, Rebellion, Bitterkeit und vieles mehr verwässert, verzerrt und verdreht. Wenn Offenbarung als eine direkte Erleuchtung durch den Herrn definiert wird, dann kann und sollte sie einer Prüfung durch andere Leiter und anhand der Bibel standhalten. Dies wird uns helfen, fremde Einflüsse und die Tendenz zur »freien Assoziation« zu beleuchten und uns davon abzugrenzen.

Die »freie Assoziation« führt dazu, daß die Bedeutung einer biblischen Allegorie ohne klaren Bezug zu anderen Vorbildern aus der Bibel festgelegt wird. Viele zerstörerische Häresien sind auf diese Weise entstanden, doch genauso handelte Paulus, als er meinte, die beiden Frauen wären die beiden Bundesschlüsse. Wie könnte jemand die Geschichte von Sara und Hagar lesen und zu dem Schluß kommen, daß diese Frauen den Alten und den Neuen Bund repräsentieren? Könnte diese Offenbarung irgendeiner Art Hermeneutik oder einem exegetischen System entspringen? Wenn die Geschichte der beiden Frauen so bedeutsam ist, sollten wir dann nicht erwarten, daß es ähnliche Geschichten in der Bibel gibt, die voller Unterweisung sind und die Ziele Gottes beleuchten? Nur, wer ein völlig oberflächliches Verständnis für geistliche Dinge besitzt, kann Bücher wie Ruth, Esther, das Hohelied und andere lesen, ohne die tiefschürfenden und gewaltigen Lehren zu erkennen, die hier auf bildhafte Weise dargeboten werden. Der Verfasser des Hebräerbriefs verwies mutig auf die Geschichte von Abraham und Isaak als einem »Sinnbild« (vgl. Hebr 11,19). Er erklärte auch das Heiligtum zu einem Symbol oder »Sinnbild«. Zeit und Raum verbieten es mir, an dieser Stelle eine umfassendere Aufzählung vieler anderer biblischer Beispiele zu geben.

Es ist nicht möglich, die Bibel in dem Licht zu verstehen, in dem die Apostel und Verfasser des Neuen Testamentes sie sahen, ohne die biblischen

Allegorien zu verstehen. Doch keiner von ihnen benutzte die Allegorien zur Begründung einer Lehre, sondern nur um Lehren deutlicher zu beleuchten. Dies ist der Punkt, an dem viele, die dem allegorischen Interpretationssystem zuneigen, von der biblischen Wahrheit abweichen. Es läßt sich nicht leugnen, daß der Herr sowohl im wörtlichen Sinn als auch in Bildern spricht, um uns durch sein Wort zu unterweisen. Wir werden kein richtiges Verständnis über die Bibel gewinnen, wenn wir nicht in der Lage sind, beide Methoden aus einer angemessenen Perspektive zu betrachten. Dies werden wir nur erreichen, wenn wir gelernt haben, das richtige Gleichgewicht zwischen dem Urteil der Schrift und der Führung des Heiligen Geistes zu finden.

Kapitel 14

Wenn das Neue Testament zum zweiten Gesetz wird

Die Bibel ist ein überwältigendes und wundervolles Geschenk. Doch weil sie so ein wundervolles Geschenk ist, hat die Kirche sie häufig zum Götzen gemacht und so zugelassen, daß die Bibel oft die lebendige Beziehung zum Herrn ersetzt hat. Die Bibel sollte nie zum Ersatz werden für den Herrn selbst oder für den Heiligen Geist, den er gesandt hat.

Ironischerweise stammt eines der anmaßendsten Beispiele für die »freie Assoziation« von Vertretern der ultra-konservativen Schule der wörtlichen Schriftauslegung. Bei der Auslegung des ersten Korintherbriefs, Kapitel 13, Vers 10, »wenn aber das Vollendete kommt, vergeht alles Stückwerk«, behaupten diese Vertreter, daß der Begriff »das Vollkommene« in dieser Textpassage die Bibel bezeichnet. Interessanterweise gibt es für ihre Ansicht keine biblischen Belege, und viele Schriftstellen widersprechen einer solchen Auslegung ganz eindeutig. Diese Position diente zur Rechtfertigung der Theorie des »Dispensationalismus«, welche besagt, daß die Gaben des Heiligen Geistes abgeschafft wurden, weil wir nun die Bibel besitzen. Diejenigen, die diese Ansicht vertreten, sind auf merkwürdige Weise blind gegenüber einer Vielzahl anderer Texte des Neuen Testamentes, die diese Position widerlegen. Dies ist ein deutliches Beispiel dafür, wie wir unseren Prinzipien glauben und sie so lange verteidigen, wie sie für uns bequem sind und das rechtfertigen, woran wir glauben wollen. Diese Bibelstelle handelt nicht nur von der Gabe der Prophetie, es geht hier auch um die »Erkenntnis«. Wenn das Vollendete schon gekommen wäre, dann müßte die Erkenntnis auch bereits abgeschafft worden sein. Doch das übersieht man leicht, wenn man mit letzter Verzweiflung etwas anderes sehen möchte.

In der Reformationszeit erscholl unter den Protestanten der Ruf *sola scriptura* (»Nur die Bibel allein!«) als ein Protest gegen die römisch-katholische Haltung, das Wort des Papstes höher zu achten als die Autorität der

Bibel. In jüngerer Zeit haben Ultra-Konservative denselben Schlachtruf benutzt, um gegen die Anerkennung der offenbarenden Gabe der Prophetie in der Kirche zu protestieren. Sie vergleichen die Aussage »So spricht der Herr: ...« mit dem vermeintlichen Anspruch des Papstes, Autorität über die Bibel zu besitzen. Ohne Zweifel gibt es genügend Beispiele dafür, wie man die kostbaren Worte »So spricht der Herr: ...« mißbrauchen kann. Doch die Ultra-Konservativen haben sich durch ihre Überreaktion in schockierendem Maß der Mißachtung der Wahrheit und sogar der Mißachtung der Integrität der Schrift schuldig gemacht. Übertriebene Reaktionen führen zu Verzerrungen, ja sogar zur Stärkung der Lüge.

Den meisten von uns wurde beigebracht, das Alte Testament als das Gesetz und das Neue Testament als die Gnade zu betrachten. Doch traditionell sah unsere Beziehung zu den beiden Testamenten nicht so aus. Der Alte Bund ist der Buchstabe und der Neue Bund ist der Heilige Geist. Wenn wir das Neue Testament mit einem Herzen lesen, das im Alten Bund verhaftet ist, so wird es für uns nichts anderes sein als Gesetz. Wir werden immer noch eine tote Religion besitzen, bei der die Gerechtigkeit auf der Einhaltung von schriftlich niedergelegten Geboten beruht statt auf der lebendigen Beziehung zu unserem Gott. Die Bibel ist ein Mittel zum Zweck, nicht der Zweck selbst. Unser Ziel besteht nicht nur darin, das Buch des Herrn kennenzulernen, sondern den Herrn des Buches.

Die vielen Mißverständnisse und Spaltungen im Leib Christi liegen nicht daran, daß die Bibel fehlerhaft wäre. Die Mißverständnisse und Spaltungen kommen daher, daß wir die Bibel falsch anwenden. Einige der Gesetze und Prinzipien, die wir aus dem Neuen Testament herausgepreßt haben, können es durchaus mit der Gesetzlichkeit aufnehmen, für die die Pharisäer eingetreten waren! Dies hat schon oft dazu geführt, daß wir unsere Reife oder Spiritualität daran messen, wie gut wir mit dem Buchstaben des Gesetzes in Einklang stehen, statt danach zu fragen, wie gut wir in das Bild des Sohnes Gottes verwandelt werden. Echte geistliche Reife entsteht nur, wenn Jesus in uns Gestalt gewinnt.

Die Tatsache, daß Jesus gekommen war, um das Gesetz zu erfüllen, bedeutete nicht, daß er nur Dinge tun konnte, die im Gesetz aufgeführt waren. Er hat sogar eine ganze Reihe Präzedenzfälle geschaffen. Er untermauerte seine Standpunkte sorgfältig durch das, was geschrieben stand. Doch als man ihn nach der Autorität fragte, aus der heraus er handelte, verwies er auf etwas, das in Israel völlig neu war – die Taufe des Johannes. Daneben hat der Herr eine ganze Reihe weiterer Präzedenzfälle geschaffen: die Kirche, das

Amt der Apostel, Evangelisten und Hirten und vieles mehr. Auch den Aposteln wurde die Freiheit gegeben, selbst neue Gottesdienstformen und kirchliche Autoritäten einzusetzen. Daneben besaßen sie die Freiheit, ihren eigenen Lebensstil zu verändern, was sie auch taten.

Die Einhaltung der Bibel bedeutet nicht, daß man nur das tun kann, was ausdrücklich in ihr »geschrieben steht«. Wer sich verpflichtet hat, dem Zeugnis der Bibel zu gehorchen, kann das tun, was nicht im Widerstreit zur Schrift steht. Die Bibel soll eine allgemeine Richtlinie sein, damit wir in den Grenzen dessen bleiben, was geistlich abgesichert und fruchtbar ist. Die Bibel soll kein zweites Gesetz sein.

Viele benutzen das Urteil: »Das ist nicht schriftgemäß!«, um Dinge zu verdammen, mit denen sie persönlich nicht einverstanden sind oder die sie nicht verstehen. Ein solches Urteil widerspricht der Gnade des Neuen Bundes, besonders wenn wir es dazu benutzen, Handlungsweisen schlecht zu machen, die nicht in einem eindeutigen Widerspruch zu den Anweisungen des Neuen Testamentes stehen. Würden die, die gerne zu diesem Maßstab greifen, um andere zu verurteilen, sich selbst daran messen, so würden sie zur Genüge überführt werden. Manche weitverbreiteten Traditionen der Kirche gründen sich nicht auf biblische Beispiele. Dazu gehören zum Beispiel Kirchengebäude, die Sonntagsschule, die meisten gebräuchlichen Formen der Kirchenleitung, kirchliche oder interkonfessionelle Netzwerke, viele Gottesdienstformen, überregionale Gemeinschaften, medizinisch ausgebildete Missionare, Missionsgesellschaften, viele populäre Formen der geistlichen Kampfführung und vieles mehr! Lehrkassetten, Bücher, christliche Buchhandlungen, Kindergärten, Treffen, die nicht am Sonntag (eigentlich ist der Sabbat ja der Samstag) und nicht in Privathäusern stattfinden und so weiter und so fort – dies alles findet sich nicht in der Schrift. Doch es wäre ein Fehler zu sagen, nur weil diese Dinge nicht in der Schrift zu finden sind, wären sie »nicht schriftgemäß«.

Bei vielen wird der Ruf laut, die Kirche solle alle diese Dinge abschaffen. Man macht sich für eine Rückkehr zur biblischen Schlichtheit stark. Doch dies geschieht nicht, weil diese Aktionen oder Praktiken nicht der Bibel entsprechen würden. Es besteht die Freiheit zu tun, was in der Bibel nicht ausdrücklich angesprochen wird, solange unser Handeln nicht im Widerspruch zu dem steht, was »geschrieben steht«. Wenn jemand so geführt wird, daß er den Eindruck gewinnt, er solle etwas Neues beginnen, so müssen wir ihm die Freiheit dazu geben. Damit haben wir dann nicht nur das Recht, sondern sogar die Pflicht, das, was daraus entsteht, an seinen Früchten zu prüfen.

»Denn ... die Gnade und die Wahrheit kamen durch Jesus Christus« (Joh 1,17). Die Gnade besteht hier in der Freiheit, Neues auszuprobieren, und die Wahrheit in der Erkenntnis, daß die Frucht dessen, was wir probiert haben, geprüft werden soll und wird.

Nehmen wir die Frage der Kirchenleitung. Dies ist ohne Zweifel ein wichtiges Thema, weil es direkt damit zu tun hat, daß Jesus der Herr über seine Kirche ist. Doch wenn der Herr gewollt hätte, daß wir uns an all die Details halten, die von manchen Leuten, die sich für »das neutestamentliche Kirchenmodell« aussprechen, aus der Bibel herausgepreßt wurden, dann hätte er in seinem Wort sehr viel genauere Anweisungen dafür geben können. Die Kirchenmodelle des Neuen Testamentes, die ich untersucht habe, variieren alle, oft sogar in grundlegenden Fragen. Die Bibel ist nicht immer so eindeutig und ausführlich, wie wir das gerne hätten. Was wir auf dieser Basis einführen, bringt nur Zwist mit sich, selbst wenn wir dadurch Einheit und Fruchtbarkeit in der Kirche bewirken wollen. Nicht die Kirche ist das Modell für die Kirche, sondern Jesus. Zu ihm sollen wir heranreifen, nicht nur zu einem Prozedere für das kirchliche Leben. Wenn wir äußeren Formen zuviel Aufmerksamkeit widmen, wird unsere Aufmerksamkeit von dem abgelenkt, was helfen könnte, Christus in uns besser auszuprägen.

Ich persönlich glaube, daß wir mehr Kraft und Frucht in der Kirche gewinnen werden, wenn wir zum biblischen Vorbild mit einer einfachen Kirchenleitung zurückkehren. Doch dies darf nicht zum Gesetz gemacht werden. Die einzige Kirchenherrschaft, die zu recht eingesetzt ist, wird dann kommen, wenn Jesus erhöht wird und alle Kronen ihm zu Füßen gelegt werden. Wahre Kirchenleitung entsteht, wo Jesus als der König in unserer Mitte anerkannt wird. Dann werden wir nicht so leicht in der Gefahr stehen, uns von »der schlichten Hingabe an Christus« zu einer falschen Form von Kirchenleitung verführen zu lassen.

Die beste Form der Kirchenleitung ist wertlos ohne die richtigen Menschen. Es stimmt, daß eine falsche Form der Kirchenleitung die Effektivität selbst der besten Menschen einschränken kann. Doch das Fundament echter geistlicher Autorität läßt sich nur in der Autorität finden, die der Herr durch Menschen, nicht durch Systeme, ausübt. Wenn die richtigen Menschen in wirklich geistlicher Autorität wandeln, werden sie die nötigen Veränderungen bei der Ausprägung der Kirchenleitung in Gang setzen. Solange wir keinen neuen Wein besitzen, brauchen wir keine neuen Schläuche. Es ist sogar so, daß der neue Wein bestimmen wird, welche Art von Schläuchen wir benötigen.

Natürlich wollen wir dabei keine Fehler machen. Doch wenn wir Fehler machen, dann ist es immer noch besser und sicherer, wir machen die Fehler im Wirkungsbereich der Gnade. Sonst besteht die Gefahr, daß wir das Kreuz wirkungslos machen. Am Ende des wichtigsten Konzils in der Geschichte der Kirche, des einzigen Konzils, das im Kanon der Schrift enthalten ist, kamen die Teilnehmer zu folgendem Schluß: »Denn der Heilige Geist und wir haben beschlossen, euch keine weitere Last aufzuerlegen als diese notwendigen Dinge: Götzenopferfleisch, Blut, Ersticktes und Unzucht zu meiden. Wenn ihr euch davor hütet, handelt ihr richtig. Lebt wohl!« (Apg 15,28-29).

Haben die Leiter der Urgemeinde damit einen Freibrief ausgestellt, der den Gläubigen fast alles erlaubt? Natürlich nicht! Der Grund, warum das Neue Testament nicht als ein zweites Gesetz gedacht war, besteht darin, daß uns die Freiheit gegeben wurde, dem Heiligen Geist zu gehorchen. Wir sollen nicht nach dem Gesetz leben. Wir sollen im Gehorsam dem Herrn gegenüber wandeln. Einst waren wir mit dem Gesetz verheiratet (das auch »unser früherer Ehemann« genannt wird), doch nun sind wir Christus versprochen. Kann eine Frau, die zum zweiten Mal heiratet, ihrem jetzigen Mann gefallen, wenn sie noch ganz davon verzehrt wird, ihrem früheren Mann zu gefallen? Ebenso wenig können wir Christus gefallen, wenn wir ständig damit beschäftigt sind, wie wir uns unserem früheren Mann, dem Gesetz, gegenüber verhalten sollen.

Die Richtlinien, die im Neuen Testament angesprochen werden, sind gerade ausreichend, um uns aus Schwierigkeiten herauszuhalten. Gleichzeitig geben sie uns jedoch die Chance, uns ganz von der Führung des Heiligen Geistes abhängig zu machen. Die Bibel soll es uns leichter machen, nahe beim Herrn zu bleiben, seine Stimme zu erkennen und von ihm abhängig zu sein. Doch gibt das nicht manchen viel Raum, ihre Freiheit zu mißbrauchen? Ja. Und das soll auch so sein. Wir können nicht von Herzen gehorsam sein, wenn wir nicht auch die Möglichkeit besitzen, ungehorsam zu sein und unser Herz zu verhärten.

Der Heilige Geist wurde gesandt, um uns in der Schrift und in allen anderen Fragen zu Jesus zu führen. Die Schrift ohne den Heiligen Geist zu lesen, führt nur zur Erkenntnis von Gut und Böse. Solche Erkenntnis führt auch heute noch, wie damals im Garten Eden, zum Tod. Wenn wir aus der Erkenntnis von Gut und Böse heraus urteilen, werden wir unweigerlich anhand von Äußerlichkeiten oder Formfragen urteilen. Der Herr sieht das Herz der Menschen an, und er sucht darin das Herz seines Sohnes. Wer im Heiligen Geist wandelt, kümmert sich nicht allzu sehr um Formen, sondern bemüht sich vielmehr um Erkenntnis im Heiligen Geist.

Wir können alles daran setzen, den Buchstaben des Gesetzes zu erfüllen; doch was wird es uns nützen, wenn an dem Geist, aus dem wir leben, etwas nicht stimmt? Besser wäre es für uns, nichts darüber zu wissen, was schriftgemäß ist, aber aus dem richtigen Geist heraus zu leben. Wer versucht, den biblischen Maßstäben in jeder Hinsicht gerecht zu werden, hat nicht unbedingt den verkehrten Geist. Es geht vielmehr darum, ob jemand aus Gesetzlichkeit den biblischen Maßstäben entsprechen will oder weil er leidenschaftlich darum ringt, Jesus ähnlich zu sein.

Die Bibel ist ein überwältigendes Geschenk. Wer Jesus liebt, der das Wort Gottes ist, wird auch die Bibel lieben, weil auch sie Wort Gottes ist. Wir sollten die Schrift angemessen achten, sonst werden wir schließlich von den Wegen Gottes abirren und werden kaum Zuflucht finden, wenn der Feind unserer Seelen kommt, um uns zu versuchen. Doch die Bibel darf nicht an die Stelle unserer persönlichen Beziehung zu diesem einen Wort Gottes treten. Die Bibel muß uns zu Jesus hinführen, darf ihn aber nicht ersetzen. Richtig eingesetzt kann die Schrift ihren Zweck erfüllen und zu einer direkten Kommunikation zwischen dem Herrn und unserem innersten Wesen werden. Das Wort ist das lebendige Wasser; es ist ein ständig neuer Wein. Wenn es uns nicht mehr neu und frisch erscheint, sollten wir als allererstes unsere Beziehung zu Jesus überprüfen statt unsere Bibelübersetzung oder Auslegungsmethode. Wenn wir näher zu ihm hingezogen werden, ist die Bibel kein Regelwerk oder Geschichtsbuch mehr – dann ist es Gottes persönliche Liebesgeschichte, die er über uns geschrieben hat.

Wir müssen das ganze Ding herunterschlucken

Wie wir bereits gesagt haben, wird im Psalm 119, Vers 160 ein grundlegendes Prinzip für die Auslegung der Schrift festgehalten: »Die Summe deines Wortes ist Wahrheit« (rev. Elberfelder Bibel). Keine der Wahrheiten, die in der Bibel stehen, kann isoliert von der übrigen Schrift betrachtet werden. Jedes einzelne Teil muß sich in die Gesamtheit des biblischen Zeugnisses einfügen.

Aus diesem Grund ermahnt uns Paulus: »Erkenne die Güte Gottes *und* seine Strenge!« (Röm 11,22; Hervorhebung durch den Autor). Historisch gesehen haben die Menschen sich dem einen oder anderen Extrem zugewandt und entweder Gottes Güte oder seine Strenge wahrgenommen. Wir werden das Wesen des Herrn nicht richtig verstehen, solange wir nicht beides, Güte und Strenge, gleichzeitig erkennen können. Wer nur seine Güte wahrnehmen kann, spricht sich oft für eine falsche Gnade aus. Dies führt dann manchmal dazu, daß der Herr seine Strenge gegenüber solchen Menschen zeigen muß, weil sie einer ungeheiligten Gnade das Wort reden (einer Gnade gegenüber Dingen, die Gott nicht billigt). Wer hingegen nur seine Strenge wahrnimmt, bringt in der Regel eine Art von Gottesfurcht hervor, die zwar die Außenseite unseres Lebens rein erhält, aber zu streng und kraftlos ist, um das Herz der Menschen zu verändern. Gott ist die Liebe, doch seine Liebe ist häufig völlig anders als die menschliche, sentimentale Liebe. Gottes Liebe können wir nur im Licht seiner Strenge ganz erfassen. Ebenso kann aber auch seine Strenge nicht völlig verstanden werden ohne seine Güte.

Im Buch des Propheten Amos spricht der Herr: »Nichts tut Gott, der Herr, ohne daß er seinen Knechten, den Propheten, zuvor seinen Ratschluß offenbart hat« (Am 3,7). In diesem Text steht das Wort »Propheten« in der Mehrzahl. Wir sollten nicht erwarten, daß ein einzelner oder eine einzelne Organisation oder Bewegung uns die ganze Wahrheit liefern kann. Wer sich auf die Lehre eines einzelnen oder einer einzelnen Organisation verläßt, begrenzt sich also selbst auf einen Bruchteil der Wahrheit. Der Herr Jesus hat eindringlich gebetet, wir mögen vollendet werden in der Einheit (vgl. Joh 17,23). Solange die Kirche als Ganzes nicht in Einheit zusammenfindet, werden wir auch nicht die ganze Wahrheit besitzen. Wer nur auf einen »Propheten« oder Leiter hört, begibt sich in Gefahr. Entweder ist er bereits Mitglied einer Sekte oder auf dem besten Wege dahin. Gleiches gilt für diejenigen, die eine einzelne Wahrheit oder Lehre so sehr betonen, daß sie den ausgleichenden Einfluß der Schrift ausschließen.

Die Anwendung einzelner Schriftstellen zur Aufstellung von Lehren, die nicht mit dem übrigen Zeugnis der Bibel in Zusammenhang stehen, ist auch heute noch die Hauptquelle falscher und zerstörerischer Lehren in der Kirche. Es gibt Paradoxe in der Bibel, Dinge, die sich zu widersprechen scheinen. Diese Paradoxe hat Gott gewollt; sie gleichen Extrempositionen aus. Die Wahrheit findet sich gewöhnlich in der ausgleichenden Spannung zwischen den verschiedenen Seiten eines Paradoxes.

Paul Cain hat einmal gesagt, die meisten Häresien seien das Ergebnis übereifriger Menschen, die versuchen, Dinge, die Gott nur teilweise offenbart hat, zum logischen Schluß zu führen. Dies trifft sicher in vielen Fällen von Häresie zu. Der Herr hat aus gutem Grund manches nur teilweise offenbart. Im Moment benötigen wir nur den Teil, den er offenbart hat, um seine Ziele zu erfüllen und in seiner Erlösung zu leben. Durch die geistlichen

Geheimnisse sind wir auch weiterhin auf ihn und seine Gnade angewiesen. Diese Abhängigkeit ist äußerst wichtig, wenn wir echte geistliche Autorität leben wollen. Adam und Eva wollten herausfinden, was Gott mit Absicht verborgen gehalten hatte. Dadurch kam es zum Sündenfall. Dieselbe Versuchung hat seitdem viele Menschen zu Fall gebracht.

Salomo hat gesagt: »Gottes Ehre ist es, eine Sache zu verhüllen, des Königs Ehre ist es, eine Sache zu erforschen« (Spr 25,2). Der Herr möchte suchende, fragende Herzen, die eine Leidenschaft besitzen, die Wege Gottes zu erkennen. Doch wer seine Wege erkennt, muß auch äußersten Respekt vor der Integrität des Wortes Gottes besitzen. Er muß jeglicher Neigung absagen, dem Wort etwas hinzuzufügen, das über das hinausgeht, was der Herr selbst offenbart hat. Es ist recht, Erkenntnis zu suchen und zu lieben, doch wir müssen die Erkenntnis immer als ein Mittel zum Zweck ansehen, nicht als das eigentliche Ziel. Den Herrn selbst kennenzulernen, muß unser Ziel sein. Das Ziel darf nicht nur darin bestehen, Fakten über Gott anzusammeln, egal wie wahr und zeitlos diese Fakten auch sein mögen. Nach den Fakten zu suchen, ohne auch nach einer innigen Beziehung zum Herrn zu streben, führt zu einem Wissen, das uns »aufgeblasen« oder stolz macht. Gott aber »tritt den Stolzen entgegen« (Jak 4,6).

Wer echte Gotteserkenntnis erlangt, wird immer demütiger werden. Je mehr wir über den Herrn und sein Handeln erfahren, um so größer wird er und um so kleiner erscheinen wir uns selbst. Ijob war so aufrichtig, daß seine Integrität vermutlich jeden überführt, der seine Geschichte liest. Ijobs Gespräche mit seinen drei urteilenden Freunden offenbaren eine Erkenntnis über das Universum, wie sie die Wissenschaft erst vor kurzem erlangt hat. Doch als der Herr Ijob erschien, wurde dieser fassungslos. Sofort spürte er seine eigene Vermessenheit und seinen Mangel an Erkenntnis. Daher rief er aus: »Wer ist es, der ohne Einsicht den Rat verdunkelt? So habe ich denn im Unverstand geredet über Dinge, die zu wunderbar für mich und unbegreiflich sind. ... Vom Hörensagen nur hatte ich von dir vernommen; jetzt aber hat mein Auge dich geschaut. Darum widerrufe ich und atme auf, in Staub und Asche« (Ijob 42,3-6).

Wenn wir an jenem gewaltigen Tag vor dem Herrn stehen werden, wie viele von uns werden sich dann wohl so anmaßend und fassungslos fühlen wie Ijob damals? Wieviele Behauptungen, die wir voller Selbstsicherheit ausgesprochen haben, werden unter dem Feuer seines Blickes vertrocknen und verbrennen? Unsere vielleicht einzige Chance besteht darin, daß wir aufhören, nach Erkenntnis über den Herrn zu suchen, und ihn anschauen – jetzt gleich. Es ist gut, wenn wir in der Schrift nach dem Herrn suchen, doch es ist genauso wichtig, daß wir mit dem Herrn die Bibel durchforschen. Es ist gut, wenn wir über den Herrn predigen, doch auf sicherem Boden bewegen wir uns nur, wenn wir mit der Gewißheit reden, daß wir in seiner Gegenwart predigen.

Ich hörte einmal von einem Konzertpianisten, der nach seiner Vorstellung mit stehenden Ovationen begeistert gefeiert wurde. Überwältigt von diesem Ausdruck ungeheurer Bewunderung, den die Zuschauer dem Pianisten zuteil werden ließen, meinte einer der Begleitmusiker zum Pianisten, es müsse doch eine schöne Belohnung sein, diese Begeisterung zu erleben. »Ja, das ist es«, meinte der Pianist, »aber sehen Sie den Mann da in der Ecke auf den oberen Rängen? Das ist der Meister. Ein bejahendes Nicken von ihm bedeutet mir weit mehr als diese großen Ovationen!« Der Pianist spielte mehr für den Meister als für das Publikum. Bei uns muß es ebenso sein, wenn wir auf dem Weg der Wahrheit bleiben wollen, der zum Leben führt.

Ein großer Missionar hat einmal gesagt: »Es gibt bestimmte christliche Grundwahrheiten, die unerläßlich sind und über die Einigkeit herrschen muß. Bezüglich aller anderen Lehren sollte Freiheit herrschen. In allem aber brauchen wir Liebe.« – Wir sollten fest entschlossen sein, bei den unverzichtbaren Lehren des Glaubens keine Kompromisse einzugehen und jedem die Hand reichen, der diese Grundlehren achtet.

Wir sollten auch fest entschlossen sein, die Freiheit der Christen zu wahren, bei den weniger zentralen Lehren verschiedener Ansicht zu sein. Wenn wir diese Freiheit nicht achten und wahren, wird es für uns alle schwer werden, in unserem Herzen zur vollen Erkenntnis der Wahrheit zu gelangen

»In allem aber brauchen wir Liebe.« Bei Gott ist kein Ding unmöglich. Es wäre für ihn, der den Himmel ausgebreitet hat, ein leichtes gewesen, es so einzurichten, daß wir in allen Lehrfragen alle das gleiche glauben. Er hat dies nicht getan, weil es wichtiger ist, daß wir einander lieben, als daß wir alle exakt das gleiche glauben. »Das Ziel der Unterweisung ist Liebe aus reinem Herzen, gutem Gewissen und ungeheucheltem Glauben« (1 Tim 1,5).

Kapitel 15

Wie geht es weiter?

Der Zweck dieser Buchreihe besteht darin, eine tiefere und unerschütterliche Vision über ein solides geistliches Wachstum und geistliche Reife zu vermitteln. Zum Christsein gehört weit mehr als nur das Wissen, daß uns unsere Sünden vergeben sind, mehr auch als die Erlösung von unserem sündigen Wesen. (Der Auszug aus Ägypten steht als Sinnbild hierfür.) Das sind nur die ersten Schritte auf einem langen, aber spannenden Weg mit Gott. Die Wüste ist der Ort der Vorbereitung, damit wir in unsere Berufung und Bestimmung hineinwachsen (unser Gelobtes Land). Es ist sehr wichtig zu verstehen, daß wir uns geistlich auf dem Weg befinden und eine Bestimmung zu erfüllen haben. Nur so können wir die Ziele erreichen, zu denen wir berufen sind.

Lassen Sie mich die Worte des Paulus wiederholen: »Das aber geschah an ihnen, *damit es uns als Beispiel dient; uns zur Warnung wurde es aufgeschrieben,* uns, die das Ende der Zeiten erreicht hat« (1 Kor 10,11; Hervorhebung durch den Autor). Wir haben nur einige der vielen geistlichen Lektionen angesprochen, die man aus dem Alten Testament entnehmen kann. Es gibt noch viele weitere tiefgreifende, geistliche Lektionen, die wir erforschen und verstehen müssen. Einige werden in den übrigen Bänden dieser Reihe behandelt werden. Aber Sie müssen nicht so lange warten. Sie haben die gleiche Bibel wie ich.

Es ist wichtig, daß wir das Alte Testament verstehen und anwenden können, denn es ist das Fundament für das neutestamentliche Zeitalter des Glaubens und der Gnade. Oft wird übersehen, daß das Alte Testament die einzige Bibel war, die die Urkirche besaß. Wenn im Neuen Testament von »der Schrift« die Rede ist, so bezieht sich dies auf die Bücher, die wir heute das Alte Testament nennen. Die frühe Kirche benutzte das Alte Testament als Grundlage für ihre Lehren und ihre Erkenntnis über Christus.

Dies soll nicht die Bedeutung des Neuen Testamentes schmälern. Doch das Neue Testament setzt sich vor allem aus Unterweisungen und Ermahnungen an die jungen Christen zusammen sowie aus einem kurzen Kommentar des Alten Testamentes. Alle Lehren des Neuen Testamentes beruhen auf Verweisen auf das Alte Testament. Das Alte Testament war es, das den Herrn Jesus als den verheißenen Messias identifiziert und ihm seinen rechtmäßigen Platz in Gottes Plan mit den Menschen zuweist. Die Apostel benutzten das Gesetz, um ihre Offenbarung des Reiches Gottes zu bekräftigen und um zu beweisen, daß Jesus der verheißene Messias ist, wie wir im Römerbrief, Kapitel 16, Verse 25-26 und in der Apostelgeschichte, Kapitel 28, Vers 23 sehen können.

Die Terminologie, die im Neuen Testament benutzt wird, um die Bedeutung und den Dienst des Herrn Jesus zu beschreiben, entspricht der Terminologie des Gesetzes und der Propheten. Er wird der Hohepriester nach der Art des Alten Testamentes genannt. Dort stand der Hohepriester als Mittler zwischen dem Volk Israel und dem Herrn. Jesus wird das »Lamm Gottes« genannt, das Opferlamm, das nach dem Gesetz die Sünden des Volkes sühnen sollte.

Wenn wir an das Gesetz denken, fallen uns gewöhnlich all die mühseligen Gebote ein, doch diese machten nur einen kleinen Teil dessen aus, wozu das Gesetz gegeben worden war. Das Gesetz sollte vor allem ein »Schulmeister sein, der uns zu Christus führt«, und ein Vorbild für die neutestamentliche Kirche. Die Kirche des ersten Jahrhunderts konnte Begriffe wie »Hohepriester« oder »Lamm Gottes« leicht verstehen, weil die Sinnbilder in ihrer Mitte präsent waren. Auch in unseren Bibeln besitzen wir das Alte Testament, so daß wir die Bedeutungen dieser Sinnbilder ergründen können. Es ist heute genauso wichtig, daß wir sie verstehen wie damals im ersten Jahrhundert.

Als der Herr die beiden Männer auf der Straße nach Emmaus tadelte, sagte er: »Begreift ihr denn nicht? Wie schwer fällt es euch, alles zu glauben, *was die Propheten gesagt haben. Und er legte ihnen dar, ausgehend von Mose und allen Propheten, was in der gesamten Schrift über ihn geschrieben steht*« (Lk 24,25.27; Hervorhebung durch den Autor). Zuvor hatte er bereits gesagt: »Wenn ihr Mose glauben würdet, müßtet ihr auch mir glauben; denn über mich hat er geschrieben. *Wenn ihr aber seinen Schriften nicht glaubt, wie könnt ihr dann meinen Worten glauben?*« (Joh 5,46-47; Hervorhebung durch den Autor). Das Gesetz, das Mose gegeben wurde, sowie die Propheten, die dieses Gesetz dargelegt haben, vermitteln uns ein recht genaues Bild über den Plan Gottes mit uns, den Platz, den der Herr Jesus darin einnimmt, und über die Frage, in welcher Beziehung wir zu ihm stehen. Alles, was Jesus tat, und jede Lehre, die im Neuen Testament aufgestellt wurde, gründete sich auf das Alte Testament.

Wenn wir davon sprechen, daß das Alte Testament die Basis für das Neue ist, so unterstellen wir damit keinesfalls, daß die Einhaltung des Gesetzes die Basis des Christseins ist. Jesus hat gesagt: »Denn bis hin zu Johannes haben alle Propheten *und das* *Gesetz* (über diese Dinge) *geweissagt*« (Mt 11,13; Hervorhebung durch den Autor). Das Gesetz war eine Prophetie! Das Gesetz hat bereits vor Tausenden von Jahren mit einer unglaublichen Genauigkeit das gesamte Zeitalter der Kirche prophetisch vorgezeichnet. Darauf bezieht sich die Aussage des Herrn, es werde »auch nicht der kleinste Buchstabe des Gesetzes vergehen, bevor nicht alles geschehen ist« (Mt 5,18). Selbst die kleinsten Details des Gesetzes waren Prophetien, die in den letzten zweitausend Jahren haarklein erfüllt wurden – und die Kirche hat es größtenteils verschlafen! Ein Großteil der Kirche hat nicht verstanden, was im Laufe der Geschichte geschehen ist, weil sie diese eine Wahrheit nicht verstanden hat – das Gesetz ist eine Prophetie.

Wir können in der Geschichte beobachten, wie verschiedene Aspekte des Gesetzes bereits vergangen sind, weil sie sich erfüllt haben. Als Jesus die Opfervorschriften des Gesetzes erfüllte, hörten die Opfer auf. In gleicher Weise wurde der Tempel zerstört (er »verging«), nachdem die Kirche, der »Tempel, der nicht von Menschenhand gemacht war«, eingesetzt worden war.

Weil die Kirche die prophetische Natur des Gesetzes größtenteils nicht verstanden hat, waren wir nicht in der Lage, die prophetischen Bücher der Bibel wirklich zu verstehen, insbesondere die Bücher, die voller symbolischer Aussagen sind wie Daniel oder die Offenbarung. Gott sprach zu Daniel über seine eigenen Prophetien: »Du, Daniel, halte diese Worte geheim, und versiegle das Buch bis *zur Zeit des Endes*!« (Dan 12,4; Hervorhebung durch den Autor). Eines der sichersten Zeichen, daß wir wirklich an die Zeit des Endes gelangt sind, ist die Tatsache, daß diese Bücher nun unserer Erkenntnis geöffnet werden. Der Schlüssel für das Verständnis dieser Bücher besteht darin, daß das Gesetz als Prophetie gedacht war. (Wenn wir dies verstehen, werden wir auch nicht in freie Assoziationen und Verwirrung verfallen.) Alle Symbole in den prophetischen Büchern basieren eindeutig auf den Sinnbildern und »Schatten« des Gesetzes.

Wenn wir entdecken, daß die Geschichte im Gesetz bereits so deutlich prophetisch vorhergesagt wurde, so wird damit der Plan Gottes für die letzten

Tage im Dienst der Kirche in unser Blickfeld gerückt. Wir schöpfen daraus Glauben und Vertrauen in unsere Bestimmung und bekommen so die Gewißheit, daß wir diese Bestimmung auch erfüllen werden. Jesus erkannte in der gesamten Schrift, von Mose über all die Propheten, sich selbst. Wenn er sagte, »es steht geschrieben, ...«, so sprach er dies mit Vollmacht aus, weil er wußte, wer er war, und aus dem, was geschrieben stand, erkannte, welche Bestimmung er hatte. Wenn wir deutlich zu erkennen beginnen, wie der Herr auch unsere Bestimmung in der Schrift vorgezeichnet hat, so werden auch wir mit mehr Glauben, Mut und Vollmacht handeln. Je tiefer unser Fundament ist, um so mehr kann darauf aufgebaut werden.

Viele Menschen reisen heute auf der Suche nach einem Wort Gottes durchs ganze Land und das gewaltigste Wort, das Gott jemals reden wird, verstaubt in ihrem Bücherregal. Die Engel, die uns zuschauen können, müssen dies wohl als die größte aller menschlichen Tragödien ansehen. Die vorangegangenen Kapitel waren der Versuch, einige der größten Hindernisse zu entlarven, die das einfache Volk davon abhalten sollten, in der Schrift nach den unbezahlbaren Schätzen zu suchen. Eine Sache wird entweder dadurch wertvoll, daß sie selten ist, oder dadurch, daß sie schwer zu bekommen ist. Geistliche Erkenntnis kann billig sein, aber die Schätze erlangen wir nur durch eine sorgfältige und unermüdliche Suche. Das Wort ein paar Mal in der Woche zu hören oder zu predigen, reicht nicht unbedingt aus, um unser geistliches Leben zu bereichern, egal, wie gesalbt die Botschaft auch sein mag. Nur der suchende, leidenschaftliche Liebhaber der Wahrheit wird die Schätze des Wortes entdecken.

Jede große geistliche Erweckung oder Erneuerung, zu der es im Laufe der Geschichte kam, wurde möglich, weil Menschen wach wurden für die Wahrheit der Bibel. Die größte Erweckung und Erneuerung liegt aber noch vor uns – nicht in der Vergangenheit. Wie bei all den anderen vergangenen Ereignissen wird dabei die Schrift auf eine Weise offenbart werden, daß sie zu einem Feuer der Erweckung wird. Gleichzeitig ruft sie selbst eine Liebe zur Bibel hervor, die diese Erneuerung weitertragen wird.

Jeder Gläubige kann sich vermutlich daran erinnern, wie in Zeiten großer geistlicher Fortschritte auch ein entsprechender Hunger nach dem Wort Gottes entstanden ist. Die Leidenschaft, die uns zu solchen Fortschritten treibt, besteht in dem Verlangen, näher bei Jesus zu sein, der das Wort Gottes ist. Weil Jesus das Wort Gottes ist, werden wir auch das Wort Gottes immer mehr lieben, je mehr wir Jesus lieben.

Wenn die Kirche Ermutigung erfährt, breitet sie den geistlichen Samen über das ganze Land aus. Wenn wir seine Gegenwart erlangen wollen, müssen wir nur eines tun: Wir müssen ihn suchen. Wenn wir uns ihm nähern, so hat er verheißen, sich auch uns zu nähern. Der Schlüssel für eine echte, dauerhafte Erweckung besteht in einer Kirche, die ihre erste Liebe lebendig erhält.

Wenn jemand leidenschaftlich verliebt ist, dann möchte er über nichts anderes reden als über den geliebten Menschen. Jeder, der schon einmal die Erfahrung einer solchen leidenschaftlichen Liebe gemacht hat, weiß, wie einmalig diese Erfahrung ist. Man nennt es »die erste Liebe«. Nur sehr wenige lernen das Geheimnis, wie man diese Leidenschaft lebendig erhalten kann. Doch wer dies lernt, erlebt eine Ehe und ein Leben, das erfüllter nicht sein könnte.

Jeder Christ erlebt diese »erste Liebe« zu Jesus im Anschluß an seine Bekehrung. Manche behalten diese Empfindung länger als andere, doch wie bei der Ehe zwischen Menschen verlieren die meisten diese Liebe mit der Zeit. Die meisten von uns verlieren sie, weil sie sich von all den geistlichen Aktivitäten, von denen uns gesagt wird, sie würden unser geistliches Leben ausmachen, von Jesus selbst ablenken lassen. Bald beten wir den Tempel des Herrn an (die Kirche) und nicht mehr den Herrn des Tempels. Wir werden wie die Ehefrau, die sich mehr um ihren Haushalt kümmert als um den Mann, für den sie diesen Haushalt führt. Würde diese Frau zu ihrer ersten Liebe zu ihrem Mann zurückkehren, so würde sie ihren Haushalt sicher noch besser führen, wie wenn sie den Haushalt an die erste Stelle setzt. Liebe verändert sich und wir werden reifer, doch wir können die Qualität unserer Ehe daran messen, wieviel uns von unserer ersten Liebe geblieben ist.

Bei der Gnade Gottes geht es darum, daß seine Kirche diese erste Liebe wiedererlangt. Gott ist im Begriff, in der Welt etwas freizusetzen, das ansteckender ist als alles, was auf Erden je gesehen wurde – die Liebe Gottes zu seinem Sohn. Es gibt nichts, was ansteckender sein könnte, als zu erleben, daß jemand näher zum Herrn findet. Es gibt in der ganzen Schöpfung nichts Ansteckenderes als die Liebe Gottes. Jeder, der mit ihr in Berührung kommt, wird davon angesteckt! Und es gibt nichts, was uns davon wieder befreien kann! Wer von dieser Leidenschaft ergriffen wurde, kann einfach nicht mehr anders, als näher zum Herrn zu finden.

Der Herr wird erst wiederkehren, wenn die Braut sagt: »Komm!« Ein Großteil der Kirche möchte nicht, daß der Herr wiederkehrt – das würde zu viele ihrer Pläne durcheinanderbringen! Doch wir sind im Begriff, uns erneut so sehr in den Herrn zu verlieben, daß uns unsere Sehnsucht, ihn von Angesicht zu Angesicht zu sehen, verzehren wird. Wenn wir ihn nicht anbeten werden, werden wir zu ihm beten. Wenn wir nicht zu ihm beten, werden wir über der Schrift nachsinnen, nur um von ihm zu lesen. Unser Zeugnis wird dann echt und spontan sein, weil wir gar nicht mehr aufhören können, von ihm zu reden.

Die Deckschicht religiöser Belastungen, Erregungen und geistlicher Politisiererei wird von dieser Liebe zum Sohn Gottes hinweggeschwemmt werden. Die Kirchenleitung der letzten Tage wird sich aus denen zusammensetzen, die dem Herrn am nächsten sind und die danach verlangen, anderen zur Nähe Gottes zu verhelfen. Das ist, auf den einfachsten Nenner gebracht, die Qualifikation echter geistlicher Leiterschaft. Das läßt eine solide Kenntnis der Bibel nicht außer acht, doch biblische Kenntnisse werden dann zu einer wirklichen Erkenntnis, die ganz einfach in der Liebe zu der einen Wahrheit, zum Herrn selbst, besteht. Wenn uns diese Liebe dazu drängt, eifriger und tiefer zu suchen, damit wir ihn näher kennenlernen und ihm vollkommener dienen können, dann werden wir die Quelle des lebendigen Wassers finden, die niemals versiegt.

Wir befinden uns auf dem Weg, doch wir müssen aufhören, ziellos in der Wüste im Kreis zu laufen. Wir müssen durch die Wüste hindurch zum Gelobten Land ziehen, aber wir wollen nicht länger in der Wüste bleiben als nötig! Wir müssen unseren Blick und unseren Kurs unermüdlich nach unserer Bestimmung ausrichten. Doch zuerst – im dritten Band dieser Buchreihe – werden wir uns die Zeit nehmen, um den wichtigsten Grund für die Wüstenerfahrungen zu ergründen: unserem Herrn eine Wohnung zu bereiten.

In der Wüste baute Israel das Heiligtum, damit der Herr unter seinem Volk wohnen konnte. Einige der gewaltigsten und wichtigsten prophetischen Wahrheiten, die wir in der Schrift finden, werden durch die Anweisungen deutlich gemacht, die der Herr für den Ort gab, an dem er Wohnung nehmen sollte. Es ist wichtig, daß wir ins Gelobte Land gelangen, doch erst müssen wir uns die Zeit nehmen, dem Herrn eine angemessene Wohnung zu bereiten, damit er unter uns wohnen kann. Noch wichtiger als das Erlangen der Verheißungen ist es, in der Gegenwart des Herrn zu bleiben. Selbst das herrlichste Land der Verheißung wäre ohne ihn ein schrecklicher Ort.

Rick Joyner bei Projektion J

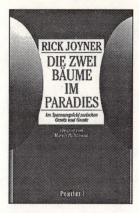

Die zwei Bäume im Paradies
Im Spannungsfeld von Gesetz und Gnade
Pb., 188 Seiten
ISBN 3-925352-77-5
DM/sfr 24,80 • öS 194,-

Entwickle deine Führungsqualitäten
Leiterschaft, Management und die fünf Säulen des Erfolges
Pb., 207 Seiten
ISBN 3-89490-021-0
DM/sfr 24,80 • öS 194,-

Die Engel, die Ernte und das Ende der Welt
Eine faszinierende Sicht der aktuellen Geschichte
Pb., 207 Seiten
ISBN 3-925352-99-6
DM/sfr 24,80 • öS 194,-

Die Vision einer Ernte
Was eine der größten Erweckungen aller Zeiten uns lehrt
Pb., 207 Seiten
ISBN 3-89490-052-0
DM/sfr 24,80 • öS 194,-

Projektion J Buch- und Musikverlag GmbH • Rheingaustraße 132, 65203 Wiesbaden • Telefon: (06 11) 96 7 96-70 • Telefax: (06 11) 96 7 96-77
Oder in Ihrer Buchhandlung!